Beethoven

A Political Artist in Revolutionary Times

贝 多 芬

革命时代的政治艺术家

〔美〕威廉·金德曼 著
William Kinderman

苏前辉 译

中国科学技术出版社
·北京·

北京市版权局著作权合同登记　图字：01-2023-2549

图书在版编目（CIP）数据

贝多芬：革命时代的政治艺术家 /（美）威廉·金
德曼（William Kinderman）著；苏前辉译 . — 北京：
中国科学技术出版社，2024.10
书名原文：Beethoven: A Political Artist in
Revolutionary Times
ISBN 978-7-5236-0428-1

Ⅰ . ①贝… Ⅱ . ①威… ②苏… Ⅲ . ①贝多芬
（Beethoven, ludwing Van 1770—1827）—传记 Ⅳ .
① K835.165.76

中国国家版本馆 CIP 数据核字（2024）第 039796 号

策划编辑	方　理		**特约编辑**	殷　石	
执行编辑	刘颖洁		**责任编辑**	刘　畅	
封面设计	今亮后声		**版式设计**	蚂蚁设计	
责任校对	邓雪梅		**责任印制**	李晓霖	

出　　版	中国科学技术出版社
发　　行	中国科学技术出版社有限公司
地　　址	北京市海淀区中关村南大街 16 号
邮　　编	100081
发行电话	010-62173865
传　　真	010-62173081
网　　址	http://www.cspbooks.com.cn

开　　本	710mm×1000mm　1/16
字　　数	196 千字
印　　张	17.5
版　　次	2024 年 10 月第 1 版
印　　次	2024 年 10 月第 1 次印刷
印　　刷	北京盛通印刷股份有限公司
书　　号	ISBN 978-7-5236-0428-1/K·383
定　　价	69.00 元

献给：

丹尼尔和劳拉

安娜和玛丽

目 录
Contents

引　言

长期以来，人们一直把贝多芬视为最伟大的作曲家之一，却忽视了他也是最具政治色彩的艺术家之一。他经历了欧洲历史上最动荡的一些事件：法国大革命、恐怖时代、拿破仑·波拿巴（Napoleon Bonaparte）的兴衰、瓦格拉姆战役和莱比锡战役、维也纳会议，以及随后的政治压迫时代。他依靠贵族的慷慨资助生活，却在 1806 年击碎了卡尔·利赫诺夫斯基（Karl Lichnowsky）亲王的胸像，与奥地利皇帝弗朗茨（Franz）保持着冷淡的距离。在 1827 年去世之前，贝多芬从未与拿破仑时期的专制政治或之后的奥地利梅特涅政权达成和解。

两个世纪后的今天，贝多芬的音乐遗产仍然保持着惊人的文化影响力。在 2020 年我们举行贝多芬诞辰 250 周年纪念之际，重新研究贝多芬艺术遗产背后的政治意义是非常合乎时宜的。政治叙事支撑着他的艺术，使其具备了非凡的韧性。其背景涉及众多事件，远比单独的事件更为宏大。贝多芬成长在波恩的进步环境中，于 1789 年进入新近成立的波恩大学就读，当时正值邻近的法国爆发了革命。他于 1792 年在维也纳开启了自己的音乐生涯，遇到一个在艺术上丰富但在政治上反动的时局。贝多芬对法兰西共和国第一执政拿破仑孤注一掷的热情很快冷却下来，然而仍然痴迷于拿破仑，视自己为其在文化领域的竞争者，音乐领域的最高统帅。在其后的岁月里，贝多芬失聪，无法听到声音。他通过《第九交响曲》等作品对后世产生了深远的影响，该作品的起源可以追溯到贝多芬在波恩度过的青年时期。

贝多芬像莫扎特一样，是一位娴熟的即兴演奏家；对他来说，反复无常、出人意料、审美冒险都很重要。贝多芬旨在传达此时此地涌现的丰富情感。此刻的激情是人类强烈情感的反映，显示出一切永恒的迹象。当女主人公莱奥诺拉（Leonore）对邪恶的皮萨罗（Pizarro）说出"先杀了他的妻子！"，或者男中音在《第九交响曲》中唱出"不是这些音调"来平息交响乐中的混乱时，这些姿态承载着一种信念，超越了即时语境的信念，内蕴十分丰富。

贝多芬怎么能想象出"理想的肖像"（弗里德里希·席勒语）来模拟自由和社会变革？无论是在贝多芬时代专制的德国还是在混乱的法兰西共和国，抑或是在当今的情势下，这些目标在现实世界中都是不太可能实现的。《第五交响曲》如何激励人们抵抗法西斯主义？《第六交响曲》又如何成为环保运动最近的焦点？

世界的全球化给这种音乐带来了新的认识。在纳粹德国的托马斯·曼（Thomas Mann）所著《浮士德博士》（*Doktor Faustus*）中，虚构主人公阿德里安·莱韦屈恩（Adrian Leverkiihn）试图打破贝多芬《第九交响曲》的愿景。自那以来，世界发生了很大变化。托马斯·曼摆脱了希特勒的暴政，流亡到美国加利福尼亚州从事写作；他以自己绝望的教训来反衬贝多芬最后一部交响曲的光辉遗产。正如我们将要看到的，贝多芬已经预见到了这种反乌托邦的阴影，将其作为他塑造正面象征计划的一部分，最著名的就是"欢乐颂"（Ode to Joy）。从那时起，《第九交响曲》就席卷了全球，从日本宏大的庆典演出，到西班牙萨瓦德尔（Sabadell）城的快闪一族——迄今油管上的浏览量已经超过了 9000 万。我们将以这一令人兴奋的开放式轨迹作为故事的结局，这是一个充满痛苦与牺牲、坚韧与勇气的最具人性化的故事。

第一章

双城记：从波恩
到维也纳

"音乐中潜藏着革命性的因素！"

据称，对贝多芬的这种反应源自奥地利的弗朗茨皇帝；在贝多芬于 1792 年至 1827 年旅居维也纳期间，这位君主一直在位。弗朗茨皇帝在贝多芬的音乐中觉察到了一些可疑的东西，引起了他的不信任。德语原文是 "Es steckt was revolutionäres in der Musik！"，指音乐中存在一种令他不安的品质。

皇帝对这种反响十分警觉。弗朗茨皇帝是玛丽·安托瓦内特（Marie Antoinette）的侄子；玛丽·安托瓦内特原为奥地利女大公，嫁给路易十六后成为法国王后。1793 年，法国大革命爆发四年后，贝多芬抵达维也纳后不久，路易十六和玛丽·安托瓦内特遭到囚禁，随后在巴黎被送上断头台。这些事件之后，弗朗茨皇帝在位期间的首要任务就变成了防止奥地利发生任何此类革命。

弗朗茨皇帝凭借顽强的毅力，最终战胜了比他更为杰出的法国政治对手——拿破仑·波拿巴。与世袭的奥地利皇帝不同，拿破仑出身卑微，在 1789 年法国大革命后的十年动乱中屡屡晋升。他作为军事指挥官，战线非凡，声名鹊起，于 1799 年成为法兰西共和国第一执政。

当时，贝多芬热切希望法国领导者能够发挥积极的政治和文化影响。在奥地利，这种乐观的预期是不现实的。与其前任约瑟夫二世（18 世纪 80 年代的神圣罗马帝国皇帝）不同，弗朗茨皇帝不是一个进步的领导者；他感到了拿破仑的社会和政治改革所带来的威胁。据观察，到 1794 年，"弗朗茨对'民主'的恐惧变得病态了，他对任何形式的变革的憎恶也是如此。"另一位历史学家描述了皇帝如何"发现到处都是阴谋"，他对革命的焦虑已经变成了"习惯性的偏执"。

这一政治背景为我们探究贝多芬的政治信念奠定了基础。这位年轻的作曲家接受了 18 世纪 80 年代启蒙运动的精神——伊曼纽尔·康德的批判、自由主义改革、文化激进主义——但也体验了 1789 年法国大革命爆发后的冲击和极化。值得注意的是：贝多芬的音乐遗产在他诞生 250 年后的 2020 年还能保持如此巨大的影响力。这在一定程度上可以从音乐语言的普遍性来解释，例如，《第九交响曲》的"欢乐颂"主题成为欧盟的国歌，而弗里德里希·席勒的歌词却从未被正式采用。另一个因素是 21 世纪政治极化的加剧。贝多芬的时代与我们的时代有着奇怪的相似之处。许多曾对法国大革命持欢迎态度的人很快就幻灭了，正如始于 1989 年的东欧剧变助长了人们对民主时代即将到来的盲目乐观。

为了探索贝多芬的世界，我们需要直面矛盾和冲突：奥地利统治者约瑟夫二世主导的基本上不成功的开明专制改革，法国大革命对专制统治带来的威胁，贝多芬年轻时所熟知的拼凑而成的德国政府，专制的哈布斯堡王室，莱茵河上的法德边界地区，多瑙河上庞大的多语言帝国的首都。艺术家从错综复杂的历史环境中建构了想象的愿景。了解一个作曲家对动荡时期的混乱万象所做出的反应，确实令人兴奋。拿破仑·波拿巴在世界舞台上的兴衰已经载入历史，而贝多芬留下的悠扬的遗产历久弥新，即使其潜力尚未得到发掘。对背景的了解必将反哺理解和欣赏。我们将会看到：贝多芬作品中充满对比的叙事，传达的远不止中性的声音。

对十六岁的宫廷乐师贝多芬来说，在 1787 年从波恩到维也纳旅居三个月是什么感觉？法国大革命年代，他在波恩大学求学时经历了什么？他在莱茵兰（Rhineland）的成长经历如何塑造了他对美学和政治的态度？他的音乐前辈沃尔夫冈·阿玛多乌斯·莫扎特（Wolfgang Amadeus Mozart）和约瑟夫·海顿（Joseph Haydn）在他不断发展的艺术道路上扮演了什么角色？

18 世纪 80 年代，约瑟夫二世发起了一波自上而下的理性主义改革浪潮，一场开明专制的"白色革命"。约瑟夫二世声称 1789 年的法国革命者是在尝试他已经尝试过的事情。1783 年，他宣称自己"通过启蒙削弱了……偏见和积习，并与之论争"。他遏制神职人员的权力，促进宗教宽容，主张人人平等，废除农奴制以及贵族、宫廷、神职人员、行会和城镇的许多特权。约瑟夫二世亲自接见了数以千计的请愿者。作为统治者，他赞同康德的启蒙原则，即"人从自我强加的监护中解放出来"。他改善了基础教育，建造了医院，主张反对蒙昧主义和宗教迷信。

事实证明，这样一场社会革命是脆弱的，因为它源自一个世袭的统治者，其身边大臣都是世袭贵族。约瑟夫二世对莫扎特歌剧《费加罗的婚礼》（The Marriage of Figaro）的资助表明了他行事的优点和缺陷。皇帝精通音乐，于 1782 年资助了莫扎特的德国歌剧《后宫诱逃》(*The Abduction from the Seraglio*)。四年后，莫扎特与剧作家洛伦佐·达·庞特（Lorenzo da Ponte）合作，将皮埃尔-奥古斯丁·卡隆·德·博马舍（Pierre-Augustin Caron de Beaumarchais）三部喜剧的第二部改编为意大利歌剧。该喜剧 1784 年在巴黎演出时引起轰动，因为它被视为对贵族权利和社会不平等的抨击。1785 年，约瑟夫二世本人拒绝允许该剧在维也纳演出。《现实报》(*Realzeitung*)的一位评论家在评论莫扎特的《费加罗的婚礼》时写道："如今，不允许说出来的东西被唱出来了。"达·庞特去掉了博马舍的一些革命色彩，但加上了更多自己的东西。虽然开明的皇帝准许歌剧演出，但贵族社会的反应还是断送了莫扎特的前程。他的器乐演奏会得到了第一等级贵族——王子、伯爵和男爵——的资助，但由于《费加罗的婚礼》改编自博马舍的被禁剧本，订票人数直线下滑。莫扎特始于 1786 年的困难与困扰日益孤立的约瑟夫二世的政治问题极为相似，这位皇帝的许多改革在他 1790 年去世后发生了逆转。然而在此之前的十年中，权力致力于服务民众，舞台上很快就出现了另一部莫扎特歌剧，其中涉及三个社会阶层，每个阶层都有自己的音乐伴奏，应贵族主人邀请一同进入舞厅，这位主人以自由之名向所有人致以问候。

1787 年 1 月至 4 月，贝多芬首访维也纳。贝多芬抵达维也纳时，莫扎特正在布拉格接受宴请。《费加罗的婚礼》在布拉格大获成功，莫扎特因此受到了《唐璜》(*Don Giovanni*)剧组的委托，该剧将于 1787 年 10 月在布拉格首演。莫扎特当时下榻于维也纳的豪华公寓里，但由于经济压力，很快就搬出了市中心。从 1787 年 2 月 12 日莫扎特回来到贝多芬离开的几个星期里，贵族人脉促成了年轻音乐家的到访，为两位作曲家的会面提供了充分的机会。据说贝多芬听过莫扎特的演奏；坊间关于贝多芬为莫扎特即兴演奏的传闻虽然未经证实，但似乎是可信的。从《月光奏鸣曲》（*Moonlight*）到《迪亚贝利变奏曲》（*Diabelli*），贝多芬与《唐璜》的交集体现在各种作品中，而在他们相遇的时候，莫扎特正潜心于这部歌剧的创作。

同一时间，海顿仍居住在艾森施塔特（Eisenstadt），受制于埃斯特哈齐（Esterházy）宫廷。直到 1790 年他的赞助人尼古劳斯（Nikolaus）王子去世后，他才得以旅居英国，获得个人自由和可观的财富。1785 年，一家伦敦报纸建议绑架"音乐界的莎士比亚"海顿，将其带往英国谋求自由。"一些有抱负的年轻人救他于水火并助其移居英国——他的音乐似乎是为之而生的——这难道不是一项等同于朝圣的成就？"当时的哈布斯堡王室拥有广袤的领土和势力范围，有些在地理上远离维也纳。由于波恩位于他的旅行路线上，海顿在 1790 年 12 月从维也纳前往伦敦和从英国返回的途中都要在这里停留。在 1792 年 7 月的返程中，他见到了年轻的贝多芬，后者显然向他展示了自己当时最令人印象深刻的一部作品：向已辞世的奥地利君主致敬的《约瑟夫二世葬礼康塔塔》（*Cantata on the Death of Joseph Ⅱ*）。

如果说著名的音乐三巨头海顿、莫扎特、贝多芬的一生恰好跨越了法国大革命，那么该事件对其中最年轻的贝多芬的作品产生的影响最为强烈。贝多芬汲取了启蒙运动的精神。他在波恩的老师和导师包括与当时的激进组织密切相关的人：共济会会员、启蒙主义者、文学社（Lesegesellschaft）成员。法国大革命爆发后不久，贝多芬移居维也纳，进入了一个文化浓郁的环境，当时政治局势正在逆转。这座莫扎特和海顿分别于 1781 年、1790 年定居的城市，在 1792 年成为贝多芬的第二故乡，由于革命的法国与奥地利等专制国家之间的冲突日益加剧，战争一触即发，他们对法国的事态发展甚为恐惧。贝多芬在日记中记录了他在去往奥地利的旅途中，如何向马车夫支付小费，让其从向法军阵地进发的黑森（Hessian）军队中疾驰而过。

多事之秋的历史背景对于理解贝多芬所处的动荡的政治世界，以及他通过音乐体现文化价值观的方式至关重要。法国大革命的希望和未兑现的承诺笼罩着贝多芬的创作计划。贝多芬对弗朗茨皇帝的怀疑和他对拿破仑的矛盾心理反映了他对重大问题的反应。作曲家对法国大革命原则坚定不移的热情与对残暴的专制统治的蔑视并存。他的审美态度和音乐内容的关键因素与这一背景密不可分。艺术品不需要反映外部条件，但可以体现一套相互竞争的价值观。我们将会看到：《英雄交响曲》（*Eroica*）中对英雄主义的描述借鉴了一个神话背景，表明拿破仑未能成为英雄。弗里德里希·席勒、约翰·沃尔夫冈·冯·歌德（Johann Wolfgang von Goethe）、让·保罗·里希特（Jean Paul Richter）等艺术家倡导的变革性艺术作品理念，对贝多芬的创作产生了深远的影响。

有关贝多芬晚年的文献记录反映了他对政治问题的持续思考以及他对公众领袖的频频失望。1825 年 9 月，失聪的贝多芬与他的巴黎出版商莫里茨·施莱辛格（Moritz Schlesinger）交谈，后者在谈话录上写下评论。施莱辛格说："如果拿破仑继续担任第一执政，而不是成为一个贪得无厌的世界征服者，他会成为在世的最伟大人物之一。"贝多芬的回答没有记录在案，但施莱辛格的回复——"野心"——肯定指出了拿破仑的性格缺陷，在贝多芬看来，拿破仑不具备成为真正英雄的资格。在接下来的对话中，施莱辛格对弗朗茨皇帝打趣道："然而，皇帝是一头愚蠢的野兽。他表示，'我不需要学者，我只想要好公民'。"

反映贝多芬对拿破仑矛盾态度的另一个信源，来自约翰·多勒扎莱克（Johann Doležalek）。他称，1827 年 2 月，贝多芬躺在病床上，数落了一通世袭的法国波旁王室，之后谈到拿破仑时表示："这个混蛋，我看错人了。"

贝多芬承认曾对拿破仑寄予了不实的希望，这与各种消息来源完全一致——这些消息共同为他的事业和艺术成就注入了新的光彩。作曲家对政治绝非漠不关心。他倾心于弗里德里希·席勒的作品，秉持体现反抗和"理想形象"的肯定性艺术作品的理念，这极为重要。贝多芬选择了一部来自法国恐怖统治时期的现实戏剧，作为他的歌剧《费迪里奥》（Fidelio）的主题，这对我们今天来说是一个具有强烈政治意义的主题。贝多芬的最后一部交响曲将席勒的《欢乐颂》（Ode to Joy）以合唱的形式配乐，在世界范围内产生了非凡的影响。从贝多芬的手稿可以看出：这是他长期以来一直全神贯注的作品，但他对此仍然心存疑虑。

可以肯定的是，最近一些评论家倾向于对贝多芬的文化和政治地位提出更多怀疑和异议。一种做法是回归作曲家最具宣传色彩的作品，比如为维也纳会议创作的仪式性康塔塔《光荣时刻》（The Glorious Moment）。另一种修正主义的策略是将贝多芬后期音乐风格的演变与梅特涅时代奥地利政治的反动趋势联系起来。还有一种更为激进的做法是怀疑自由本身的价值，声称要揭露自治是无效的或伪装的权威。简化的观点看似新奇或机智，却牺牲了美学的实质和历史的准确性。更有前途的做法是，扩大我们的参与范围，寻求超越传统理解模式的创造性潜力。

1814 年至 1815 年的维也纳会议期间，贝多芬获得了前所未有的公众关注和极为丰厚的经济回报。这位作曲家宣称：相较于君主或君主制，他更喜欢"思想帝国，并将其视为最高级别的精神和世俗的君主制"。下文将通过描绘贝多芬丰富多彩的人生来探究这位艺术家的"心灵或精神帝国"。

在贝多芬的青年时期，莱茵兰可不是一个宁静的地方。波恩的政治风向与他在奥地利遇到的环境截然不同。身为一名年轻的宫廷乐师，贝多芬有幸得益于一系列振奋人心的发展。自1784 年约瑟夫二世最小的弟弟马克西米安·弗朗茨（Maximilian Franz）成为波恩的天主教选帝侯，这座莱茵河上的小城便与遥远的维也纳（比波恩大十倍）产生了紧密的联系。他继续推进前任选帝侯马克西米安·弗里德里希（Maximilian Friedrich）实施的改革，其改革与他的兄长约瑟夫二世在维也纳所推行的改革并行不悖。神职人员受到遏制，而音乐、文学和戏剧机构得到重组和扶持。1785 年，波恩学院升格为大学。约翰内斯·内布（Johannes Neeb）受命教授康德哲学，而革命者欧洛吉亚·施耐德（Eulogius Schneider）、弗里德里希·席勒的朋友巴塞洛缪·路德维希·费歇尼希（Bartholomäus Ludwig Fischenich）等则讲授希腊文学、美学、伦理学和法学。

在 18 世纪 80 年代，波恩成为启蒙运动的中心。这是一场脆弱但极富成效的运动，其自由主义改革是由上层强推的，而不是对受压迫阶级革命斗争的回应。1794 年，在贝多芬离开波恩不到两年的时间里，法国占领引发的动荡推翻了马克西米安·弗朗茨政府。若非如此，波恩本可以成为另一个魏玛。但在几年前，根本没有谁能预料到这些事件。

作为酗酒父亲和深爱的母亲（已于 1787 年去世）的长子，年轻的贝多芬寻求一条心理补偿和超越自我的道路。贝多芬父亲残暴、虐待的行为可能反而增强了儿子的抗压能力。贝多芬与父不和，早年丧母，这就留下了一个需要朋友、榜样、艺术和思想填补的空白。1784 年，贝多芬通过密友弗朗茨·格哈德·魏格勒（Franz Gerhard Wegeler），进入了斯蒂芬·冯·勃鲁宁（Stephen von Breuning）家族的文化圈子。他通过这个家族，了解了德国文学和诗歌。夏天，他可能会住在科隆以西科尔班（Kerpen）的冯·勃鲁宁庄园。寡妇海伦娜·冯·勃鲁宁（Helena von Breuning）像母亲一样呵护贝多芬。18 世纪 80 年代，弗朗茨·格哈德·魏格勒在维也纳从事医学研究，为贝多芬在奥地利首都重新安置住处。多年以后，贝多芬饱受不可治愈的失聪折磨，也曾向魏格勒倾诉苦衷。

作曲家和宫廷风琴手克里斯蒂安·戈特洛布·内夫（Christian Gottlob Neefe）是贝多芬的一个重要榜样，他是来自萨克森（Saxony）的新教徒，曾在莱比锡学习。内夫是巴赫的狂热崇拜者，渴望将巴赫的音乐遗产传承下去。贝多芬早年对巴赫、海顿和莫扎特的音乐的了解很大程度上也归功于内夫。在内夫自己的大型作品中，有十二首由弗里德里希·戈特利布·克洛普斯托克（Friedrich Gottlieb Klopstock）创作的气势恢宏的颂歌。1782 年，内夫为四声部合唱队和管弦乐队创作了另一部克洛普斯托克的颂歌——《救世主》（Dem Unendlichen）的曲谱。八年后的 1790 年，贝多芬创作的重量级作品《约瑟夫二世葬礼康塔塔》由此诞生。

内夫是一名共济会会员，先后任职于与启蒙运动密切相关的光照会（Orden der Illuminaten）和文学社。1776 年在波恩成立的共济会分会因玛利亚·特蕾西娅（Maria Theresia）女皇对共济会的镇压而消失，其职能在 18 世纪 80 年代基本上由上述两个社团填补。光照会波恩分会成立于 1781 年，成员中有许多人与贝多芬关系密切，包括圆号演奏家（后来成为出版商）尼古劳斯·西姆洛克（Nikolaus Simrock），以及小提琴家弗朗茨·莱斯（Franz Ries）——贝多芬的学生和朋友费迪南德·里斯（Ferdinand Ries）的父亲。内夫是该分会的领导人。1785 年光照会遭到镇压后，波恩分会继续在文学社开展活动。贝多芬在波恩的最后几年里，身边的许多关键人物都是其成员，包括费迪南德·瓦尔德施泰因（Ferdinand Waldstein）伯爵；他帮助贝多芬在维也纳建立了重要人脉，并在这位年轻作曲家的专辑中写道："通过勤勉劳作，你将从海顿那里习得莫扎特的精神……"该组织对贝多芬的重要性之一在于它委托其创作《约瑟夫二世葬礼康塔塔》。

贝多芬成长教育过程中另一个重要但被低估的人物是"世俗牧师"欧洛吉亚·施耐德。施耐德牢记 Volksaufklärung 原则，即启蒙运动的原则需要公开宣传，从而促进思想自由，保障人权，战胜贵族阶级，拒绝宗教权威。施耐德坚决拥护法国大革命的理想——自由、平等、博爱，并试图将其付诸实践。施耐德在其职业生涯的每个阶段都热情地倡导启蒙原则，从而以引发冲突的方式逾越了传统和权威的界限。

1789 年，大革命前夕，施耐德被任命为波恩大学美学和美术教授。同时，席勒担任耶拿大学的历史学教授。年轻的贝多芬进入波恩大学学习。这个时机给这位年轻的作曲家留下深刻印象的是：思想如何能够对人类的命运产生真正的影响？在他的所有导师中，施耐德的职业生涯很快就生动地展示了政治行动的潜力及其风险。

施耐德在 1790 年出版了《诗集》(*Gedichte*)，其中收录了他的许多作品；在订户名单中，宫廷乐师"贝多芬"赫然在列（图 1.1 和图 1.2 ）。大量的证据表明施耐德在当时对贝多芬的重要性。作为文学社成员，施耐德提议用音乐作品纪念皇帝约瑟夫二世的逝世，这一倡议促成了《约瑟夫二世葬礼康塔塔》的诞生。施耐德自己为约瑟夫二世的逝世写了一首挽诗，收录在他的《诗集》中。《约瑟夫二世葬礼康塔塔》的部分文本反映了施耐德的影响，如短语"狂热怪物"。他对克洛普斯托克和克里斯蒂安·费尔特戈特·格勒特（Christian Fürchtegott Gellert）等当代诗人的兴趣与贝多芬一致。施耐德是一位才华横溢的演说家，他热情洋溢的修辞天赋无疑给年轻的贝多芬留下了深刻的印象。最具影响力的，也许是施耐德对天主教仪式和正统的尖锐批评，以及他的自然神论或泛神论信仰。

施耐德的诗《致神学》(*an die Theologie*)如下（自由韵版本 ）：

再见了，神学！
你折磨我已久，
用老妇人的故事骗我，
还以为我会相信；
你以废物恣意喂养受众，
装模作样，虚张声势。

GEDICHTE

VON

EULOGIUS SCHNEIDER.

Mit dem Portrait des Verfaſſers.

FRANKFURT,
in Commiſſion der Andräiſchen Buchhandlung,
1790.

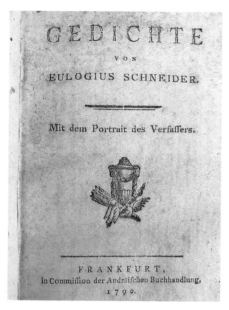

图 1.1 《诗集》扉页

作者：欧洛吉亚·施耐德。路易吉·贝洛法托（Luigi Bellofatto）私人收藏。

Bingen. Hr D. Gentil, Stadtpf.
Blumenthal. Hr Hofmann, Amtsverwalter.
Bonn. Hr Aleff, Stud.— Hr Amecke, Stud.
Hr Angelbis.—Hr Anſchel, Stud.—Hr Arnds, Hofr.— Hr Averdonk, Canon. in Ehrenſtein. Hr Bacciochi — Hr Sim. Baruch — Hr Baſch, Bürgerm.— Hr Becker, Prof.— Hr de Berghes, Refer.— Hr von Bersword, kurkölln. geh. Rath.— Hr van Bethoven, Hofmuſ.— Hr Engelb. Biegeleben. — Hr von Blum, Rath. Hr Boosfeld, Hofkammerr.— Hr von Braumann, Stud.— Hr von Breuning, kurk. geh. Rath.— Hr von Breuning, geiſtl. Rath.— Hr von Breuning, Stud. — Hr Caramé, Stud. Hr Chriſt. Stud.—Frau von Coels.— Hr Cor-

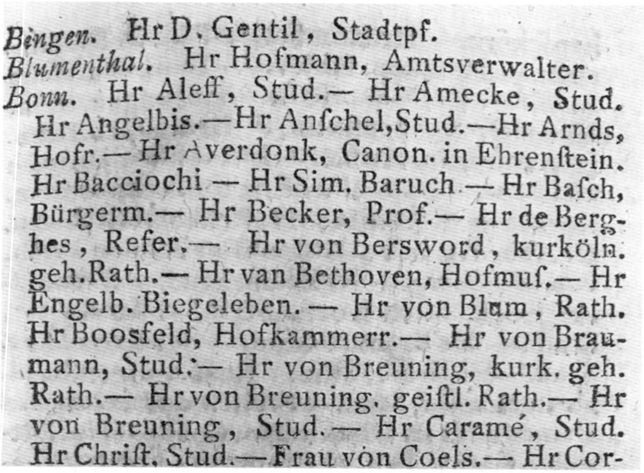

图 1.2 《诗集》中的一页

显示贝多芬是订户（范·贝多芬先生，宫廷乐师）。路易吉·贝洛法托私人收藏。

再见了！我将离你而去，

从此，天各一方。

而施耐德是这样描述自然的：

神圣的大自然母亲！

你的继子是

天主教德国？不！无论谁这样说

都是忘恩负义，冒犯了你……

神圣的大自然母亲！

贝多芬不愿接受教条，也不愿参加教堂礼拜，以及对自然热情崇拜，这些都有据可查。他经常在夏天从维也纳搬到农村去住，这种招人耳目的作风始于 1802 年他在海利根施塔特（Heiligenstadt）小住六个月。海利根施塔特附近的景色很可能让他想起了莱茵兰。波恩相对于莱茵河和罗马七山（Siebengebirge）的位置，类似维也纳相对于多瑙河和卡伦山（Kahlenberg）、利奥波德山（Leopoldberg）的位置，尽管波恩位于河的对岸，与雄伟的山峦遥遥相望。

欧洛吉亚·施耐德因其直言不讳的观点和对天主教的尖锐攻击，于 1791 年被波恩大学解除教职，但在附近的法国斯特拉斯堡（Strasbourg）寻得新工作，很快在革命政权中崭露头角。施耐德领导了一场激进的运动，推翻了菲利普·弗里德里希·迪特里希（Philippe Friedrich Dietrich）市长，并于 1792 年率先为主要使用德语的阿尔萨斯民众翻译了《马赛曲》。大约在同一时间，巴黎的键盘乐器制造商托拜厄斯·施密特（Tobias Schmidt）设计了一种斩首机原型，不久即投入使用；他的斩首机专利比他的乐器销售利润高得多。具有讽刺意味的是：尽管施耐德促成了贝多芬在《约瑟夫二世葬礼康塔塔》中将约瑟夫二世描述为"狂热怪物"，但强烈的政治激情致使他这个"公诉人"在 1793 年恐怖统治时期越界，将 30 人送上了断头台。此后不久，施耐德自己也被逮捕，于 1794 年 4 月在巴黎被斩首（图 1.3 和图 1.4）。从 1819 年的一部谈话录中可以看出，贝多芬到了晚年也没有忘记施耐德。

在莱茵兰革命后的岁月里，人们的事业和生活都岌岌可危。另一个这样的例子是著名的博物学家、人种学家和旅行作家格奥尔格·福斯特（Georg Forster），他陪同父亲约翰·福斯特（Johann Forster）参与了詹姆斯·库克（James Cook）的第二次环球旅行。他的书于 1780 年以德语出版，书名为《环球旅行》（*Reise um die Welt*），一举成名，并影响了歌德、约翰·戈弗里·冯·赫尔德（Johann Gottfried von Herder）和亚历山大·冯·洪堡（Alexander von Humboldt）。贝多芬从 1812 年开始写日记，日记中抄录了福斯特关于 5 世纪梵语剧作家迦梨陀娑（Kālidāsa）的戏剧《沙恭达罗》（*Shakuntala*）以及其他古印度资料的德文译本。在 18 世纪 90 年代，《沙恭达罗》的同一个译本吸引了席勒，他写道："在所有希腊文献中，没有哪部作品对于美丽爱情的诗性表达能够与这本书比肩，哪怕是之接近的也没有。"福斯特是一位杰出的共济会会员，也可能是一位光照会会员，并于 1788 年成为美因茨大学的图书管理员，直到大革命爆发，法国人于 1792 年控制了莱茵兰的这一地区。福斯特接受了法国大革命的自由、平等、博爱的理想，加入了那些渴望按照法国模式

图 1.3　欧洛吉亚·施耐德肖像

取自《诗集》。路易吉·贝洛法托私人收藏。

图 1.4　施耐德于 1794 年 4 月 1 日在断头台上被斩首

法国斯特拉斯堡历史博物馆。来自维基共享。

建立德意志共和国的人的行列，于 1793 年成为美因茨共和国驻巴黎代表。法国国民大会于 3 月 30 日批准它加入法国，一年之后，欧洛吉亚·施耐德被送上断头台。对于福斯特来说，不幸的是，奥地利和普鲁士联军很快就重新占领了美因茨共和国的领土。福斯特被宣布为叛徒，1794 年年初在巴黎孤独地死去。

歌德和席勒于 1797 年合著了一本名为《箴言诗》（*Xenien*）的讽刺诗集。他们在书中将矛头直指施耐德和福斯特。第 337 首诗为《不快乐的匆忙》（*Unhappy Haste*），仿拟《荷马史诗》主角奥德修斯（Odyseus）不幸的同伴埃尔佩诺尔（Elpenor），批评施耐德不弃的野心和骤然的衰落：

> 哦，他们热切呼唤自由，
> 我希望平等迅速来临。
> 我觉得台阶太过漫长，
> 便从屋顶一跃而下。

大革命后时局不稳的另一个例证来自贝多芬的密友弗朗茨·格哈德·魏格勒。魏格勒担任波恩大学主任（rector）和训练有素的医生时，在法国占领期间禁止学生接触受感染的法国士兵，以防止传染病的传播。巴黎报纸《箴言报》（*Moniteur*）发表文章，指责他是法兰西共和国的顽固敌人。正如魏格勒自己所说："在那个时候，罗伯斯庇尔的追随者比他中毒更深，我必须拯救自己。"因此，他明智地在 1794 年 10 月跟随贝多芬来到维也纳。

受政治理想启发的贝多芬如何在极化的意识形态和反复的战

争冲突中找到前进的道路？在贝多芬看来，没有哪位艺术家像弗里德里希·席勒那样，反映出经过审慎锤炼的有说服力的政治信念。席勒的那种通过艺术创作肯定自由的美育思想对贝多芬产生了深远的影响。回顾席勒在波恩对贝多芬的影响，我们发现，同时代的戏剧和文学塑造了这位年轻作曲家的信念，激发了他合作的欲望，正如他在自己的音乐作品中回应同时代的作家和思想家一样。

席勒并没有强烈肯定法国大革命。尽管如此，1792 年的法国国民议会为了响应他在 1781 年创作的早期戏剧《强盗》（*Die Räuber*）所带来的革命声誉，授予席勒（"吉勒先生"）共和国荣誉公民称号。这很有讽刺意味，因为《强盗》无情地揭示了占有欲极强的个人主义者的逻辑。强盗头目、理想主义者卡尔·摩尔（Karl Moor）不分享权力，而是遵循目的正当原则，沉湎于暴力犯罪活动；席勒曾将其描述为"怪物"（Ungeheuer）。《强盗》本身并不是一部关于反叛的戏剧，而是批评了卡尔·摩尔的反叛精神和狂妄野心。

席勒的《唐·卡洛斯》（*Don Carlos*）于 1787 年完成，之后他移居耶拿和魏玛。该作品讲述了个人的自我培养应该优先于革命理想主义。它在贝多芬保存于波恩的专辑和其他资料中尤为突出，包括贝多芬在 18 世纪 90 年代向朋友引用的两段引文：

我不是坏人——热血是我的过错——我的罪过是我太年轻。我不坏，真的不坏。纵然汹涌澎湃的情绪可能辜负我的心，但我的心是好的。[第 2 幕，第 2 场]

真理因智慧而存在，

美好在于心灵（感觉）。

它们互为隶属。[第 4 幕，第 21 场]

第一段引言出自心神错乱的卡洛斯，他的心上人已经嫁给了父亲菲利普国王。第二段引言是波萨（de Posa）侯爵写给瓦卢瓦（Valois）的伊丽莎白女王的话语，主张思想与情感、头脑与心灵的结合，这一信念得到了席勒和贝多芬的认同。在贝多芬的告别专辑中，还有一段话出自同一个场景，记录了波萨在他自愿牺牲前不久说出的一个想法，一个指向卡洛斯和后人的想法：

告诉他，成年后，必须依然崇尚

年轻时的梦想，切勿将上天

娇嫩的花蕊暴露给

自吹自擂的蛀虫，也别误入歧途

去听闻尘世的智慧，

将神圣的热情亵渎。

1793 年 1 月，贝多芬抵达维也纳几周后，席勒的朋友巴塞洛缪·路德维希·费歇尼希从波恩向席勒的妻子报告说：这位年轻的作曲家打算根据席勒的另一部著名作品——创作《唐·卡洛斯》时所作的一首颂歌——创作一首曲子。费歇尼希把贝多芬描述为"这个地方的一个年轻人，他的音乐才华受到普遍赞誉，选帝侯将他送往维也纳的海顿那里"，并继续说：

他还提议为席勒的《欢乐颂》谱曲，而且逐节地创作。我期待他会创作出完美之作，因为据我所知，他完全致力于创作伟大和崇高的作品。

贝多芬年轻时设定的目标是为席勒的《欢乐颂》谱曲，这一目标仅仅几十年后就在《第九交响曲》中实现了。作品的最终完成表明：他在追求"伟大与崇高"的同时，确实"继续崇尚年轻时的梦想"，而在听到"将神圣的热情亵渎"时，却没有"误入歧途"。席勒本人在1800年写给朋友兼赞助人克里斯蒂安·戈特弗里德·科尔纳（Christian Gottfried Körner）的信中，主动与《欢乐颂》拉开距离，称其"脱离现实"，"或许对我们两人有价值，但对世界没有价值，对诗歌艺术也没有价值"。如果他意识到通过贝多芬的音乐，他的诗作会以前所未有的方式传遍世界，被数百万人欣然接纳，他会多么惊讶啊！

贝多芬年轻时对当时文学的投入，也体现在他为靡菲斯特（Mephisto-pheles）的《跳蚤之歌》（*Flohlied*）创作的音乐初稿中，这是歌德的《浮士德》中奥尔巴赫（Auerbach）酒窖场景中一个关键情节。令人惊讶的是：贝多芬在1790年歌德的《浮士德》出版后不久就得到了该书，并做出了音乐上的回应，尽管他的背景音乐直到1809年才最终完成。奥尔巴赫酒窖既是莱比锡的一个真实场所，也是虚构事件的发生地，将生活和艺术融为一体。它对应波恩马克广场（Markplatz）上的泽尔加藤酒店（Zehrgarten）；这是贝多芬年轻时最喜欢的社交场所，也是他晚年在维也纳与朋友们聚会的客栈和酒窖。歌德在1765年到1768年经常光顾奥尔巴赫酒窖，当时他还是个学生。这首高度政治化的歌曲猛烈抨击了偏袒和裙带关系，从而引起了自传式的共鸣。

在《浮士德》中，靡菲斯特的《跳蚤之歌》是奥尔巴赫酒窖中为数不多的几首下流酒歌之一。它以"从前有一个国王，他有一只大跳蚤"开头，用强有力的合唱来强化最后几句针对恼人的寄生虫的歌词：

但我们会突然崩溃而窒息身亡，

即刻间，如果被人咬了的话。

最后的联句——由全体狂欢者演唱——概括了政治意义。因为这只一文不值的跳蚤是国王的最爱，它被打扮得漂漂亮亮的，并获得了不应得的荣誉。跳蚤晋升为大臣，于是它所有的跳蚤亲戚都成了朝臣，有钱又有势，不受任何批评。然而，在奥尔巴赫酒窖的保护距离之外，饮酒者不必掩饰对跳蚤的轻蔑。我们将在第六章再谈这首歌曲；这首歌曲在 1810 年出版时已经获得了语境意义，并且仍然与我们时下堕落的政治有关。

正如魏格勒所证实的那样，人们在贝多芬的《自由人》（*Der freier Mann*）背景音乐中发现了一种更高层次的合唱，此曲可以追溯到他在波恩的最后几年，后来由共济会使用。文本由失明的法裔德国诗人戈特利布·康拉德·普费菲尔（Gottlieb Konrad Pfeffel）撰写，藏于 1792 年建造的汉堡博物馆（Hamburger Musenalmanach）。共济会仪式的开场白被改为魏格勒的话语："共济会的目标何在？"（"Was ist des Maurers Ziel？"）"Ein freier Mann"一词流传甚广。正如我们将要看到的，它出现在欧洛吉亚·施耐德法国大革命颂歌的结尾处："Ein freier Mann ist der Franzos!"（"自由人就是法国人！"）

　　贝多芬《自由人》的首稿开篇由四个男声以 C 大调二拍子的形式演唱（谱 1.1）。前六个音符勾勒出上行的 C 大三和弦而后级进下行的旋律模式，同时延长第三个音符，缩短第四个音符。这类似于《第五交响曲》最后一个乐章的开篇，后者几乎在二十年后才真正完成谱 1.1。这种主题上的相似度——包括动机、节奏、调性和特征——极高，不可能是巧合，这再次表明贝多芬青年时期的音乐内核是如何在他的著名作品中占据首要地位的。这种想法并不局限于《自由人》和《第五交响曲》的最后一个乐章。另一个类似的段落是《英雄交响曲》的"葬礼进行曲"（Funeral March）中动人心魄的一段，双簧管响起，将音调从 C 小调转到 C 大调，从而发出 C–E–G 的上升模式，其中持续的五级音 G 转为极富表现力的级进下行。《自由人》的第一节如下：

谱 1.1 《自由人》与《第五交响曲》的曲谱比较

First sketch, Der Freie Mann（'Wer ist ein freier Mann?'），
WoO 117 (Hess 146)（"Kafka" Sketchbook, fol. 153v）

Fifth Symphony, op. 67, finale

谁是自由人？

谁是自由人？

他既无出身，也无头衔，

既无天鹅绒外套，亦无罩衫

可以掩身兄弟，

他是自由人！

"天鹅绒外套"和"罩衫"对应的是贵族和神职人员的着装，他们的地位不应该高于同胞。贝多芬音乐的叙事极大地强化了普费菲尔的平等主义主旨，即自由人不应屈从于专制统治。反映在合唱场景中的博爱或共同体的核心概念，在像《第五交响曲》的终曲这样的乐章中得到了升华；在这样的乐章中，整个管弦乐队都重点予以强调，再辅以长号和短笛等乐器。

与解放思想相关的调性词汇延伸到贝多芬在波恩时期最大的单一创作成就：1790年的《约瑟夫二世葬礼康塔塔》。直到1884年，也就是贝多芬离开波恩将近一个世纪之后，这首康塔塔的乐谱才得以见天日。即使现在，这部作品对公众来说仍然是陌生的。该剧在1790年并未上演，可能是因为其技术挑战超出了演奏者的能力。贝多芬完全有理由为这部作品感到骄傲，这是他在波恩时期最具预见性的一首作品。这首康塔塔公之于众后，约翰内斯·勃拉姆斯（Johannes Brahms）兴高采烈地评论道："即使扉页上没有名字，也无法猜测其他任何人的名字——这就是贝多芬！"

只要看一眼乐谱，就会明白为什么贝多芬后来没有出版这部康塔塔，因为他的歌剧《费德里奥》中两个最非凡的段落就是从这部乐谱中挖掘出来的。十五年后的 1805 年，歌剧首次登上舞台；将这首康塔塔与歌剧比较一番，我们就会意识到贝多芬艺术的总体品质——一种极其简单的沟通能力，这种能力在他波恩时期最好的音乐作品中已经崭露头角。

《约瑟夫二世葬礼康塔塔》展示了七个数字的对称设计。开篇和结尾的合唱部分哀悼皇帝逝世："死了！死了！死了，他呻吟着，整个萧瑟的夜，萧瑟的夜。"这两段 C 小调的合唱哀歌勾勒出了一系列的宣叙调和咏叹调，其中心是一首以"然后人们升向光明"为文本的女高音咏叹调。这首令人向往的音乐传达了已故皇帝认同的启蒙运动的积极价值。

黑暗和死亡的空虚在这里与光明和希望背道而驰。音乐上的象征意义如此引人注目，以至于贝多芬后来可以将这些动机和配器完整地融入他的歌剧之中。《费德里奥》同样关注即将到来的死亡。弗洛雷斯坦（Florestan）的地牢咏叹调始于言辞："天哪！这里多么黑暗啊！"然后继续道："我的周围一片凄凉，什么也没有，除我之外什么也没有。"男高音自"天哪！"中直抵肺腑的高音 G，转向"这里多么黑暗啊！"的更低的、听天由命的音型，因为希望和绝望的二元性被压缩成了囚徒单一的话语。

在康塔塔中，合唱的哀歌以 C 小调为背景，但在歌剧的地牢场景中，贝多芬选择了低五度的调性：F 小调。这使得弗洛雷斯坦在咏叹调中对莱奥诺拉的神志恍惚的想象转为了明亮的 F 大调，以便在音调上与后面的"极为绵延舒展"（Sostenuto assai）的乐节相匹配；在同样的音调中，集聚的民众和获释的囚犯见证莱奥诺拉对弗洛雷斯坦的解救。凄厉的呼喊预示着内心的憧憬，预示着从暴政中获得集体解放的救赎场景，这样的叙事为音乐提供了心理上的深度。

从1983年十二岁的贝多芬创作基于恩斯特·德雷斯勒（Ernst Dressler）进行曲的九首变奏曲开始，C小调与悲怆的关联就贯穿了贝多芬作品的始终。《约瑟夫二世葬礼康塔塔》走的就是这条路线，延伸到《悲怆奏鸣曲》（the Sonate pathétique）、《英雄交响曲》的葬礼进行曲、《第五交响曲》和最后一部奏鸣曲（op. 111）。如果事先体会贝多芬的歌剧，就能明白指导他大部分作品的美学与伦理学之间的联系。尽管调性不同，《约瑟夫二世葬礼康塔塔》忧郁的辞藻仍然萦绕在皮萨罗地牢的管弦乐中。低柔的八度F音与高音区木管乐器和圆号奏出的高亮和弦交替出现。开篇的两个高音和弦从C上升到降D，音型很快在琴弦上发生了转位，变成充满人类苦难的生动叹息。通过对清唱剧的了解，我们可以察觉开篇的两个强音和弦是由其背景有意义地形成的。贝多芬在创作康塔塔的合唱时，肯定听到这些呼应"死了，死了"情绪的响亮的声音。

《费德里奥》的最后一幕包含了从F小调到C大调的上升的调性两极对峙，这与解放的理念相关联。贝多芬选择的F小调——C调下方纯五度音——有助于在这种背景下传达深度的概念。时间和空间的压缩聚焦于《费德里奥》中的剧情；剧情发生在一天之内，仅限于一个地方。皮萨罗的监狱遮蔽着狱卒罗科（Rocco）和女儿玛泽琳（Marzelline）的住所。由于政治监狱道德沦丧的环境，他们在生活中表现出狭隘的利己主义和矛盾的行为。在所有的囚犯中，弗洛雷斯坦被深藏在地牢的最底层，事实上就藏在罗科和马泽琳住所的正下方。

莱奥诺拉的冒险故事——她堕入地牢，然后升华到象征启蒙的光明中——在贝多芬从他的《约瑟夫二世葬礼康塔塔》中提取的象征性音乐元素中得到了明显的预示。约瑟夫二世改革的失败，就像法国大革命的背叛或拿破仑倒退到暴政一样，属于一个持续到当下的紧张过程。在一个政治运动的过程中，人民走向光明可能始终存在问题，但历史上专制主义和压迫性滥用权力的负面例子提醒我们：必须遏制犬儒主义，铭记道德标准。

贝多芬早期康塔塔中女高音咏叹调的赞美诗般的共鸣，让我们想起了贝多芬艺术中人文精神的持续坚守。"然后人们升向光明"被配以上行四度，体现了一种象征性特征，可与他后期器乐和声乐作品中的主题相媲美。这种上行四度与音乐中的冲突或悲怆相对立的模式，不仅见诸《费德里奥》，亦见诸《悲怆奏鸣曲》如歌的柔板、倒数第二首《降 A 大调钢琴奏鸣曲》（op. 110）的赋格曲、《庄严弥撒》（*Missa solemnis*）的"垂赐平安"。每一个主题都很独特，上行四度的柔和节奏，后面跟着甜美的级进下行，在康塔塔中包含了更大的音调连续性，代表着新生群体得到了满足。

《费德里奥》和《约瑟夫二世葬礼康塔塔》共同的政治意义通过一种受到专制力量威胁和压制的人文遗产的理念联系起来，即被埋葬的自由得到了拯救和恢复。席勒笔下的波萨侯爵在以 18 世纪 80 年代进步的自由主义思想推进尼德兰的政治解放运动之后离世；开明的皇帝约瑟夫二世因许多改革发生逆转于 1790 年亡故；贝多芬歌剧中被囚禁的自由斗士是以一位恐怖统治时期殉难的改革家为原型的。弗洛雷斯坦向当权者道出真相后，发现自己被活生生囚入皮萨罗监狱的深处。

皮萨罗是贝多芬用其早期康塔塔的语言塑造的一个专制

的"狂热怪物"。监狱长痴迷于个人荣誉，在执行公务时以自我为中心，虚荣、无原则、腐败、堕落。因此，他把国家变成了个人力量的工具。他对弗洛雷斯坦试图揭露他的暴行感到愤怒。皮萨罗回忆起"有一次我几乎被羞辱了"，他的回应是在沉溺于掩盖真相的同时，折磨并试图消灭他的批评者。皮萨罗的士兵畏惧他的脾气，囚犯们害怕他的间谍。皮萨罗试图买通罗科实施谋杀。如果他达到了目的，罗科和费德里奥就都成了共犯。

歌剧结束时，囚犯和市民们聚集在一起，齐声欢迎唐·费尔南多（Don Fernando）大臣到来；他用闪耀着自由、平等和博爱等革命原则光辉的话语回应了他们对正义的诉求：

> 切勿再卑躬屈膝，
> 严酷的暴政远非我念。
> 我以兄弟的身份而来，
> 很乐意提供帮助。

费尔南多曾以为弗洛雷斯坦已经死了：他销声匿迹，被皮萨罗虐待并列入杀害名单。弗洛雷斯坦的开释象征着对其他囚犯更广泛的解放，因为莱奥诺拉以富有同情心的目光注视着他们的苦难。随着莱奥诺拉解开枷锁，我们听到了《约瑟夫二世葬礼康塔塔》的音乐；我们期待着费尔南多作为开明君主制或合理构建的革命国家的代表，认可公民美德的典范。

皮萨罗和费尔南多并不是左右逢源之人。这些人物代表了相反的原则：专制恐怖与人道同情和公民美德的对立。这种二元结构，加上原本从法国到西班牙的戏剧情节的转换，促进了歌剧对实际政治语境的适用性。1945 年，纳粹德国的托马斯·曼谈及这部歌剧："贝多芬的《费德里奥》怎么可能 ……在过去十二年里的德国不被禁止？因为在希姆莱的德国，能倾听《费德里奥》而不掩面冲出大厅的，都是愚蠢透顶之人。"

贝多芬音乐的政治意义仍然是显而易见的。皮萨罗城堡的象征意义是什么？从因犯集体获得解放的那一刻起，一座坚固的城堡不可避免地让人想起 1789 年 7 月 14 日攻占巴士底狱的场景。一向善于回应时事的欧洛吉亚·施耐德获悉巴士底狱陷落，便中断了他的大学演讲，朗诵起自己创作的一首诗歌：

> 专制的锁链已经脱落，
>
> 幸运的人们！从你们手中：
>
> 从君主的王位到你们的自由之地方，
>
> 从国王的国度到祖国，
>
> 没有御旨，没有：这是我们的意愿，
>
> 从现在起，它将决定公民的命运。
>
> 巴士底狱已成废墟，
>
> 法国人民已经自由！

中世纪的巴士底狱有八个塔楼，长期以来一直被用作国家监狱和拘留所，已经成为独裁压迫的象征。因此，1790 年拆除巴士底狱，就像 1793 年处死国王路易十六或采用新的革命历法一样，可以被视为永久性历史变革的里程碑。但这些行动本身并不能遏制政治压迫的力量。暴民统治倾向于用同样有缺陷甚至更糟糕的发展来取代不公正的状况。

对贝多芬的歌剧来说，最初的历史参照点不是 1789 年攻占巴士底狱，而是 1793—1794 年恐怖统治时期政治犯的解放。《费德里奥》根植于一场与后革命时期的过激行为有关的真实事件，但又存在多个参照点，因此不能被描述为革命或反动。相反，它通过审美手段大力推动一种进步的政治立场，成为一种道德力量，或者用席勒的话来说，是一种"理想的肖像"。席勒在其 1796 年出版的《美育书简》（*Aesthetic Letters*）第九封信件中建议："艺术家通过将可能性与必要性结合起来，努力创造理想。让他将理想的肖像注入幻想和真理，让他将其应用于想象力的发挥和最严肃的行动中，简而言之，应用于一切感官和精神的形式上，然后让他静静地把工作投入无限的时间里。"

正如恩斯特·布洛赫（Ernst Bloch）所言，"巴士底狱未来的每一场风暴都会因《费德里奥》而起。"歌剧中最引人注目的舞台音乐是在后台（监狱塔楼）奏响的二重号声。在皮萨罗的严格命令下，哨兵吹响了号角，向总督发出国务大臣即将到来的信号。通过具有讽刺意味的戏剧性逆转——一种普罗米修斯式的盗窃——这种僭据的姿态在此用于皮萨罗传达相反的信息。小号除了作为与军事权威和与王室相关的信号工具，还与《圣经》有关。《启示录》（*Book of Revelation*）中吹响七只小号；号角从耶路撒冷的圣石上吹响，宣告复活节的到来。小号还被用来发布公告。小号也经常出现在法国大革命的庆典上，在 1794 年罗伯斯庇尔设立的最高主宰节（Festival of the Supreme Being）期间，两只小号从塔楼上奏响。

在地牢里，当莱奥诺拉控制住皮萨罗的时候，小号诡异的节奏打断了令人窒息的四重唱，让人们停顿下来。小号不是为皮萨罗奏响，而是为了证实莱奥诺拉的积极干预是一种美德，打破了一连串的事件，否则就会发生预料中的悲剧。由小号开启的沉思时刻——时间凝固了——阻止了迅速展开的行动，将艺术话语提升到另一个更遥远的层面，从而鼓励我们自己去思考更广泛的意义。

如今，在贝多芬逝世两个世纪后，皮萨罗的狂妄自大和鼓声号角的虚张声势正大行其道。詹姆斯·麦迪逊（James Madison）自 1788 年就坚信"伟大的共和原则"，即人民将拥有美德和智慧去选择具有美德和智慧的人，这一信念在借宣传造势和领导层无能狡诈的时代似乎有些天真。当一个高高在上的煽动者建造一座谎言之塔，并得到一群亲信的喝彩时，该如何应对？

托马斯·曼在其著名的中篇小说《托尼奥·克罗格》（Tonio Kröger）中，描述了他的主人公深为席勒的《唐·卡洛斯》所动；与贝多芬一样，第四幕中以人文主义者波萨侯爵为中心的人际关系困扰着他。托尼奥谈到"（这些）地方……如此可爱，令你怦然心动……如爆炸一般"，他接着说：

例如，在国王因侯爵背叛而哭泣的地方……但侯爵这么做只是出于对王子的爱，你知道，他是因为王子的缘故才牺牲自己的。消息从内室传到前厅，说国王一直在哭泣。"哭泣？国王一直在哭？"所有的朝臣都非常不安，无一例外，因为国王历来都极其生硬和严厉。但他哭泣的原因不难理解；我为他感到难过，比为王子和侯爵加在一起难过更甚。他总是那么孤独，没有人爱他，然后他认为他找到了一个人，接着这个人又背叛了他……

在席勒的书中，这位孤僻的国王本身就是一个精神囚徒，成了自己体系的受害者，这一点在他与大审判官令人不寒而栗的最后一次会面中表现得淋漓尽致。然而，波萨早些时候与国王的会面开启了一个短暂的时刻，国王本可以通过政治干预获取利益。波萨关于政治进步——解放尼德兰——的理想主义论点，基于他对世界正在变得更好的信念：

> 于我之理想，世纪尚未成熟。我活着，
> 作为一个未来时代的公民。

这一态度与大审判官对国王的谴责截然相反：

> 人类存在的意义何在？人类
> 于你而言，只是数字而已。

主张专制而非变革，憧憬死亡而非生命。

对贝多芬来说，重要的是波萨对光明未来的憧憬，譬如席勒大约在同一时间的诗作《欢乐……乐土之女》（*Joy… daughter from Elysium*）。1785 年的原版《欢乐颂》折射出政治领域的转变——"乞丐成为君主的兄弟，栖息在你温柔的翅翼下"，比贝多芬后来的版本"人人团结成兄弟"更加明确。1810 年，贝多芬抓住机会，根据相互交织的史料为歌德的戏剧《埃格蒙特》（*Egmont*）谱曲，回溯波萨的解放愿景。《埃格蒙特》中《胜利交响曲》（*Victory Symphony*）激动人心的高潮，是政治性作品的又一个例证，其根源可以追溯到贝多芬在波恩的性格形成时期。

第二章

崇高与反转的崇高

1794 年 8 月 2 日，罗伯斯庇尔倒台和法国恐怖统治结束后不久，贝多芬在致朋友尼古劳斯·西姆洛克的信中穿插了一些激烈的评论。西姆洛克是波恩的一名圆号手兼音乐出版商，也是一名亲法人士：

> 这里很热；维也纳人担心他们很快就找不到冷冻点心了；由于冬天天气暖和，冰很少。许多重要人物在这里被捕；有人说爆发革命了——但我相信：奥地利人只要还有啤酒和香肠，就不会造反。郊区的大门受命在晚上十点钟上锁。士兵们已经给枪装上了子弹。这里不许大声说话，否则警察会把你关押起来的。

这些"重要人物"包括共济会会员弗朗茨·赫本斯特雷特（Franz Hebenstreit），他是一位热情的民主人士和雅各宾派，支持法国大革命；他被控犯有叛国罪，于 1795 年 1 月在维也纳被公开处以绞刑。1792 年，赫本斯特雷特为了应对哈布斯堡王朝在政治上转向对法压制，设计了战车，希望能够帮助法国人抗击奥地利骑兵。贝多芬在信中讽刺地提到"我们民主时代"的"骑士谈话", 大概是指曾在骑兵部队服役的赫本斯特雷特。赫本斯特雷特与安德烈亚斯·里德尔（Andreas Riedel）有联系, 后者称其为"共产主义者"。1791 年, 里德尔推动宪法的通过, 得到了利奥波德二世（Leopold Ⅱ）皇帝的支持, 但他抵制弗朗茨皇帝的倒行逆施, 以致被捕和长期监禁, 直到 1809 年被拿破仑释放。贝多芬提到政治镇压时, 挖苦地说: 只要还有黑啤酒和香肠, 即使冰激凌供应短缺, 奥地利的起义也会失败。贝多芬很清楚: 他的收信人同情革命。尼古劳斯·西姆洛克在法国统治期间, 飞黄腾达, 大发横财。

像欧洛吉亚·施耐德一样, 弗朗茨·赫本斯特雷特也通过诗文表达他对改革和社会乌托邦的渴望, 正如他广为流传的奥地利方言革命歌曲《埃佩尔多之歌》（*Eipeldau Song*）, 开篇是这样的:

那你怎么看, 那尖刻的牢骚,
和所有关于法国人的坏话?
他们砍下了路易斯的头——我看, 这很好。
他坏得无以复加, 还散发出一股恶臭。

续篇包括以下内容:

人民到底不是厕纸,
应该好好为自己着想。
谁不学会向我们示好,
我们就必须杀了那个笨蛋,
就把他送上断头台,

因为血债必须血偿。

要是我们这儿有这样一台机器该多好，

许多肥硕的头颅就会滚落下来。

贝多芬正确地意识到：这样的努力不足以激起普通民众的反抗，导致君主制的崩溃。赫本斯特雷特和里德尔并没有发动革命所需的群众运动。对他们的惩罚是在一场旨在震慑其他政治活动人士的公审之后进行的。赫本斯特雷特被公开处决后，砍下的头颅作为珍品展出了两个多世纪，直到 2012 年才因抗议活动而从维也纳刑事博物馆移走。

1792 年，贝多芬在维也纳定居后，面临着紧张而反动的政治环境。与此同时，他意识到：其他一些国家的局势更加压抑。最近发现的一封 1795 年贝多芬写给在波恩的朋友海因里希·冯·斯特鲁维（Heinrich von Struve）的信，反映了他的政治态度。斯特鲁维曾在俄国从事外交工作。当年早些时候，贝多芬的朋友在维也纳稍事停留之后，又去了基辅、莫斯科和圣彼得堡。贝多芬写道：

你现在身处寒冷的国度，人类受到的对待有失尊严，（而且）我相信：你会看到许多违背你的思维方式、内心，以及所有情感的事情。人性的时刻何时到来？我们可能只会在少数地方体验到这种幸福的结果，但总的来说，即使过了几个世纪，我们也看不到这种结果。

在叶卡捷琳娜大帝统治时期，农民的地位有所下降，这有助于解释为何贝多芬将俄国称为"寒冷的国度"。三年前，斯特鲁维曾引用启蒙运动哲学家摩西·门德尔松（Moses Mendelssohn）的话，将人文主义话语写进贝多芬的告别纪念册。本着两人同属的波恩"生命花园"圈子的共同精神，贝多芬于 1793 年在另一位朋友西奥多拉·约翰娜·福克（Theodora Johanna Vocke）的纪念册中写下了以下几行字：

> 行善，尽其所能，
> 爱自由胜于一切，
> 真理永远不会（即使
> 当着国王）被拒绝。

崇高的道德原则和严酷的政治现实之间的紧张差距在这些资料中得到了体现，其预测能力仍然有效。

在这种情况下，艺术家又该如何另辟蹊径并展现出独立性呢？音乐表演如何具有社会或政治意义呢？在这方面，让我们考虑一下贝多芬在维也纳的头十年中主要使用的乐器：钢琴。当时，有多家制造商会手工制作键盘乐器；与 19 世纪中期以来人们所熟悉的大多数乐器相比，它的结构更轻便，更具个性。贝多芬作为一名键盘演奏家，其风格与众不同，充满活力。他对钢琴的要求很高，要求其能传达修辞上细致入微、热情奔放的音乐语言。他是一位乐音演说家，或乐音诗人（Tondichter）——他喜欢如此描述自己，一个致力于"伟大和崇高"的音乐家，正如费歇尼希在 1793 年写给席勒妻子的信中所言。

艺术领域与政治领域之间的联系，以及贝多芬与弗里德里希·席勒之间的个人联系，体现在来自斯图加特（Stuttgart）的音乐家、后来的乐器制造商约翰·安德烈亚斯·施特莱歇（Johann Andreas Streicher）身上。施特莱歇第一次见到贝多芬是在1787年，可能是在慕尼黑或奥格斯堡（Augsburg），当时贝多芬正从维也纳返回波恩。五年前，年轻的剧作家弗里德里希·席勒在其备受争议的政治剧《强盗》在曼海姆举行盛大首演后被捕并短暂入狱，随即逃离符腾堡（Württemberg），当时曾得到施特莱歇的帮助和陪伴。在夜幕的掩护下，施特莱歇和席勒以"里特医生"和"沃尔夫医生"的身份一同逃亡；施特莱歇放弃了在汉堡随卡尔·菲利普·伊曼纽尔·巴赫（Carl Philipp Emanuel Bach）一同学习的计划，在席勒面临危机和不确定的时候为他提供支持。几年后，施特莱歇携妻子兰妮特·施特莱歇（Nannette Streicher）迁居维也纳；兰妮特·施特莱歇本人是一位出色的乐器制造商，也是当时首屈一指的钢琴制造商之一约翰·安德烈亚斯·施泰因（Johann Andreas Stein）的女儿。他们的钢琴厂最终划出了一块重要的演出场地。贝多芬最持久的友谊之一，便是与安德烈亚斯和兰妮特·施特莱歇建立的友谊。

席勒的戏剧对哈布斯堡政权构成了挑战。从1793年到1808年，他的许多戏剧被禁演15年。审查人员以"不道德"和"危险"为由拒绝了《强盗》。然而，席勒的影响不仅通过舞台表演，还通过印刷文本传播。《唐·卡洛斯》在1787年出版后，大约在贝多芬第一次遇见施特莱歇的时候，就成了贝多芬波恩朋友圈的必读书目。贝多芬早期对席勒《欢乐颂》的兴趣也可能与施特莱歇有关。

施特莱歇认识到贝多芬音乐中的开创性特质。1803年，他说：

"贝多芬肯定会像莫扎特一样带来一场音乐革命。他正朝这个目标飞奔而去。"从后法国大革命时期流行的新思想来看，贝多芬在维也纳头十年的作品很有启发性。18 世纪 90 年代，席勒长期中断了戏剧创作，而写下了各种各样的文章。他的概念与贝多芬的音乐非常契合，印证了费歇尼希所说的贝多芬献身于"伟大和崇高"。席勒从 1790 年开始在耶拿讲学，著述涵盖"论悲剧题材的享受原因""论悲剧艺术""论悲怆""论崇高"等主题。崇高的主题在他的美学理论中占有重要的地位。继这些论文之后，席勒又写了一篇关于"朴素的诗与感伤的诗"的文章，以及他在这方面最大的贡献：1796 年的《美育书简》。

席勒敦促艺术家通过悲剧主题，为观众的意识带来一种道德目的感。如何做到这一点？对席勒来说，道德目的可以通过紧张的对立来传达，比如暴君骇人听闻的压迫和无辜受害者反抗剥削的坚定决心之间的对立。这个例子与贝多芬的《费德里奥》的相关性是显而易见的，但是如果没有文本，如此戏剧性的内容怎么能嵌入器乐中呢？像戏剧一样，音乐也是一种时间艺术，通常是由一系列角色状态组成的整体，大于各个部分的总和。在这种情况下，席勒的论述显示了一系列的适用性，很容易适用于器乐的非语言领域。

席勒关于悲剧艺术的论文《论悲怆》（*Über das Pathetische*），很可能有助于激发贝多芬于 1799 年出版的著名的 C 小调《悲怆奏鸣曲》（op. 13）的创作灵感。席勒认为：悲剧并不局限于对忧郁的描述，还涉及道德反抗的体现。在反抗中——拒绝接受悲剧的结局——艺术家提出了不同的声音，打开了一个表达空间，投射出动态的替代方案，憧憬乌托邦式的奋斗或"理想的肖像"。

在他的文章《论崇高》（*On the Sublime*）中，席勒描述了作为道德主体的个人应该如何保护自己的意志和创造潜力，以抵御专制权力和压迫。他强调：一种"不利的关系……被完全彻底地废除，权力……在概念上被摧毁"。在席勒看来，崇高与美的不同之处在于，后者仅限于感性世界。相比之下，崇高超越了感官上的即时性，唤起了迷恋、喜悦、惊讶、恐惧或恐怖的混合的或相互抵触的情绪，也包含了精神自由的表现。崇高动摇了传统期望的可预测的世界。因此，崇高甚至可以促进意义的反转，从而形成喜剧或讽刺的维度。

这种紧张关系在 1930 年的一幅幽默的法国漫画中得以体现（图 2.1）。在这幅图中，《悲怆奏鸣曲》是一份清晰可辨的乐谱，优雅的女子坐在钢琴前全神贯注，投入了贝多芬式的感情旋涡。标题《在大师的眼皮底下》（Sous L'oeil du Maitre），指的是墙上作曲家的面部，透过 1812 年弗朗茨·克莱因（Franz Klein）制作的脸模面具向外窥视（图 2.2）。脸模面具活灵活现。贝多芬的目光极具讽刺但又充满同情，富有批判但也不乏怜悯。音乐引人入胜的魔力体现在钢琴家前倾的姿态中，琴凳倾斜，双手准备扑向琴键。从乐器方向吹来的风席卷了她的薄纱披肩。她瞪大双眼，嘴巴张着，散发着音乐的魔力。

鲜活的面具和诡异的风背离了现实主义和自然主义的表现手法。两者超然于这些限制，唤起了崇高之感，在这种情况下具有喜剧效果。从我们的角度来看，在克莱因制作面具两个多世纪之后，生动的凝视和乐器的消逝，变得比这位年轻女士更真实；她在新艺术风格的客厅里衣着华丽，这表明了她的业余身份。如果我们把她优越的外貌与《悲怆奏鸣曲》中对痛苦的描述进行比

图 2.1　幽默插图《在大师的眼皮底下》

作者：乔治·保罗·加斯东·莱昂内克（Georges Paul Gaston Léonnec），摘自：《巴黎的生活》（*La Vie Parisienne*），1930 年。贝多芬图书馆，卡里诺（Carrino）收藏，穆吉亚（的里雅斯特）。

图 2.2　贝多芬，脸模面具

弗朗茨·克莱因 1812 年制作。贝多芬图书馆，卡里诺收藏，穆吉亚（的里雅斯特）。

较，就会产生一定程度的讽刺意味。用席勒的话说，这种"与感性和我们内心道德自由的意识紧密相连的苦难，就是悲剧的崇高"。

《悲怆奏鸣曲》的革命气息立刻激发了当时年轻艺术家的热情，比如钢琴家伊格纳兹·莫舍勒斯（Ignaz Moscheles）；他违背老师的意愿，偷偷抄写了这首曲子。莫舍勒斯称：

它新颖的风格对我非常有吸引力，我对它充满了热情，以至于忘了向老师提起我的新收获。他重申责戒，警告我在将自己的风格建立在更坚实的范式上之前，不要演奏或研究任何古怪的作品。然而，我并没有理会他的责戒，而是在贝多芬的钢琴作品陆续出现时"捕获"它们；我在这些作品中，找到了其他作曲家无法给予我的慰藉和愉悦。

在《悲怆奏鸣曲》中，强劲的第一乐章被赋予了一种抵抗的特征。它使用了速度对比鲜明的音乐：庄板（Grave）和充满活力的快板（Allegro di molto e con brio）。这段忧郁、沉思、缓慢的引子似乎让人想起莎士比亚式的独白，比如哈姆雷特的追问"生存，还是毁灭"——这是贝多芬的侄子卡尔多年后试图掌握的一段，这让他的叔叔甚为欣喜。沉重的不协和和弦支撑着庄板的沉思乐句。音乐奋力向上，与较低音域中不祥的强烈不协和音抗争，与此同时，变得越发哀伤、宣叙，像一种探索性的音调独白。庄板的最后几个乐句上行到了轻快的高度，曲子的旋律保持在 18 世纪 90 年代键盘乐器所能达到的最高位。

快速的半音阶下行至起始音高的位置，即起始的庄板和弦上的主音 C，随即与较低音区，即世俗的关注相连接，使其变得更加响亮。接下来，贝多芬为了传达一种抗争的性格，在充满活力的快板的开篇主题中重塑了从庄板起始逐渐展开的上升曲线与和谐色彩。沉思的开篇独白被戏剧性的动作所取代，被积极抗争的有力推动所取代，随着更明亮的大调调式融入上行的充满活力的快板开篇主题，将音乐话语提升到阴郁的庄板音调之上。接下来精彩的对话段落进一步证明了斗争的激烈性。

这种忧郁沉思和快速戏剧性音乐的二元论——沉思导致行动——在早期音乐中是有先例的，例如海顿在他的伦敦交响曲中由缓慢的引子过渡到快速的开篇乐章。但是贝多芬在心理学上更进一步地推进了这一理念。在《悲怆奏鸣曲》的开篇段落中，庄板在展开部的开篇又出现了，然后在尾声处再次出现。寻找忧郁反复触发行动：在展开部，来自庄板的忧郁动机侵入快板，将这些截然不同的心理状态连接起来。在缓慢的引子中所思考的东西，在快板的展开中突入了戏剧性的实现领域。这种音乐具有经验性意义，标志着对抗或抗争的态度。

贝多芬通过对调性特性的处理，往往在音乐中体现出这种经验性意义，这在某种程度上可以与文学中对情节的处理相媲美。与悲剧关联的 C 小调的阴暗躁动，可以与降 A 大调的抒情性实现或向 C 大调的转变相得益彰，而 C 大调更明亮的音色标志着冲突的克服。音乐的声学结构形成了声音上的关系网络，促进了富有表现力的叙事。在文学作品中，明显的动机可能预示着其后的事件，音乐中单个的和弦则可以在后来扩展为一个调域；而通过戏剧性的并置可以产生各种表现意义。

贝多芬对这种转变模式的运用可以追溯到他在波恩的岁

月。第一个例子是他富有青春活力的《F 小调奏鸣曲》，这是他在 1783 年时创作的三首《选帝侯奏鸣曲》（*Electoral Sonatas*）中的第二首，当时他只有 12 岁。这首乐曲以一段庄严的小广板（*Larghetto maestoso*）开始（谱 2.1a），在强拍上配置一个气势恢宏的 F 小调和弦，作为强奏音乐形象的一部分与一个附点节奏音型连接；第二小节是在弱奏的低音中，在持续的主音 F 上，提供连续八分音符的平衡延续。值得注意的是：乐章主体标记为很快的快板（*Allegro assai*）的更快的音乐，是如何在听觉上改变了初始音乐（谱 2.1b）。在庄严的小广板中，从 F 音上下落的一个八度成为很快的快板中的一个充满活力的下行音阶，其间隙被充满活力的旋律所填充。左手加强了下行音乐姿态的下半部分，从而使低音中持续的 F 音变成跳动的重复节奏。自庄严的小广板的第二小节开始不断上行的三度音是在一种上行的织体中展开的，它与开启了《悲怆奏鸣曲》中充满活力的快板的持续音上的上行主题相似。

谱 2.1a 《F 小调选帝侯奏鸣曲》（WoO 47 no.2）开篇

谱 2.1b 《F 小调选帝侯奏鸣曲》（WoO 47 no.2），很快的快板

富有表现力的演奏可以传达这种转变的过程。贝多芬通过回忆乐章后半段的稍缓慢而庄严的乐段来强调它的重要性。这首贝多芬在青少年时期创作的奏鸣曲已经表现出他对通过心理过程建立起来的节奏对比的迷恋。莫舍勒斯所描述、无数听众在《悲怆奏鸣曲》和其他贝多芬作品中发现的"慰藉与愉悦",部分源于一种生动的动态特质;这种特质不仅古怪,而且极不稳定。这一创作特点隐含在贝多芬青少年时期的一些作品中,在他维也纳时期的作品中得到了丰富的发展。

对于《悲怆奏鸣曲》,熟悉容易钝化感性;整个作品包罗万象的构思很容易被忽视。我们需要把握它三个乐章之间的关系。富有表现力的音乐动机的联系带来更宏大的叙事,大师的目光和宇宙之风萦绕在音乐之中。贝多芬有意从第一乐章中排除了抒情的温暖,以便将这种品质集中在缓慢的中间乐章——如歌的柔板中。在第一乐章的庄板与快板中,作为起始旋律音高的中央 C 在如歌的柔板的起始和弦中被吸收到降 A 大调中了;调性的变化给主体注入了真情实感。这段抒情的柔板与乌托邦的奋斗有关,但是第二段内部插部带有更暗的和声和节奏的骚动,标志着首尾乐章的紧张。另外,在最后一个乐章中,贝多芬重现了开篇的快板中的上行四音弱拍动机。一旦这个音型在充满活力的快板的戏剧性对话部分留下了印记,听众就会在结尾回旋曲的开头意识到它的重现。

作为一个丰满的回旋曲主题,终曲的主要主题被展现得淋漓尽致。与之相对的是一系列五彩缤纷的从属性乐思,最终以亮眼的钢琴运动姿态达到高潮——从高音 F(1798 年键盘的最高音)响亮地向下掠过键盘。这个具有修辞性的标志预示着回旋曲主题的再现，尽管并未出现在它最终再现时。

　　贝多芬在最后乐章的两个关键段落中再现了如歌的柔板。中心插部重归了降 A 大调以及键盘中间那些与优美抒情的主题相关的音符。这一乐思的对位变奏在节奏变得活跃起来的同时音高逐步升高，沉思的性格逐渐转变为汹涌的躁动。随着这一过程的展开，乐章到达了转折点：降 A 大调溃落到 C 小调的属和声上，直达辉煌的急速下行音阶，重现迷人的回旋曲主题。音乐的相继进行标志着从思考到行动、从沉思到坚决抵抗的心理转变。

　　最激动人心的是贝多芬在最后乐章的尾声融入了这些灵魂状态。回旋曲主题的最后一次重现引出了一个充满切分音节奏张力的乐段，逐渐接近高潮的尾声。此时此刻，在该作品生命故事的午夜前一分钟，急速的下行音阶再次重现，突然变成了降 A 大调的属调，贝多芬突然的转调令听众大为震撼！在这出戏的最后阶段，就在幕布即将落下之际，又会发生什么呢？

　　贝多芬在回旋曲的主题中去掉了三音的弱拍音型，呈现出降 A 大调回旋曲主题平和的变体，这一音乐姿态明显类似于柔和的如歌的柔板的开篇。这是透过回旋曲主题的面纱隐现的慢乐章的景象。回旋曲的主题本身来源自第一乐章中充满活力的对话段落，被重新塑造以适应慢乐章中体现的主观内在性。这一主动重释导出两个简短的质疑短句，为听者设置了最后的惊喜。在《悲怆奏鸣曲》中，降 A 大调的光彩依托 C 小调，正如人们的愿望往往受到外部现实条件的限制而无法实现一样。贝多芬最后的策略重申了之前回旋曲主题陈述中保留下来的俯冲轰炸的音阶。这最后一次的重现来势凶猛。在这里，下降音阶第一次被塞进 C 小调的主和弦中，带来了决定性的解决方案。

因此，贝多芬在乐音中嵌入了席勒式的悲剧信念：坚定的抵抗是如何象征性地弥合人类目标与阻碍目标实现的障碍之间的鸿沟。《悲怆奏鸣曲》的导入上笼罩着简洁的张力。在首尾乐章中，发出阻力信号的倾泻而下的音阶，似乎被锁定在一个循环模式中，而如歌的柔板的温柔抒情则与情节相距遥远，互不搭界。在乌托邦式的欲望与现实对抗的最后时刻，我们看到了对这种体验困境的超越。

1799 年，作曲家弗朗茨·安东·霍夫迈斯特（Franz Anton Hoffmeister）出版了《悲怆奏鸣曲》，他本人是莫扎特的朋友，也是共济会会员。自从霍夫迈斯特于 1800 年移居莱比锡并继续出版贝多芬的作品以来，贝多芬的往来信件终于得以留存，其中一封涉及贝多芬在艺术创作的财务方面的态度。1801 年 1 月，作曲家在谈及价格谈判时写道："好吧，那件恼人的事现在已经解决了。我之所以这么说，是因为我希望世界上的事情有所不同。世界上应该有一个艺术市场，艺术家带作品去只是为了获得他的所需；一个人必须是半个商人，这怎么可能呢？"贝多芬信奉的原则是用创造性作品换取社会保障的生计。1801 年 6 月，贝多芬在给魏格勒的一封信中表示希望"完全为了穷人的利益而从事艺术创作"。18 世纪 90 年代下半叶，反唯物主义的社会主义情绪高涨，特别是在法国，与格拉克斯·巴贝夫（Gracchus Babeuf）和西尔万·马雷夏尔（Sylvain Maréchal）等人物有关。巴贝夫的政治信念导致煽动叛乱的企图徒劳无功，于 1797 年被送上断头台。贝多芬虽然很可能同意马雷夏尔在其《平等宣言》（*Manifesto of the Equals*）中对平等的批判，认为这只是一个"美丽而乏味的法律虚构"，并警告富人和权贵"现在轮到你们倾听了"，但肯定不会赞同马雷夏尔在文化层面对平等的建议："让艺术消亡吧，如果需要的话；只要真正的平等仍然存在。"

贝多芬的悲剧作品有时与著名剧作家威廉·莎士比亚有关，后者曾被人们蔑称为"被羽毛美化的暴发户式的乌鸦"。这种风格的音乐小品包括他的《D 大调钢琴奏鸣曲》（op. 10, no. 3）和《弦乐四重奏》（op. 18, no. 1）中的缓慢乐章。两个乐章都是 D 小调，与《唐·乔凡尼》（*Don Giovanni*）中莫扎特式的悲剧性伤感相关联，但与莎士比亚《罗密欧与朱丽叶》结尾的墓室场景存在着切实的诗意联系。贝多芬将四重奏的慢板与莎士比亚的结尾场景联系起来，而与这对恋人殉情的联系在他的手稿中也得到了印证。作曲家肯定知道弗里德里希·施莱格尔（Friedrich Schlegel）1796 年的德文译本，但一份具有启示性的音乐手稿上留有作曲家的题字"最后的叹息"（les derniers soupirs），摘自该剧的法文译本。在音乐内容上，手稿与作品 10 第 3 号的悲伤的广板密切相关，就像与四重奏一样。

两部音乐作品都表现出声音与静默的和谐——一种带有死亡意味的停止。悲伤的广板令人印象深刻的特点在于，它阴郁的开篇主题与高音区出现的宣叙调般的修辞之间形成了鲜明的对比。这种高低音区的戏剧化反映了人类的情感和渴望。在莎士比亚的墓室场景中，主人公的柔情蜜意和真情流露被宿命的现实所压倒。在贝多芬的缓慢乐章中，富有表现力的内容也受到了存在主义斗争的影响。厚重、沉闷的和弦标志着忧郁的音质。主题经过一个八度逐渐上行至一个不协和的强音和弦，然后平稳地逐渐下降回到原来的高度，最后微妙的梦幻般的音调曲折转为忧郁的顺从。强不协和音在高音区触发柔和音型，柔弱的姿态就像转瞬即逝的思绪。音乐姿态在沉默中消失，随即是对乐章阴郁开篇的暗淡再现。

贝多芬赋予莎士比亚的"最后的叹息"以音乐形象，这不仅仅是对该剧的字面解释。莎士比亚的灵感有助于贝多芬形成一种内在的音乐叙事。奏鸣曲中忧郁的广板属于这首尺度更大的四乐章作品的一部分，它显示了与其前后内容的连接点。广板的动机核心由升 C 到 D 的这个半音音程以及再到 F 音的三度组成，这些音符从广板一开始就成为萦绕心头的思维反刍焦点。在更明澈的大调模式中，这一动机的变体主导着首尾乐章——开朗的开篇急板和幽默的、空幻的回旋曲终曲。在整个奏鸣曲的语境中，可以听出悲伤的广板的升 C–D–F 模式是辉煌、开朗的第一乐章中各个部分的忧郁转换，而升 F–G–B 这个三音音型——像启动结尾乐章的问题一样——是对悲剧性的慢乐章具有挑衅意味的诙谐回答。

"最后的叹息"像箴言一样笼罩着整个悲伤的广板，但根本不及最后几个小节动人（谱 2.2）。随着音符渐渐消散，主题呈现出瓦解的迹象。接近尾声的转调保持在较高的音域。这些忧郁的音乐姿态标志着"最后的叹息"，回应升 C–D 这组音符的是低沉的 D，一种暗淡的声音背景。这段悲伤的广板结束后，小步舞曲优美的开篇似乎又重现生机。

谱 2.2 《D 大调奏鸣曲》（op. 10，no. 3），悲伤的广板，尾声

此外，贝多芬回旋曲终曲的特点反映了他艺术中更为明澈的一面，与当时的另一位作家和思想家让·保罗·里希特有相似之处。海顿和贝多芬皆具有幽默和讽刺的特质，因此在不同时期都被人们用来与作家劳伦斯·斯特恩（Laurence Sterne）和让·保罗作比较。评论家把贝多芬称为"我们的音乐让·保罗"，发现像《英雄交响曲》这样的作品中"奇异而浪漫"的特质与著名作家劳伦斯·斯特恩的《项狄传》（Tristram Shandy）中的"幽默具有明显的相似之处"。戈特弗里德·韦伯（Gottfried Weber）提到"贝多芬式怪诞"和"让·保罗的偶蹄"（恶魔的标志），以此暗指让·保罗为自己设想的讽刺性角色——萨梯 ❶（Satyr）。其他资料描述了贝多芬的讽刺幽默感，即对笑话和文字游戏的顽皮的喜爱。兰妮特·施特赖歇尔（Nannette Streicher）证实："贝多芬所有的性格都是……充沛而有力——他的笑声与众不同——响亮而喧闹的。"卡尔·车尔尼（Carl Czerny）说："贝多芬通过沉思的演奏把听众感动得泪眼盈盈，有时也会斥责他们多愁善感，告诉他们：'你们都是傻瓜！'"

按让·保罗·里希特的表述，幽默是颠倒的崇高，崇高的反转。作家的美学思想在他 18 世纪 90 年代的小说中可见一斑，在他 1804 年的论文《美学导论》（Vorschule der Ästhetik）中则得到了明确的表达，他写道：

幽默，即所谓颠倒的崇高，并不消减单独的实体，而是通过与观念的对比来消减其独立存在的表象。在这个意义上，没有孤

---

❶ 萨梯，希腊神话中的森林之神。——译者注

立的蠢事，也没有蠢人，只有愚蠢和疯狂的世界；幽默不像搞恶作剧的小丑，不会提升愚蠢的行为，却降低了崇高；不像戏仿提升琐碎，亦不像讽刺将琐碎与崇高相提并论，因此两者尽灭，因为相较无限，万物皆同，全为虚空。

让·保罗·里希特使用"伟大"和"渺小"这两个高于一切的概念，一方面对应于崇高或无限，另一方面对应于平庸或琐碎。在他看来，"伟大"是对"渺小"的批判，"渺小"是对"伟大"的批判。让·保罗·里希特将崇高与日常经验联系起来，鼓励艺术家从紧张的角度来应对生活中的各种挑战。

早在 1794 年，英裔美国作家、政治活动家托马斯·潘恩（Thomas Paine）在《理性时代》（*The Age of Reason*）中就提出了一种对比相似性的观点：

崇高和荒谬往往密切相关，因此很难单独分类。崇高前行一步，就是荒谬可笑；荒谬前行一步，便是升华崇高。

贝多芬 18 世纪 90 年代的各种键盘作品，都体现了让·保罗所描述的海顿音乐中"毁灭性的或无限的幽默理念"，其中"整行的音调都被其他音调所否定，在很弱和很强、急板和行板之间，交替出现"。贝多芬有时会扩展海顿的技巧，比如他的《G大调奏鸣曲》（op. 14, no. 2）的行板变奏曲乐章，其中海顿《惊愕交响曲》（no. 94）中标志性的最强音被从开篇的主题转移到最后的和弦。另一个值得与斯特恩的《项狄传》中一些最有趣的段落相比较的例子是贝多芬《C大调奏鸣曲》（op. 2, no. 3）的谐谑曲。

这首热情洋溢的曲子以活泼的回音音型和复调声部在欢乐和音乐般的笑声中开场。更高的视角，或"湮灭"或"否定"的幽默理念，在中段和尾声浮出水面，其中回音音型被改变为一个重复的固定音型动机，限制在或囚禁在小调式的较暗淡领域中。在低音深处滑稽的小调回音音型与右手大调的和弦发生冲突的同时，第一插段中的模拟咆哮声的乐句变成了尾声的喜剧悖论。因此，贝多芬利用了他回音音型的两个变体，就像一个大双关语，类似于《项狄传》中令人捧腹的情节里的"行踪"一词；在这个情节里，寡妇瓦德曼（Wadman）试图找到托比叔叔腹股沟处所受战争伤的确切位置，但是徒劳无功。

贝多芬《奏鸣曲》（op. 10, no. 3）在回旋曲的结尾部分，意外地营造出了一种喜剧效果。富有动态的起停成为一款主题的捉迷藏游戏。确实，主题找到了吗？回旋曲似乎暗示着一个寻找、怀疑和逃避的过程。B小调（第7小节）中突出的诈伪终止后来在整个中心插段中得到了发展，而中心插段的基础是降B调上一个更不和谐的诈伪终止。反过来，这段插段导致了在该调上出现了假再现。最后的插段就像是对一个更为重要但无法实现的目标的追求，它的模进欣喜若狂地升至钢琴的最高音域，然后在一段简短的华彩乐段中回落。奇怪的是，我们似乎并没有离开原来的场景：开篇的动机再现，现在采用了小调模式，让我们简要地想起悲剧性的慢乐章。接下来是一系列基于最初动机节奏的和弦，奏鸣曲以低音重复该音型，在右手的半音阶和琶音的弹奏下安静地结束。奏鸣曲开放式的、消解的总结，符合其对持续展开的期许，也符合机智的灵巧谨慎。

作品10的另外两首奏鸣曲的终曲也是富有幽默感的音乐小

品。《C小调奏鸣曲》（op. 10, no. 1）的最急板终曲利用了C–B音型这样的动机，在第一乐章中传达的是严峻的悲情，但在这里以恶作剧的方式再现。更令人惊讶的是，该动机如何以奏鸣曲的形式被喜剧性地吸收到了乐章的副部主题中。在结尾的主题中爆发出了热烈的幽默：在力度、音区和敲击节奏的强烈对比之后，贝多芬就在终止之前恶意地插入了一个"错误的"和弦，以极强音演奏。《F大调第二奏鸣曲》（op. 10）的首尾两个乐章都纵情于意外、不协调和怪诞之中。虽然中间乐章——F小调的小快板乐章——是这部本应轻松的作品的重心所在，但急板终曲的开篇重塑了小快板乐章音区上的升高，在充满智慧和音乐笑声的氛围中改变了结构。在所有这些情况下，前面的段落"都被其他段落否定了"——这不由让人回想起让·保罗的表述。

贝多芬献身于"伟大与崇高"的美学思想，充分体现在他对与莫扎特密切相关的钢琴协奏曲的贡献上。贝多芬对莫扎特的音乐遗产了如指掌；他在创作时，始终记得前辈的作品。他首演于1795年的《C大调协奏曲》（op. 15），让人想起莫扎特同调式的协奏曲（K. 503）。他几年后创作的《C小调协奏曲》（op. 37），可与莫扎特的同调式的协奏曲杰作K. 491相提并论。贝多芬深深敬仰着莫扎特。据报道，1799年，他向同行钢琴家兼作曲家约翰·巴普蒂斯特·克莱默（Johann Baptist Cramer）感叹莫扎特的协奏曲K. 491："克莱默，克莱默，我们永远也做不到那样的事！"

那么，他如何以自己的方式回应这些作品，既利用合作交流的机会，又利用个人与社会，即独奏者与大型公共团体——管弦乐队之间的具有戏剧性张力的场景？1793年，一位评论家将协奏曲比作希腊悲剧，认为管弦乐队在其中扮演了合唱队的角色。

"从这个角度来看，协奏曲展现了独奏者与管弦乐队之间的激情
对话。独奏者传达了自己的印象，而管弦乐队则通过简短的穿插
陈述向他表示赞同，很快就确认了他的表达；抑或在快板中寻求
进一步激发他的崇高感情。很快管弦乐队又开始哀叹，然后在柔
板中对其安慰。"莫扎特在他的协奏曲中，利用了喜歌剧的特点，
将这一体裁推向了新的高度，音乐在其修辞和结构上体现了心理
品质和不断变化的戏剧性事件。贝多芬在他的钢琴协奏曲中检视
了个人理想和社会理想之间的平衡；他像莫扎特一样，最初不仅
是作曲家，还是独奏者和即兴演奏者，在演奏过程中冒着自发决
定的风险。

《C 大调协奏曲》（op. 15）开篇的音乐姿态就像变魔术：一个
重要的动机临空而降，就像从一顶空帽子里抽出的兔子。以长 -
短 - 短的节奏演奏安静的 C 大调和弦，音高从中央 C 变为高八度
的 C。然后，这一跳进由 C 大调音阶填充（谱 2.3）。这一简单的
资源在协奏曲中产生了非凡的效果；作为钢琴家，贝多芬充分利
用了 C 大调键盘的白键的技术优势，从而实现了出色而迅速的音
阶运动。

谱 2.3 《C 大调钢琴协奏曲》（op. 15），开篇

在独奏者与管弦乐队的"激情对话"中，音阶型姿态占据突
出的位置。在管弦乐队开篇强有力的引子结束后，贝多芬从莫扎

特的协奏曲 K. 503 中得到启发，让独奏者以平淡的重音，略带羞怯、婉转地进入。然而，片刻之后，音阶式的装饰音展开了独奏段落，导致了乐队全奏的极强的回应。后面的独奏段落以各种方式阐释了音阶模式。引人注目的是贝多芬对展开部结尾的处理。一个柔和的段落引出钢琴独奏和圆号之间的对话，再次将音乐简化为长—短—短的节奏模式。两支圆号支撑的 G 音上的静态持续音，产生一种延留音的动感。然而，这一段落柔和的神秘感为听者设置了一个陷阱：钢琴突然在整个键盘上发出了响亮的双重下行滑音，同时在低音部分加入一个重音音符。在现代乐器上，这一段实际上是无法照谱演奏的，因为需要三只手！

　　贝多芬后来在 1809 年为这首曲子设计独奏华彩乐段的结尾时，诙谐地提到了这个段落。他的华彩乐段是一种奢侈的嬉戏，是他创作发表过的最长的即兴华彩乐段，生动地保留了他卓越的即兴演奏风格。引人注目的是他对最传统音乐手法的处理：终止式。在古典音乐语言中，似乎没有什么比在属七和弦和声上预终止式颤音的解决更司空见惯的了；在协奏曲中，这标志着独奏华彩乐段的结束和管弦乐队的回归。面对这样的传统，贝多芬的不良行为习惯是具有挑衅性的。由于华彩乐段大为延长，他确实沉溺于这样的颤音而未能完成华彩段。接着，他引入了另一个主题，G 大调的进行曲式主题。炫技性的纹理随之而来，并伴奏着延长的双颤音，然后是三重颤音，此为贝多芬钢琴演奏的特色。尽管有如此之多的延迟和令人眼花缭乱的炫技，华彩乐段仍然没有达到预期的结果，而管弦乐队则不得不等待。属七和弦上一系列的上行音阶最终从低音区中挣脱出来，以渐强的音调横扫整个键盘。

　　如果这位纵情的独奏者就此打住，这也就成了骗人的把戏。尚有另一个惊喜存在：柔和的琶音和弦，让人想起展开部结束时柔和的分解和弦。当管弦乐队和独奏者一同在主和弦上怦然撞击时，低调的和弦最终触发了延迟已久的事件。根据幽默的不可预测性原则，听众重新捕获了先前在展开部结尾处出现的惊喜。

　　贝多芬对这种演奏惯例的讽刺性手法是十分典型的。据报道，在他与双簧管独奏者弗里德里希·拉姆（Friedrich Ramm）合作的《钢琴与木管五重奏》（op. 16）中，也出现了类似的情况：

　　在最后一段快板中，在主题重现之前有几个停顿。有一次，贝多芬突然开始即兴演奏，以回旋曲为主题，让自己和他人陶醉良久，只是把其他乐手排除在外。他们很不高兴，拉姆甚至非常生气。看到他们以为演奏即刻还会继续，把乐器放到嘴边，然后又放下来，真是滑稽可笑。最后贝多芬终于心满意足，不知不觉地奏出回旋曲。所有乐手无不欣喜若狂。

　　在贝多芬《C大调协奏曲》的最后乐章，回旋曲主题的回归得到了独奏者微妙的处理。前两段分别从F小调和G小调开始；最后一段是从B大调开始，具有柔和而神奇的梦幻效果，接着是管弦乐队对主题的一段振奋人心的强音呈现。乐手率先寻求替代版本，即原有乐谱富有想象力的演绎方案。回旋曲的主题具有对舞的特点；这是一种在18世纪90年代具有特殊政治意义的舞蹈类型，因为可以交换舞伴，有助于逐渐消除法国大革命后的阶级差别。贝多芬高度关注对舞的音乐风格，在他的芭蕾舞《普罗米修斯的生民》（*Creatures of Prometheus*）和《英雄交响曲》的结尾处特别加以运用。对舞欢快的摇摆感保留了该协奏曲三个乐章均出现了的长－短－短节奏。每一小节的前半部分重音在节奏上都得到加强，并将其典型的弱拍音型带入主要的副部主题。

对舞舞曲吸收了第一乐章的音阶运动，包括下行和上行。最初的动机从强音 E 下降三度到 C，再从 C 到 G，然后反向回转，在相同的调性空间中移动。在主题的结尾处，这个乐思在更快的音符中得以阐述，变为迅速掠过的八度音阶。活泼的曲调表现出与舞蹈特点一致的结构规律，但第 15~18 小节音阶音型的姿态让人想起开篇充满活力的快板。没有这种插补，就会产生一个更简单但不名一文的主题版本。

副部主题主要采用了非常规的重音，然后是幽默的对话技巧，其中左手要从上方跨过右手，就像两个喜剧人物争辩不休，而琴键中间的伴奏却没有间断。随着管乐器加强和声，一种"三手"技术应运而生。中间插段甚至更显幽默：一个大跳跃的断奏低音支持着类似桑巴舞的节奏。

在管弦乐队以有力的极强的力度奏出了对舞之后，这段绝技一直被保留到尾声。独奏者和木管乐手在交换两个关键动机时形成对立：一方面是第一乐章和回旋曲主题尾部中熟悉的上行音阶，另一方面是对舞开头下行三度音程的音型。钢琴以八度为单位演奏音阶音型，而管弦乐队则演奏回旋曲主题的前导动机。这种对位式的动机组合成就了这部作品，具有庆祝的效果，而结尾的音乐姿态集中在终止音型 E–D–C 上，首先在钢琴上，然后在双簧管的短柔板上。这个乐段对后期的作品有一种久远的预示作用:《第五交响曲》中凄美的双簧管，以及《告别》奏鸣曲中令人回味的"告别"动机。

贝多芬的下一部作品《C小调协奏曲》（op. 37），更直接地体现了莫扎特的音乐遗产。在这里，人们再次感受到贝多芬作为即兴演奏者，即乐音演说家能力的重要性。早在1796年，他就为这部协奏曲提出了一个开创性的想法："在C小调协奏曲中，华彩乐段采用定音鼓。"莫扎特的《C小调协奏曲》（K. 491）在这首协奏曲的形成背景中隐约可见。莫扎特的第一组音符C-降E-降A在贝多芬的开场主题（第9~10小节）中作为对位出现。两部协奏曲都将普遍存在的G-降A冲突作为表现的焦点。

将贝多芬的协奏曲与莫扎特的协奏曲相比较，可以看出它更具有理想主义色彩。莫扎特的作品唤起了一种凄婉顺从或冷酷激情的表现氛围。评论家曾写道，"这部作品的核心是一种激情，甚至是一种恐惧"，并发现它可能是"莫扎特最具个性化的作品"，其"深度和悲剧性"甚至超过了《D小调协奏曲》或《G小调交响曲》。贝多芬的协奏曲缺乏这种深度或悲剧性，其个性范围从开篇充满活力的快板第3小节中首次出现的附点节奏音型所反映的军队特征，扩大到回旋曲终曲结尾的欢乐气氛。贝多芬在华彩乐段中使用定音鼓的最初灵感来自他那个乐段迷人的结尾，一系列颤音落在一种模糊的和声上，随即用定音鼓演奏出主旋律中的附点音型。这一神秘的姿态先于管弦乐队的终止式和重新进入，并将鼓声带入华彩乐段的独奏范畴。

贝多芬将他沉思的慢乐章设定在远关系调E大调上，同时在旋律中突出升G音，即该调的三级音。升G是降A的等音，是E大调稳定的协和音。钢琴中最初平静的和弦体现了这一新的调性——作为一种反思的调性环境；管弦乐队中广板的结尾和弦是向回旋曲终曲过渡的跳板。当钢琴家开始演奏回旋曲时，作为弱拍动机 G– 降 A 一部分的提示音的升 G 回到 C 小调。这个不协和的半音突出出来，因为降 A 变成了这首曲子中有问题的"痛"音。回旋曲的主题是另一段对舞，采用弱起的四二拍。根据其政治特征，本着从束缚中解放出来的精神，降 A 的"痛"音经过考验，最终被克服。在两段乐队全奏（第 42~43 小节和第 168~169小节）中，勇敢的双簧管演奏者敢于将降 A 替换为升 G，大胆地奏出 C 大调，但管弦乐队在愤怒的咆哮中坚持使用小调。结论消除了分歧。独奏华彩段将半音动机明确地改变为升 G–A，于是整个乐团以喜歌剧风格诙谐的尾声喜迎 C 大调。

就像在《悲怆奏鸣曲》中一样，贝多芬在末乐章中间打开了一扇窗户，呈现了缓慢乐章的声音景观。在一段强劲的管弦乐赋格段之后，钢琴家在降 A 上弹奏八度音，变成了升 G 与 E 的混合，响度通过持续音由渐弱降至极弱。这个神秘的乐段充满诗意地再现了广板最初的音响，其神奇的魔力使钢琴在高音区细腻柔和地演绎出对舞的旋律，在弦乐中的弱音和弦上产生共鸣。随着回旋曲缥缈地转成 E 大调，贝多芬又回眸广板，同时期待着 C 大调回旋曲尾声的解决。这一插部很少得以淋漓尽致地演绎。贝多芬以静谧的重复音符结束这一乐段，回荡着钢琴消散的乐句中最后的曲调，而回旋曲的旋律中隐现的广板的音调也渐渐消逝。这一插部将广板的 E 大调和弦扩展为 14 小节长的乐段，这是一个充满想象力的特别动人的景象。

这种扭曲经验时间性的景象，与席勒关于理想的艺术表现的信念完全一致。席勒写道："敏锐的本能和创造力，由于太过热切而不愿选择平静的路径，往往会立即投身现实，投身积极的生活，努力改变道德世界中无形的事物。"他接着写道："纯粹的道德动机以绝对为目的，时间对它来说并不存在，未来对它来说直接变成了现在；按照必要的展开，它必须从现在起始。"在贝多芬的音乐中，这种创造性的介入超越了线性时间，利用了记忆的力量和富有成效的想象力。在他的协奏曲中，空灵的 E 大调找回了冥想的慢乐章的气氛，同时预示着紧张局势的积极解决，从而结束全曲。随着时间的流逝，这种音乐摒弃了传统的"平静路径"；它通过预期性，将光阴的飞逝视为"未来变成现在"。贝多芬在他的《C 小调协奏曲》中，对莫扎特"深不可测的深度"的回应，产生了一种遍布整部作品的更加乐观的叙事，由一种"纯粹的道德动机"支撑；这种动机融合了心灵和头脑，人性中感性和理性的方面。罗伯特·哈滕（Robert Hatten）最近探索了贝多芬艺术的这一维度；他采用的是虚拟代理的概念，即"精神自由涉及超越不完整性并发现更大意义的能力"。

与他的艺术作品中的大无畏相反，贝多芬对 18 世纪 90 年代后期政治事件和压抑气氛的公开回应是谨慎而矛盾的。由于奥地利和法国发生冲突，他面临着微妙的平衡。与海顿不同，他并没有为支持哈布斯堡王朝反法的音乐创作做出重要贡献。海顿 1797 年 2 月创作的赞美诗般的乐曲《上帝保佑吾皇弗朗茨》（*Gott erhalte Franz den Kaiser*）在帝国内获得了广泛的传播。海顿的《皇帝赞美诗》（"Emperor's Hymn"）是在奥地利受到威胁、爱国情绪高涨之时构思的，它部分地以《天佑吾王》（*God Save the King*）为蓝本，被塑造为一首爱国国歌，并在君主的生日那天首次上演。

弗朗茨·约瑟夫·冯·索罗（Franz Josef von Saurau）是宣传

海顿爱国歌曲的关键人物；他曾在 1794 年领导了针对赫本斯特雷特和里德尔的行动，并成为弗朗茨皇帝可信赖的顾问。正如索罗所解释的那样："我有一个由可敬的诗人洛伦茨·利奥波德·哈什卡（Lorenz Leopold Haschka）创作的文本；为了给它配上音乐，我求助于我们伟大的同胞海顿。我觉得，他是唯一一个有能力创作出可以与《天佑吾王》相媲美的作品的人。"

相比之下，贝多芬的爱国歌曲《维也纳市民再见曲》（*Farewell Song to the Citizens of Vienna*）和他的《奥地利战歌》（*Warsongs of the Austrians*），都是大约在这个时期根据约瑟夫·弗里德尔伯格（Joseph Friedelberg）的文本而写的，显得轻描淡写、敷衍了事。18 世纪末，随着拿破仑的迅速崛起，贝多芬的政治忠诚受到了考验。公开支持法国的事业会危及他的职业生涯。有人怀疑他故意隐藏在模棱两可的面纱下，拐弯抹角地表达对拿破仑的支持，比如他在 1797 年末出版的、根据亨德尔清唱剧《犹大·马加比》的主题创作的钢琴与大提琴《十二首变奏曲》（WoO 45）。清唱剧里的歌词是："看，征服的英雄来了。"战败的奥地利缺乏英雄式的人物；但是，如约翰·克拉布（John Clubb）所言，贝多芬出版的时机表明：他与另一位征服式英雄人物拿破仑有关联，后者征服意大利北部之后回到了巴黎。

现实生活中的波萨侯爵——席勒虚构人物的历史原型，当时可能引起贝多芬的注意——是美国独立战争的著名英雄，法国人拉斐特（de Lafayette）侯爵，当时被囚禁在奥地利。拉斐特在 1795 年一次越狱失败后，被单独监禁在奥尔米茨（Olmütz）要塞，几乎食不果腹。1796 年 5 月，乔治·华盛顿向弗朗茨皇帝呼吁释放拉斐特，但未能如愿。不过，通过外交干预，他的妻子阿德里安娜（Adrienne）和他们的两个女儿得以到监狱陪护。1797 年，《坎波·福米奥和约》（*Treaty of Campo Formio*）正式签署，在拿破仑的坚持下，他们方才获得释放。拉菲特的磨难和他果决妻子的介入很可能是贝多芬对法国歌剧产生兴趣的部分原因，而这正是他创作《费德里奥》的基础。在这种情形下，被监禁的自由斗士是奥地利皇室的受害者，通过拿破仑的行动获得了解放。

此后不久，在 1798 年，贝多芬与拿破仑在意大利战役中的一位将军让 – 巴蒂斯特·贝纳多特（Jean-Baptiste Bernadotte）元帅建立了联系，后者在《坎波·福米奥和约》签订之后受任法国驻奥地利大使。同年 2 月到 4 月，贝纳多特移居维也纳。他对音乐兴趣浓烈，带来了小提琴家鲁道夫·克鲁采（Rodolphe Kreuzer）；后者后来收到了贝多芬《A 大调小提琴奏鸣曲》（op. 47）——《克鲁采奏鸣曲》（*Kruezer Sonata*）——的题献。在贝多芬的第一交响曲中，开篇充满活力的快板的主旋与克鲁采的《马拉松日序曲》（*Ouverture de la Journée de Marathon*）或《自由的凯旋》（*Le triomphe de la liberté*）极为相似。这种暗示性的隐喻语境将古希腊的英勇抵抗与 18 世纪 90 年代的法国革命联系到了一起。

人际关系促进了贝纳多特非凡的职业生涯。他的妻子德茜蕾·克拉里（Désirée Clary）曾是拿破仑·波拿巴的未婚妻，此前她的姐姐朱莉嫁给了拿破仑·波拿巴的哥哥约瑟夫·波拿巴（Joseph Bonaparte）。德茜蕾在与拿破仑·波拿巴的婚约被取消后，于 1798 年嫁给了贝纳多特。贝纳多特因与拿破仑·波拿巴关系紧张，其升迁之路备受考验，后者曾将他描述为"一条我养在怀里的毒蛇"。1805 年，贝纳多特成为意大利庞特 – 科尔沃（Ponte-

Corvo）亲王。1810 年，他当选为瑞典王储，并于 1818 年登上瑞典王位。在 1813 年莱比锡民族会战中，贝纳多特精明地转变了立场，与盟友一起对抗他以前的恩主。

1823 年，贝多芬致信请求瑞典国王贝纳多特订阅《庄严弥撒》，在信中追忆 25 年前他们在维也纳共度的时光。值得怀疑的是，贝纳多特是否像人们所说的那样，在《英雄交响曲》与拿破仑·波拿巴的关联中发挥了作用。贝多芬与贝纳多特和克鲁采的联系，部分源于他对法兰西共和国第一执政拿破仑·波拿巴的崇拜；拿破仑·波拿巴在大革命爆发 10 年后的 1799 年 12 月担任该职。1798 年 4 月，贝纳多特短暂的法国驻维也纳大使任期突然结束，充分说明了当时的政治紧张局势。复活节期间，许多年轻人参加了一个纪念奥地利志愿者的仪式；这些志愿者一年前在意大利抗击法国军队的进攻，保卫了维也纳。1798 年 4 月 13 日，贝纳多特在酒店的阳台上公然升起一面巨大的法国三色旗，上面写着"自由、平等、博爱"；他的行为被视为有意煽动革命。人群聚集，发出了咒骂的声音。贝纳多特拒绝取下旗帜并威胁要用武力捍卫它，随即爆发了一场骚乱，旗帜被烧，负责保护他的军队介入后方才救了他一命。

第三章

贝多芬在海利根
施塔特

　　只有到贝多芬 1827 年去世之后，人们才对困扰他一生但却有助于他形成自己创造性发展的危机有了清晰的认识。有两份文件最为重要，它们是贝多芬的朋友在翻遍他的遗物和书桌，寻找他在遗嘱中留给侄子卡尔的银行股份时发现的。两份手稿显然都存放在他书桌的一个隐蔽的内抽屉里：其中一份是他于 1812 年写给"永恒的挚爱"的那封闻名于世的信件，后面将谈到此信；另一份是《海利根施塔特遗嘱》(*Heiligenstadt Testament*)，这是 1802 年 10 月对绝望和个人决定的非凡告白。

　　在《海利根施塔特遗嘱》中，贝多芬描述了他是如何不愿意承认自己正在失聪。这份文件对他退出社交的行为作出了愤怒的反诘式的解释，他称这种行为被广泛误解了。遗嘱是这样开头的："哦，你们认为或宣称我恶毒、顽固、愤世嫉俗，你们对我严重不公，因为你们根本不知道让我以这种方式出现在你们面前的秘密原因。"对于置身竞争激烈的文化环境的贝多芬来说，失聪引发了强烈的焦虑。贝多芬哀叹："我那种理应比其他人得到更大发展的官能受损了，这种官能我曾经拥有且达到了极致水平，我的同行中很少有人享有或曾经享有过这样完美的听力。"除了听力障碍对他的演奏生涯和社交生活产生负面影响，贝多芬肯定也担心他的音乐创造力会因而受到削弱。这触及一个长期以来一直引发讨论的问题：贝多芬到 1818 年几乎完全失聪，这一缺陷究竟是妨害了他的作曲工作，还是实际上使其更加丰富？

1802 年 5 月，贝多芬搬到了海利根施塔特。他在那里逗留了半年，直到 10 月立下遗嘱。他的避暑地当时是一个拥有 400 名居民的村庄。他选择海利根施塔特，而不是维也纳附近更大、更时尚的矿泉疗养地，比如巴登（Baden），这表明他渴望在靠近葡萄园、山丘、森林和溪流的大自然中隐居。贝多芬可以从海利根施塔特周围的高地上远眺卡伦山和利奥波德山两座山峰，这两座山峰俯瞰多瑙河附近的城市北部。这里历史悠久、风景如画，1683 年，基督教援兵的骑兵曾经从这里势如破竹，冲破土耳其对维也纳的围攻。从海利根施塔特步行即可到达修莱巴巴哈河（Schreiberbach），这条小河激发了贝多芬创作《田园交响曲》（Pastoral Symphony）第二乐章的灵感。维也纳位于南部，当时四周有城墙环绕。站在村庄周围的丘陵地带可以把整座古城尽收眼底。

海利根施塔特这个名称意即"圣城"，是中世纪文献中出现的古拉丁语名称 Sanctum locum（神圣的地方）的德语形式。该地区有罗马人存在的痕迹；1120 年的首份定居点记录将这个村庄称为圣米迦勒（St. Michael），大天使米迦勒出现在海利根施塔特的纹章上。尽管海利根施塔特在 1683 年受到蹂躏，居民惨遭屠杀，但一个世纪后，它又是一个繁荣的小村庄。贝多芬经常在夏天来到海利根施塔特。他于 1808 年归来，与年轻的弗朗茨·格里帕策（Franz Grillparzer）同住一所房子，后者后来成为奥地利首屈一指的剧作家，并于 1827 年为贝多芬的悼词执笔。在 1817 年的夏天，作曲家有时居住在海利根施塔特，有时居住在附近的努斯多夫（Nußdorf）。

贝多芬在 1802 年夏天逗留了几周后，于 7 月中旬致信莱比锡出版商称：“我在乡下，生活有些慵懒，但这是为了此后能更加积极地生活。”田园诗般的海利根施塔特为他提供了一个庇护处，但冲突仍然存在。大约在这个时候，阿塔里亚（Artaria）公司出人意料地错误出版了贝多芬的《弦乐五重奏》（op. 29），引发了作曲家对盗版的严厉指控，并导致了一场混乱的诉讼。在贝多芬看来，阿塔里亚公司简直就是“流氓”，制造了“世界上最大的骗局”；然而，法庭宣布阿塔里亚公司无罪，并徒劳地要求作曲家撤销指控。贝多芬于 1802 年 11 月回到维也纳，觉得自己“在因健康原因在乡下度过的那段时间里，已经成为大无赖阿塔里亚公司的牺牲品”。

那年夏天，贝多芬有什么艺术成就呢？他在 10 月 6 日和 10 日立下《海利根施塔特遗嘱》时，承认他的听力并没有像他热切期望的那样得到改善。早期的贝多芬传记凭借猜测来重现 1802 年的创作事件。标准方法是将充满绝望的《海利根施塔特遗嘱》与热情洋溢的《第二交响曲》并置，将这部交响曲描绘成贝多芬用以平衡其不安的内心状态的艺术补偿。这种解释是错误的；资料显示：这部交响曲是在贝多芬那年春天移居海利根施塔特之前完成的。

一些目击者，尤其是贝多芬的学生费迪南德·里斯（Ferdinand Ries）和卡尔·车尔尼（Carl Czerny）的书信和个人叙述包含了一些有价值的线索，但可靠的新鲜见解主要来源于他那些留存下来的音乐手稿，主要是他的手稿簿。直到 20 世纪 80 年代，第一份关于这些资料的目录才得以出版。尽管贝多芬的个人生活一团乱麻，他在维也纳居无定所，夏天经常在乡下度过，但他特别在意他日益增多的音乐随笔。这些手稿簿详细记录了他的创作活动。对于 1802 年的海利根施塔特之旅，相关的资料现在已经有了可靠的版本，为我们提供了一些值得注意的，有时甚至具有启示性的见解。

尽管贝多芬声称他在海利根施塔特的生活"有些慵懒"，但他在那里的半年时间里至少使用了三大本手稿簿。这些手稿现在的名字来源于后来的所有者或者其书页中著名的贝多芬作品。第一本手稿簿被称为《凯斯勒手稿簿》(*Kessler Sketchbook*)，贝多芬带着它去海利根施塔特时，里面大部分都是条目；第二本名为《维尔霍斯基手稿簿》(*Wielhorsky Sketchbook*)，与《凯斯勒手稿簿》共同使用——贝多芬将这些手稿并排放在他的工作场所。通常，有一本像这样的手稿簿就足以完成几个月的创作工作。贝多芬也会在他带去海利根施塔特的钢琴上构思，不需要把所有的想法都书写下来。无论如何，有资料表明：第三本手稿簿——2013年才出版的《英雄交响曲手稿簿》(*Eroica Sketchbook*)——也于1802 年秋天在海利根施塔特启用。这个新证据强调了贝多芬的海利根施塔特之夏在其创作发展中所起的关键作用。

贝多芬在海利根施塔特创作了一部极具感染力的钢琴奏鸣曲——《D 小调奏鸣曲》(op. 31, no. 2)，创作的过程充分展示了他创作的内在戏剧性。这首独特的三乐章奏鸣曲具有强烈的悲剧色彩。由于一位不值得信赖的见证人——贝多芬 19 世纪传记作家安东·辛德勒 (Anton Schindler)——的报道，这部曲子后来与

"暴风雨"（Tempest）的标题联系到了一起。诚然，贝多芬知道莎士比亚的戏剧；许多年之后，他率性地把自己想象成魔法师普洛斯彼罗（Prospero），又习惯性地把老朋友斯蒂芬·冯·勃鲁宁的小儿子格哈德（Gerhard）称为阿里尔（Ariel）。贝多芬能把自己想象成一个隐居海利根施塔特村的流亡魔法师吗？很难说他对普洛斯彼罗的迷恋是否始于这个时期。然而，《暴风雨奏鸣曲》的开篇却有一种发人深省的神秘感，它源于即兴式的分解和弦，作为冥想的主题悬在空中，后来在再现部引发了一段宣叙调式独白。在这里，单一的音乐思想被赋予了一种近乎神奇的转换潜力，这在探索性的柔板和无穷动的终曲中也有所体现。

鉴于这部《D 小调奏鸣曲》的美学乃至政治含义，我们应该注意到，贝多芬当时强烈拒绝了让他写一部反映法国大革命叙事的标题性奏鸣曲的建议。1802 年 4 月，就在他移居海利根施塔特之前，来自德绍（Dessau）的基尔曼西格伯爵夫人（Countess Kielmansegge）提出了这一建议，并通过莱比锡的出版商霍夫迈斯特和库奈尔（Hoffmeister & Kühnel）传达给了作曲家。贝多芬不屑一顾地回答：

先生们，你们提议让我创作这样一首奏鸣曲，是不是鬼迷心窍？在革命的狂热时期，一切都不成问题；但是现在，一切都在重蹈覆辙，回到拿破仑和教皇共同起草的协约，要创作这样的奏鸣曲吗？如果只有一首三声部圣母玛利亚弥撒（Missa pro Sancta Maria a tre voci），或者晚祷（Vesper）等，那么我会立刻拿起铅笔，用大面值英镑钞票（Pfundnoten）写下"我信唯一的"

（Credo in unum）**❶**。但是，天哪，在这个刚刚开启的基督教时代，这样的奏鸣曲我是不会接的，不会有什么结果。

贝多芬不屑于为革命创作说明性的音乐，对拿破仑也不乐观："一切都在重蹈覆辙"，而"此类奏鸣曲"的时代早已过去。拿破仑与教皇庇护七世的协约始于 1801 年 7 月，于 1802 年复活节生效，宣告拿破仑政权与天主教廷达成和解。贝多芬并没有像他讽刺的那样，用"我信唯一的"来正面回应这一消息。奏鸣曲作为一种世俗体裁，很难成为庆祝这种尊贵而实用的权宜结合的媒介。当时的描述表明拿破仑正春风得意，正如皮埃尔·约瑟夫·塞莱斯廷·弗朗索瓦（Pierre Joseph Célestin François）在《1801 年协约的寓言》（*Allegory of the Concordat of 1801*）中描写的那样。值得注意的是，贝多芬的信是在《英雄交响曲》完成的两年前写的。他对拿破仑的迷恋与怀疑长期并存。《D 小调奏鸣曲》——他确实是在这个时期创作的奏鸣曲——体现了一种既不描述也不吹捧这种政治现实的审美视角。

正如我们所看到的，贝多芬被在更大的连续体中使用对比性乐段的潜力所吸引，譬如《悲怆奏鸣曲》的开篇乐章。在《暴风雨奏鸣曲》（*Tempest Sonata*）的第一乐章中，贝多芬压缩了这种分裂速度的概念，同时利用了其形式上和心理上的可能性，但这并不是他最初的想法，如《凯斯勒手稿簿》上的条目所示。在海利根施塔特时，贝多芬将注意力转向了《D 小调奏鸣曲》，当时

---

❶ 此为信经的起始唱词，全句为"我信唯一的天主"。——编者注

手稿簿上只剩下几个空白的页面。一系列启示性的手稿保留了他对这部三乐章奏鸣曲的最初构思，然后他在几乎写满的手稿簿上往回翻，寻找继续创作的空间。在 25 页之前，贝多芬找到了足够的剩余空间来书写第一乐章的修订稿，这一修订稿与已完成的作品有着明显的相似之处。这些事件发生的顺序是毫无疑问的，因为他将位于手稿簿中间的第二稿页面折了角以示其重要性。这些手稿的重要性在很大程度上被忽视了，部分原因是它们在原稿中的位置不规则。

虽然《凯斯勒手稿簿》上留存的痕迹是不完整的记录，但我们仍然可以看出四个组成阶段。贝多芬的初稿肯定是在琴键上即兴创作的，大概是在车尔尼描述的当时在他住所看到的那架安东·沃尔特（Anton Walter）古钢琴上。《凯斯勒手稿簿》末尾的手稿与已完成的作品有所不同，但通过发生过程与之紧密相连；将这些手稿与随后的草稿和已完成的版本相比较，可以发现创造性的想象力正在发挥作用。贝多芬的第二稿以概要的形式描绘了第一乐章，压缩在一个页面上。虽然遗漏了很多内容，但是标注的音乐内容大致相当于我们所知的奏鸣曲。第四个也是最后一个重建阶段体现在已完成的作品中，关于作曲过程的进一步了解肯定会保存在贝多芬的亲笔签名的乐谱中，不幸的是，该乐谱没有留存下来。出版商网站上的第一批有声样本包括我录制的贝多芬《暴风雨奏鸣曲》第一乐章的两份手稿，以及已完成作品的所有三个乐章的录音。

贝多芬的原稿如谱 3.1 所示。不仅开篇的动机，而且调式、结构和音乐记号都引人注目。D 小调主题热情、近乎歌剧的特点，通过低音部的颤音伴奏音型得到了强调，这听起来是一个开放的

谱 3.1 《暴风雨奏鸣曲》手稿，来自维也纳音乐之友协会

由威廉·金德曼转译乐谱。斜体数字指原稿中的五线谱序号。

Keβlersches Skizzenbuch/Kessler Sketchbook,
fol. 90v (Gesellschaft der Musikfreunde Wien)

五度即 D – A，省略了和弦的三音。这个乐思的神秘张力不仅让人联想到已完成的奏鸣曲中始于 21 小节的段落，也让人联想到《第九交响曲》的开篇。这种互文性关系并不局限于贝多芬的全部作品；被神秘或恶魔所触动的 D 小调狂乱风格的特征可以追溯到莫扎特的《唐璜》和《安魂曲》（*Requiem*），以及勃拉姆斯的《D 小调协奏曲》。

用上行的分解和弦开启一部音乐作品是一个很常用的手法。曼海姆交响乐派早在 18 世纪 40 年代就已经以此技术为"商标"

了；这样的"曼海姆火箭"主题出现在莫扎特《G 小调交响曲》的终曲和贝多芬自己的《F 小调第一钢琴奏鸣曲》（op. 2, no. 1）的开篇。然而，贝多芬的 D 小调小品将这一陈旧的动机理念与其他元素融合在一起，创造了令人印象深刻的综合体。这一开放五度和弦 D–A 上的震音在低音部形成了持续下行的半音阶，而在高音部则形成了极具表现力的下降的线条；第二个乐句重述了不稳定的、不协和音中上升的分解和弦，然后相似的音乐姿态在 D 小调中稳定地得以解决。贝多芬没有指定速度和力度，但隐含的特征被鲜明地刻画了出来，大概是快板和强的力度。

贝多芬其他的乐章计划显示，他勾勒出来了音乐形式的关键点。名称 m.g. 代表"Mittel-Gedanke"或"第二主题"；在降 B 大调这一对比调中的抒情乐思基于级进下行的音阶。接着贝多芬跳到第一部分的终止式，也就是呈示部的结尾，将这个重复和弦的动机依次延伸到展开部。他接下来想到了展开部的结尾。贝多芬在低音部的一个属持续音上，尝试了一种强节奏版本的上行的分解和弦动机，与低音部同一音型的转位形式一同演奏。然后，重复和弦的一个变体又回来了，于是音乐出现了一个令人惊讶的新转折：D 大调三拍子的"甜蜜的"（dolce）乐句。这个做法标志着贝多芬后来将宣叙调式的过渡乐节融入延音踏板产生的神秘声音中的关键位置，音乐从摆脱制音器的琴弦中脱颖而出，如同弦乐器取消弱音器演奏的那样（senza sordino）。在这份手稿中，剩余唯一的记谱了的段落属于尾声，其中开篇主题快速转为 $\frac{6}{8}$ 拍并导向了在低音区的逐渐消隐。

写在《凯斯勒手稿簿》中部的这个乐章的下一份手稿，与最终完成的作品相似，因为慢 – 快节奏的二元性已经成为主要焦点；

呈示部开篇、很多展开部的计划已制订。与已完成版本的一个不同点在于第一个和弦：音响记号出现在完全相同的位置，但缺失开篇的琶音或分解和弦。在这里，就像在其他地方一样，贝多芬展开了一种音响，即用踏板演奏的最初的 A 大调和弦，不是通过思考未来，而是通过想象之前应该发生的事情来实现。在这种情况下，音乐从低音升 C 向上展开，从而使音乐直到上方一个八度加一个六度的 A 音才形成明确的节奏。试探性的、神秘的开篇气氛很大程度上得益于这种设计。

　　奏鸣曲的另外两个乐章呢？这两个乐章在体裁和节奏上都有很强的联系。贝多芬在手稿簿的中部写下精练浓缩的草稿时，他的第二乐章已经演变成一个降 B 大调的"小步舞曲风格"，一首专注于成对对比性乐句的乐曲：基于第一乐章中上行的分解和弦变体的音型，由级进下行动机平衡，该动机类似于第一乐章初稿中"mg."，即第二主题的条目（谱 3.2）。与此同时，他在第一乐章中拒绝采用降 B 大调作为对比调，将该乐章几乎完全限制在小调的范围内。随后，音乐个性变得阴郁，超乎概要稿；在概要稿中，乐章本应以 D 大调而非 D 小调结束。

谱 3.2 《凯斯勒手稿簿》，第 66 对开页右页，"小步舞曲风格"手稿

　　值得注意的是，贝多芬将"小步舞曲风格"的乐思融入已完成的慢乐章中，并将其标记为柔板。已完成的作品仍采用四三拍和降 B 大调，而第一主题采用了分解和弦，与高音区中简洁的

双附点音型形成对比（谱 3.3）。最终完成乐章的音乐记号很难让
人联想到小步舞曲。贝多芬以这首小步舞曲的手稿为跳板，在改
变他最初蓝本的同时提取动机元素。在这种风格背景下，小步舞
曲的风格具有强烈的体裁预期和社会内涵。贝多芬已经在其他作
品中颠覆了小步舞曲的形式，比如在《第一交响曲》中，将其变
成了一种更活泼、更迅捷的舞蹈类型：谐谑曲。在《暴风雨奏鸣
曲》的第二乐章中，他反其道而行之：小步舞曲有节奏的摇摆被
一种简洁的动机音型所取代，这种音型通过慢节奏中以休止为特
征的音区对比来构成。

谱 3.3 《D 小调暴风雨奏鸣曲》（op. 31，no. 2）第二乐章开篇

贝多芬在这一乐章所取得的成就，类似于文学评论家所认
为的解构，一种对模式的拷问，从而剖析和转变其风格预期。这
种解构不是破坏，而是对固定假设或既定规范做具有讽刺意味的
批判性重新评估。这种探索的态度也反映在贝多芬夏天在海利根
施塔特创作的其他作品中，例如在前面的《G 大调钢琴奏鸣曲》
（op. 31, no. 1）优美的柔板中对意大利歌剧风格的精彩模仿。

尽管贝多芬《暴风雨奏鸣曲》中的柔板采用了大调，并与小
步舞曲风格有关，但它唤起了一种反思性的、有些不祥的气氛。
主题是沉思性的，其连续性被一出对比鲜明的"戏剧"所阻碍；
主要的三音音型产生了强烈的不协和和声。主题的特点是空白：

音区上的空白，声音上的空白。这部音乐可能与贝多芬失聪的经历有关吗？主题间的连接部穿插着短促而有节奏的声响，这一奇怪的姿态令人想起了鼓点。在贝多芬的作品中，这样的鼓点可能让人联想到战争的冲突而感到不安。后来的一个例子是《庄严弥撒》中的"羔羊经"（*Agnus Dei*），其咄咄逼人的音乐威胁到了对和平的诉求，为弥撒的结束蒙上了阴影。

贝多芬在《海利根施塔特遗嘱》中，哀叹自己的孤独（"我完全孤独"）和"被迫……成为一个哲学家"；他在文件的附录中道别，暗示他治愈耳聋的希望已经"枯萎和凋零"。该文以一段热切的祈祷结束：

上帝啊，赐给我一天纯粹的欢乐吧。我已经许久没有感受过真正欢乐的温馨回响了。何时，哦，上帝，何时我才能在自然和人类的圣殿里再次感受。绝不？不，那太残忍了！

这段话为理解贝多芬的柔板提供了一把钥匙。奏鸣曲中包含了一片明亮的绿洲，一段很可能被视为"纯粹"或"真正欢乐"时刻的旋律：慢乐章的第二主题。这个主题以其敏感的结构和造型而脱颖而出。旋律甜美，伴奏流畅，节奏轻柔。只有在这里，音乐中被压抑的小步舞曲特征才能得到亲切由衷的表达（谱3.4）。开篇主题的双附点音型及装饰性华丽乐段的抒情潜力开始显现。尽管速度缓慢，但这个旋律主题还是让人联想到贝多芬钢琴曲中装饰过的小步舞曲，例如《迪亚贝利变奏曲》（op. 120）结尾的"小步舞曲节奏，中板"。

贝多芬通过带有不祥的鼓滚奏音型的连接部来围绕着这个

谱3.4 《D小调暴风雨奏鸣曲》(op. 31, no. 2), 第二乐章, 副部主题

精致的主题, 而音乐设计中没有展开部, 这进一步强调了优雅缓慢的小步舞曲。即使是不愿沉湎于描述性评论中的作家, 也会被这一主题的旋律灵感所打动。唐纳德·弗朗西斯·托维(Donald Francis Tovey)在其相当形式主义的分析中, 对所谓的莎士比亚与《暴风雨》的关联不屑一顾, 他写道: "只是想想米兰达(Miranda)不会对你造成伤害。"米兰达是普洛斯彼罗极富同情心的小女儿。莎士比亚笔下的米兰达凝视着岛上遇难的乘客, 惊叹道: "人类是多么美丽啊!"她性格中的乌托邦式冲动和纯洁与贝多芬柔板中"真正欢乐的温馨回响"相一致。贝多芬在《海利根施塔特遗嘱》中的措辞"我已经许久没有感受过真正欢乐的温馨回响了", 强调了欢乐在听觉或音乐上的体现, 以及回应热切渴望的崇高回声。

那年夏天, 贝多芬隐居在海利根施塔特, 为奏鸣曲的末乐章提供了一个截然不同的灵感。据可靠的见证人车尔尼说, 贝多芬称这个乐章反映了他通过自己住所的窗户对骑马人的观察。该乐章是一段"恒动曲", 其节奏和特点与车尔尼的说法相符, 尽管音乐当然不会直接描述这样的事件, 而是会利用这样的观察作为艺术创作的原动力。马儿的疾驰产生了连续不断的, 有着摇摆感的三拍子, 一种势不可挡的必然性。先前乐章中熟悉的上行分解和弦在伴奏中浮现, 与主要动机形成了一个激动人心的节奏对位, 类似

于飞奔中的马匹的腿，具有迷人的悬浮点，即四蹄腾空的时刻。

就像第一乐章一样，贝多芬终曲的结尾神秘地消逝，但在连接性和展开部的乐段中蕴藏着很大的力量。在向 A 小调过渡时，贝多芬六次将 F–E 半音向下解决为协和音程，然后重音不协和音才被认定为主要的和声。一种决定性的、势不可挡的品质，通过整体的驱动动力得以显现。终曲的核心是 B 小调的假再现部。在这里和其他地方，缥缈宁静的乐段与超乎人类控制的有力轨迹的彰显并置。

与贝多芬政治态度相关的《暴风雨奏鸣曲》中值得注意的是，第一乐章再现部起始的宣叙调，即在《凯斯勒手稿簿》中潦草写下的概要蓝本里突出的乐段。第一段宣叙调与其在二十年后创作的《第九交响曲》终曲开篇的男中音宣叙调极为相似。两部作品之间的联系是通过共同的 D 小调调性，以及开篇乐章中震音结构的相似性来传达的，贝多芬将这种特点与"绝望"联系在一起。"哦，朋友，我们不要这种声音，让我们更欢乐地歌唱"：这个信息与一种对抗的美学态度密切相关，反映了类似《海利根施塔特遗嘱》的关切。我们将结合《第九交响曲》的起源和意义来讨论这些问题。

在《第九交响曲》中，宣叙调的起伏传达的信息是"朋友，我们不要这种声音"，打断了悲剧性的音乐话语，引发了人们的思考。时间在这一时刻凝固了，换个角度看，一种凄美话语的出现，以神秘的不断上升的分解和弦加深了最初神秘的广板效果。奏鸣曲中第一段宣叙调的最后五个音符与交响乐中的五个音节"nicht diese Töne!"相匹配。主题上的相似性几乎等同于引文，因为奏鸣曲预示着《第九交响曲》中贝多芬自己话语表达的转折点。贝多芬抓住了奏鸣曲中的宣叙调体现的内化和反思的时刻，为合唱终曲中《欢乐颂》的乌托邦世界打开了大门。在奏鸣曲中，他已经为了更高的目标而打破了艺术话语的流动。《暴风雨奏鸣曲》中的宣叙调在当时弗里德里希·施莱格尔所阐述的积极意义上似乎难以理解，因为听者需要去探寻并不立显的隐含意义。在这种情况下，艺术家扮演了神谕的角色，在康德的意义上是综合的而不是分析的，敦促听者成为寻求意义的更积极的参与者。在这里，通过嵌入宣叙调的挑衅性抗议，可以看出潜在的政治影响。我们不妨将其与莎士比亚的同名戏剧《暴风雨》作另一个类比，我们可以说：正如普洛斯彼罗开始有了政治意识，从其书本所象征的自我孤立中解脱出来一样，贝多芬亦从其手稿簿的自我专注中解脱出来，寻求"此后更加积极的生活"。

贝多芬在海利根施塔特还创作了什么？继《暴风雨奏鸣曲》之后，他又为自己创设的主题创作了两组极具创新性的钢琴变奏曲：《F 大调变奏曲》（op. 34），以及更宏大的一组《降 E 大调变奏曲》（op. 35）。除了他的《钢琴奏鸣曲》（op. 31），这些变奏曲还体现了他自称的"新路径"，即他所谓"第二时期"或"英雄风格"的开端。"新路径"的概念应该谨慎看待，但这些作品都具有开创性，而且《降 E 大调变奏曲》作为贝多芬的《英雄交响曲》的跳板，其意义非同寻常。

导向《英雄交响曲》的线索始于最迟在 1800 年左右创作的一首对舞。贝多芬选择的对舞具有政治意义。作为一种涉及交换舞伴的排舞，对舞（Kontratanz）与跨越阶级界线和社会流动性有关。在后法国大革命时期，即使在保守的奥地利，阶级差别的削弱——对舞恰是对此作出的回应——已经变得无处不在。

　　然而，即使社会差异正在瓦解，身份的展示仍然很重要，舞蹈保持了文明社会的审美，使其成为社会地位的标志。贝多芬曾四次使用过这里所说的对舞舞曲：他为管弦乐队创作的《十二首对舞舞曲》（*Twelve Contredances*）中的第七首，WoO 14；在《普罗米修斯的生民》（op. 43）的芭蕾舞音乐中；作为前面提到的《降 E 大调变奏曲》（op. 35）的基础；在《英雄交响曲》中。

　　这是开始之前的开始：有关贝多芬对旋律起源和创作过程的执迷和专注，我们可以通过他在这些相互关联的作品中对对舞舞曲的处理找到典型的例证。1803 年春天，他在《普罗米修斯变奏曲》（*Prometheus Variations*）即将出版时，急切地致信伯莱特科普夫与哈泰尔（Breitkopf & Härtel）出版社：

　　……随着更大部头的《普罗米修斯变奏曲》（op. 35）的出现，人们已经忘记了乐曲的主旋律源自一部我写的寓言式的芭蕾舞曲，即《普罗米修斯的生民》（*Prometeo*）。它本该放在扉页上；如果还没有出版，我请求可能的话，可以更改扉页，费用由我承担……

　　贝多芬希望这些寓意的联想得到体现，但他的愿望仍未实现。他的《降 E 大调对舞舞曲》在对普罗米修斯的崇拜或颂扬结束时，作为舞台音乐出现在芭蕾舞的终曲中，但令人印象深刻的《普罗米修斯的生民》的音乐创作原则，首先体现在《降 E 大调变奏曲》（op. 35）中，继而又出现在《英雄交响曲》中。贝多芬式手法的一个关键方面再次体现于对模型的解构。像小步舞曲一样，对舞舞曲也表现出明确的风格特征。贝多芬的对舞舞曲是简洁的四二拍舞曲，以弱起开始，采用二部曲式。贝多芬在用自己的对舞舞曲建立音乐大厦时，不只是丰富了主题；他首先将其剥离，暴露出不完整的、碎片化的元素。

这种审美策略促使贝多芬在《降 E 大调变奏曲》（op. 35）中特殊处理了他所谓的 *Basso del tema*，即主旋低音。一个极强的降 E 和弦作为前奏，大致对应《英雄交响曲》开篇的那对强音和弦。然后，作品不是以完整的先前存在的主题展开的，而是一种基础结构形态。这一基本面在主题结构的后半部分最为明显，通过响亮的八度音阶和休止展现出怪诞的幽默。贝多芬处理乐曲的机智体现在力度的变化上：主旋低音一开始是踮着脚尖演奏的，在主题的前半部分和结束时是最弱的八度音阶；由休止触发的三个极强突发声响营造出一种惊异感。这种低音的单独呈现为三段变奏奠定了基础，它们依次加入更多的声部，分别为"二声部"（A due）、"三声部"（A tre）和"四声部"（A quattro）。在这些最初的变奏中，随着主旋低音音高的升高，展开的进程逐渐活跃了节奏，扩展了音乐的织体，填补了音区的空间。

因此，原来的对舞舞曲不再是起点。贝多芬在创作 op. 35 时，已经是一位经验丰富的作曲家和键盘变奏曲的即兴创作者——他创作了 16 部这样的作品——所以他通常不需要写大量的手稿。《普罗米修斯变奏曲》则有所不同：贝多芬在《凯斯勒手稿簿》中书写乐谱，但随后又在《维霍斯基手稿簿》中书写了更长的条目，包括在《凯斯勒手稿簿》中许多主题材料的修订版；在某些情况下，他最后提出的变奏条目又出现在《凯斯勒手稿簿》中。贝多芬在创作这些变奏曲时，同时使用了这两本手稿簿。正如这些手稿簿所显示的那样，他只是逐渐意识到从创作伊始就保留对舞舞曲旋律的价值，而即将出现的对舞舞曲的预备性暗示可以植入与主旋低音相结合的不断发展的对位声部中。

这一进程无疑受到了普罗米修斯芭蕾舞剧第一部分的启发；在该部分中，原型人物主角最初类似于雕像或泥人，然后被恩人赋予活力和意识、生命和动作。人物的笨拙，以及他们毫无表情的状态，在稍慢的柔板中（no. 1）得到了音乐上的反映，紧随其后是狂暴的管弦乐引子，传达了普罗米修斯盗火后飞身而逃的情景。就像《降 E 大调变奏曲》（op. 35）和《英雄交响曲》终曲中的对舞舞曲和主旋低音一样，这首稍慢的柔板也是四二拍的。短小而柔和的音符只出现在弦乐中的较低音区，中间有休止，静默多于声音。这首稍慢的柔板与关于普罗米修斯的充满激情的、浓郁的、有活力的快板乐段交替出现；普罗米修斯对那些冷漠的孩子表达了"神圣的父爱"，他们"摇摇头，完全无动于衷，站在那里，极不自在"。这些以及其他评论都出现在贝多芬用来作曲的手稿簿中。芭蕾舞曲中的稍慢的柔板与 op. 35 和 op. 55 中主旋低音的梗概性简编曲之间的联系是具体而直接的；毫无疑问，这些作品中存在类似的象征意义。贝多芬在《英雄交响曲》终曲中，让弦乐以安静的拨奏方式演奏了对舞舞曲的低音，从而增强了效果。下面我们将继续论及芭蕾舞音乐的其他方面及其象征意义。

随着基本的音乐轨迹逐渐导入《普罗米修斯变奏曲》中的对舞舞曲，音乐呈现出自己的创作方案。在海利根施塔特，贝多芬强烈地感受到了艺术作品动态起源的愿景，这在他的几部作品中都有体现。在《暴风雨奏鸣曲》的开篇，神秘的上升动机似乎是引入性的，但同时也体现了主题，这一点通过再现部动人的宣叙调得到了证实。这一动机在 D 小调上的强烈体现成为随后快板乐段的目标，也是展开性过程的跳板；贝多芬将同一乐段的变体用作展开部的核心，省去了引子、呈示部和展开部的功能。同样，在《降 E 大调变奏曲》（op. 35）中，贝多芬对对舞舞曲的剖析和重组打开了展现独创性张力的空间。

大约在这个时候，贝多芬提到了寻找作曲的"新路径"和追求作曲的"新方式"，特别是关乎《普罗米修斯变奏曲》及其配套作品 op. 34，其手稿与 op. 35 和《暴风雨奏鸣曲》极为相似。《F 大调变奏曲》（op. 34）的尺度通过在连续变奏中变换调式和节拍的艺术策略而得到丰富，其中一些曲式上的划分十分模糊，以利于整体的独立化。贝多芬再也不能确切地说明这些作品包含了多少个变奏，因为有些乐段——包括 op. 35 对低音主题开篇的处理——并没有包含整个主题。

贝多芬对《普罗米修斯变奏曲》寓言意义的关注是显而易见的，也确实值得更加密切的关注。正如我们所观察到的，它与贝多芬现已鲜为人知的芭蕾音乐《普罗米修斯的生民》（op. 43）密切相关。这部作品是于 1801 年与舞蹈大师塞尔瓦托·维加诺（Salvatore Viganò）合作完成的，他也是舞蹈的主角之一。《普罗米修斯的生民》是贝多芬首部重要的舞台作品，也是他最早得以公开的成功作品之一；该作品在 1801 年至 1802 年，即他赴海利根施塔特避暑之前，就已经在维也纳举行了 28 场演出。普罗米修斯芭蕾舞剧以创世神话为中心，但贝多芬在 op. 43 中创作的是说明型的标题性音乐，遵循外部强加的场景，即使以其明确的姿态，也无法满足委托人基尔曼西格伯爵夫人的革命性奏鸣曲的期待。体现普罗米修斯成就的不是芭蕾音乐《普罗米修斯的生民》，而是堪称"创作"的《普罗米修斯变奏曲》和《英雄交响曲》。

尽管如此，两部作品比人们认识到的还要更多地得益于早期的工作。

贝多芬的手稿簿再次揭示了这一点。虽然原始芭蕾舞剧的舞蹈编排已经失传，但音乐与舞台动作的协调，以及与芭蕾舞相关的象征意义，在很大程度上可以依照贝多芬幸存的手稿重建。该作品的副标题为"严肃舞蹈"，结合了寓言哑剧、英雄芭蕾和一种新颖的"音乐道白"，在没有台词的情况下仍然具有表现力。一位当代的《世界报》（*Zeitung für die elegante Welt*）评论员这样描述芭蕾舞的主题："普罗米修斯将他那个时代的人们从愚昧中拯救出来，通过学习和艺术使他们变得更加优雅，并赋予他们礼貌。"这部芭蕾舞剧在某些方面与古代神话截然不同：普罗米修斯一度被处死，后来又复活了。尽管如此，芭蕾舞的情节还是按照经典路线展开的：天上雷霆般的愤怒追逐着普罗米修斯，由此引出一段激荡的音乐前奏曲，名为"暴风雨"，接下来的段落描述了普罗米修斯为他的原始人类"生民"赋予生命力而做出的努力。后来的一部狂暴的《英雄舞曲》（*Danza eroica*）（no. 8）在修辞上与《英雄交响曲》第一乐章极为相似，而中间段落强调了D小调，即《暴风雨奏鸣曲》的调性。与《英雄交响曲》相关的特别具有启发性的是以下两段芭蕾舞曲：《悲剧场景》（no. 9）和《快乐场景》（no. 10，死去的普罗米修斯复活），与交响乐中从《葬礼进行曲》到谐谑曲相继进行十分类似。两段部芭蕾舞曲与《暴风雨奏鸣曲》《普罗米修斯变奏曲》《英雄交响曲》有着千丝万缕的联系。

贝多芬和维加诺创作的普罗米修斯神话的音乐版本，以启蒙精神重新诠释了这位人类捍卫者的古老传奇。普罗米修斯用从众神那里盗来的火种，给人间带来了知识和艺术，从而使人类变得高尚。在所有版本的神话中，普罗米修斯都因其为人类谋利益的行为而受到严厉惩罚。这个传说在古希腊的文献中也有不同的版本，但所有人都认为普罗米修斯拒绝屈服或妥协。在神话的世界里，再也没有比这更生动的反抗专制权威的象征了。

贝多芬音乐版本的一个重大变化在于两个"生民"的角色，原始人（Urmenschen），即原始的男人和女人。在希腊文献中，普罗米修斯的斗争甚至发生在女性诞生之前；而在芭蕾舞剧中，故事被修改为将全人类视为普罗米修斯牺牲的潜在受益者。古代神话中普罗米修斯长期的磨难和痛苦，在这里被死亡和重生的演进所取代，因为后来普罗米修斯又复活了。芭蕾舞剧以普罗米修斯的神化而告结束，他的两个"生民"齐声颂扬，他们终于开始理解他英勇事迹的意义。

因此，这个版本的神话将戏剧性的焦点从反抗的殉道者转移到人类接受普罗米修斯的文化馈赠。由于芭蕾舞剧中，普罗米修斯的文化馈赠最初并未为他的两个"生民"所理解或欣赏，因此普罗米修斯的痛苦与遭误解的艺术家的困境十分相似。最终，双方在芭蕾舞曲尾声的对舞舞曲中实现了和解，人们一直认为这一主题与《普罗米修斯变奏曲》和《英雄交响曲》终曲有联系。

《普罗米修斯的生民》对贝多芬具有重大的意义，因为它延续了在海利根施塔特创作的一系列相关器乐作品。在这方面，值得注意的是：《英雄交响曲》的早期创作也源于贝多芬在乡村的时光。这部交响曲于 1803 年 5 月首次在书信中出现，但在《凯斯勒手稿簿》中，一些主旋低音的手稿并没有采用键盘音乐的创作形式，贝多芬很可能比人们认知到的更早就设想了基于普罗米修斯主题创作管弦乐作品的可能性。与《英雄交响曲》和《普罗米修斯变奏曲》相关的手稿都出现在《维尔霍斯基手稿簿》的前半部分。此外，贝多芬似乎还没有在《维尔霍斯基手稿簿》上完成记谱，就已经开始使用下一个手稿簿——《英雄交响曲手稿簿》，亦称《兰茨贝格手稿 6 号》（*Landsberg 6*）。贝多芬在海利根施塔特创作了《钢琴二重奏》（op. 45）的前两首进行曲，这在费迪南德·里斯丰富多彩的叙述中有详尽的描述，作曲家的一封信件中也有记录。这些进行曲的手稿见诸《英雄交响曲手稿簿》第 44~48 页，其标记类似于《凯斯勒手稿簿》中《暴风雨奏鸣曲》第一乐章的第二稿。到 1802 年 10 月，贝多芬显然已经完成了《英雄交响曲手稿簿》编撰，并在手稿簿的开头为新交响曲的第一乐章留出大量篇幅。因此，他需要空间来记写进行曲的乐谱时，就会向前翻阅，这就解释了为什么在他后来为交响曲中《葬礼进行曲》所写的手稿中，这些条目的位置令人费解。

贝多芬屡屡创作与其他风格的大型作品相关的大型钢琴作品。《热情奏鸣曲》（*Appassionata Sonata*）和《华尔斯坦奏鸣曲》（*Waldstein Sonata*）与《费德里奥》的风格极为相似，《降 A 大调奏鸣曲》（op. 110）让人联想到《庄严弥撒》中的羔羊经。《普罗米修斯变奏曲》和《英雄交响曲》终曲之间的密切关系是这种做法的第一个重要例子，正如我们所见，这两部作品都直接源自贝多芬对《普罗米修斯的生民》的痴迷，并于 1802 年在维也纳演出。

这些作品中最具政治色彩的是《英雄交响曲》，但其象征意义常常被误解。贝多芬美学态度的基础是抵抗的概念，即与逆境的对抗最终导致创造性的可能性的更新。由此而论，贝多芬不可治愈的失聪与他的艺术发展之间的关系值得审视。尽管贝多芬最初感到恐惧，现在也有人试图将他后来风格的退化说成是因失聪所致，但随着他听力的下降，他的艺术却变得愈加丰富了。在海利根施塔特的半年时间里，他饱受危机的困扰，但在创新方法方面卓有成效，其中一些甚至可能是对他自身虚弱的回应。

《海利根施塔特遗嘱》中一个感人的段落描述了当"站在我身边的人听到远处的长笛声，而我却什么也没听到"；抑或是"有人听到牧羊人在唱歌，而我还是什么也没听到"时，贝多芬感到的绝望。这一描述与费迪南德·里斯回忆录中的一段话相吻合，他当时经常陪同贝多芬徒步旅行。艺术能解决或修复生活中的缺陷吗？就这一点而言，人们会想到1814年版《费德里奥》中，弗洛雷斯坦在地牢里时的咏叹调的结尾，当时饥饿、神志不清的囚犯产生了幻觉。弗洛雷斯坦想象中的莱奥诺拉是"自由天使"，在升入更高音区的木管乐器（双簧管）声中登上舞台，而这些音区随着贝多芬听觉的逐渐衰退首先消失。

在《海利根施塔特遗嘱》的其他地方，贝多芬写道："我本想了结此生——只是我的艺术让我却步。多亏了美德和我的艺术，我方才没有自尽。"从上下文来看，这些自杀念头不需要完全照字面理解。贝多芬从大约这个时候开始，在谈到他的艺术时，就会提及"新路径"或"全新方式"，这就暗含了这样一种想法，即象征性地设定艺术家自己的死亡，以便他可以从头再来——简言之，就是"复活"的概念。贝多芬立下遗嘱告别海利根施塔特时，他改善听力的希望如秋叶一般枯萎了，但他的艺术却进步了。艺术家的任务具有社会意义，这已嵌入音乐的具有张力的创新之中，其特征反过来又得益于普罗米修斯的象征主义。《普罗米修斯的生民》中表现受难艺术家快乐转世形象的对舞舞曲启发了贝多芬的灵感，为他"英雄"风格的两部不朽之作做好了铺垫：《英雄交响曲》和《费德里奥》。

第四章

《英雄交响曲》之路

贝多芬与海顿在创作上的竞争在 1801 年的一则轶事中浮出水面，这与他的"英雄寓言"芭蕾舞剧《普罗米修斯的生民》有关。普罗米修斯神话作为革新创造力的标志很有吸引力，尤其是继海顿伟大的清唱剧《创世纪》（*The Creation*）于 1799 年成功演出之后。据说海顿告诉贝多芬："我昨天听了你的芭蕾舞曲，非常高兴！"于是贝多芬回答说："哦，亲爱的爸爸，你真好；但这与《创世纪》比还差得远！"贝多芬把自己的尝试与海顿成熟的杰作相提并论，让海顿感到惊讶，甚至冒犯，他回答说："没错，它还够不上《创世纪》，我简直不敢相信它能与之比肩。"

贝多芬在这部芭蕾舞剧的基础上又有了超越，实现了他通往《英雄交响曲》的道路。我们怎样才能最好地理解交响乐的叙事和象征？图 4.1 是一幅精美的、具有讽喻意味的贝多芬画像，提供了启示性线索；这幅画作可以追溯到 1804 年年末或 1805 年年初，当时贝多芬完成了《英雄交响曲》，拿破仑掌握了绝对权力。这幅画像由威利伯罗德·约瑟夫·梅勒（Willibrord Joseph Mähler）创作，收藏于 2017 年开放的维也纳/海利根施塔特的新贝多芬博物馆。在哈布斯堡治下的维也纳，文字作品经常受到严格的审

图4.1　贝多芬肖像

威利伯罗德·梅勒作于1804—1805年（维也纳博物馆，维也纳）。

查，绘画和音乐等非语言艺术则可以不受这种限制地传达。

贝多芬很珍视这幅画像，把它挂在自己最后的住所，一直到他去世。这幅极富暗示性象征意义的画作引发了对政治语境的解读。就此而言，背景的明暗处理、作曲家面对背景中阿波罗神庙的姿态、可能出现的"自由之树"（arbres de la liberté），甚至贝多芬"提图斯（Titus）式"的发型，无不引人注目。

威利伯罗德·梅勒比贝多芬小8岁，和作曲家一样，来自莱茵兰。他出生在科布伦茨（Koblenz）附近的埃伦布赖特施泰因（Ehrenbreitstein），那是波恩南部的一个村庄；贝多芬的母亲就在出生那里并度过了她的童年。像贝多芬一样，梅勒最终在18世纪90年代的社会动荡和军事冲突之后离开了莱茵兰。与作曲家不同的是，梅勒并没有直接来到奥地利首都，而是首先在德累斯顿跟随著名肖像画家安东·格拉夫（Anton Graff）学习绘画。梅勒于1804年秋天在维也纳遇到贝多芬，介绍人是另一位莱茵兰人、贝多芬的密友斯蒂芬·冯·勃鲁宁。

这位画家一直活到1860年，贝多芬的美国传记作家亚历山大·惠洛克·塞耶（Alexander Wheelock Thayer）在他去世前不久对他做了采访。采访内容包括：

贝多芬也是在这个时候（1804年）结识了另一位年轻的莱茵兰人；贝多芬非常喜欢他，此人也对贝多芬个人及其天赋报以热情和无限钦佩。威利伯罗德·梅勒生于科布伦茨，1860年去世，享年82岁，是一位领取养老金的宫廷秘书。他有着非常多样的艺术天赋；然而，他无论做什么都只作为兴趣，浅尝辄止，未能专注于任何一门艺术，故而没有取得太大的成就。他写了一些不俗的诗歌，并配上优美而非令人不快的音乐；作为"业余歌手"……唱得相当出色，而且画得也非常好，堪称……"业余肖像画家"。他在1804—1805年为作曲家画了一幅肖像画……第二幅画是在1814—1815年（梅勒先生记不起确切的日期）画的……

就在贝多芬从他的夏季住所回到他在剧院大楼（维也纳剧院内）的公寓后不久，刚刚抵达维也纳的梅勒就被勃鲁宁带过去介绍。他们发现他正在忙于完成《英雄交响曲》。一番交谈后，梅勒很想听他演奏，但贝多芬并没有开始即兴演奏，而是为访客演奏了新交响曲的终曲；然而，在行将结束时，他没有停顿，继续随心所欲地弹奏了两小时的自由幻想曲。梅勒先生对采访者说：

"在此期间，没有一个小节弹错，抑或听起来不是原创的。"他补充道，有一件事引起他特别注意："贝多芬弹得如此平静；尽管他的演奏很精彩，但并没有来回、上下晃动；双手似乎在琴键上左右滑动，只有手指在工作。"对于马勒先生，对于其他大多数记录了贝多芬即兴演奏给他们留下的印象的人，这简直堪称艺术的极致。

采访的几个方面值得注意。梅勒报告的时间顺序和基本内容似乎是可靠的。那年秋天，贝多芬确实在为他的《英雄交响曲》做最后的润色。1804 年 6 月 9 日，这部交响曲的首次私人排练在洛布科维茨宫（Lobkowitz Palace）举行。首场公演于 1805 年 4 月 7 日在维也纳剧院举行。贝多芬此时为他的访客在钢琴上弹奏《英雄交响曲》终曲完全是合情合理的。正如我们所见，这部交响乐的跳板是他于 1801 年在芭蕾音乐《普罗米修斯的生民》中使用的对舞舞曲，并于 1802 年再次将后者用作为钢琴而作的《降 E 大调变奏曲》（op. 35）的基础。贝多芬这部交响曲的创作至少可以追溯到他在海利根施塔特度过的危机缠身但卓有成效的半年，直到 1802 年 10 月。交响曲的创作始于终曲，音乐素材取自《降 E 大调变奏曲》（op. 35），其神话象征意义源自芭蕾舞剧《普罗米修斯的生民》。

与斯蒂芬·冯·勃鲁宁的联系指向了梅勒在其中发挥作用的传记背景。维也纳贝多芬博物馆收藏着另一幅梅勒的画作——斯蒂芬·冯·勃鲁宁的第一任妻子朱莉·冯·弗林的肖像，即贝多芬的医生格哈德·冯·弗林（Gerhard von Vering）之女（图 4.2）。斯蒂芬·冯·勃鲁宁和朱莉·冯·弗林于 1808 年 4 月成婚，但

她早在 1809 年就去世了，年仅 19 岁。贝多芬将《小提琴协奏曲》
（op. 61）献给斯蒂芬·冯·勃鲁宁，后者于 1806 年担任贝多芬歌
剧《莱奥诺拉》（Leonore）修订本的编剧；作曲家将他的《小提琴
协奏曲》改编成《钢琴协奏曲》（op. 61a），献给朱莉·冯·弗林。
梅勒的朱莉·冯·弗林肖像反映了梅勒与贝多芬之间紧密的人际
关系网。朱莉怀抱芬芳玫瑰的画面让人联想到弗洛雷斯坦对莱奥
诺拉醉心的幻想，而画中其他特征也与贝多芬肖像有相似之处。

图 4.2 朱莉·冯·弗林肖像
威利伯罗德·梅勒作（维也纳博物馆）。

这幅画作展现了一个令人回味的景观，作为贝多芬自觉的艺
术使命的背景。梅勒本人提请注意，贝多芬左侧有一座阿波罗神
庙，他手持里拉琴（或某种里拉吉他）。贝多芬对古代神话非常
感兴趣。大约自 1801 年，贝多芬开始将阿波罗视为音乐、诗歌

和歌曲之神，是歌手和诗人灵感的源泉。那时，贝多芬已不再仅仅是一位成功的键盘作曲大师，而是一位雄心勃勃的交响乐作曲家，不久之后便创作出了合唱和歌剧大作。贝多芬通过对阿波罗永恒神性的暗示和渴望，得以远离吹毛求疵的新闻批评，正如他在 1801 年论及莱比锡评论家时写的那样："只要让他们开口，你肯定不可能从他们的闲扯中得到任何持久的东西，就像他们无法从通过阿波罗获得永恒的人那里夺走永恒一样。"贝多芬有时会"通过阿波罗"将其他艺术家喻为兄弟，而自己则是阿波罗的牧师或儿子。贝多芬十分重视艺术之间的亲缘关系，以及绘画和音乐努力实现持久意义的方式。他在 1803 年致信熟人、肖像画家亚历山大·麦科（Alexander Macco）：

你画画，我写音符，这样我们就会永恒？是的，也许就会永恒。

贝多芬肯定参与了这幅独特肖像的策划和构思。这幅画不同于梅勒的其他画作，也不同于他的老师安东·格拉夫（Anton Graff）的众多肖像画。虽然可以从画面的某些方面识别出传统模式，但我们可以区分建模的层次，并明确指出这幅贝多芬画像的最独特之处。

最基本的层次是坐着的艺术家手持里拉琴，令人想起阿波罗或俄耳甫斯的经典形象。罗马帕拉廷山上奥古斯都宫（House of Augustus）的古代壁画提供了比较的参照。在古代传说中，俄耳甫斯从阿波罗那里得到一把金色的里拉琴，阿波罗教他如何弹奏。两人关系密切。在一些神话版本中，阿波罗是俄耳甫斯的父亲。

对古代的提及还得到了其他特征的补充。梅勒的画作描绘了艺术家的状况和活动。最引人注目的是人物的动态姿势和贝多芬伸出的右手的醒目位置。艺术家的这只手指向背景中的亮光和阿波罗神庙，艺术家内省的目光直视旁观者。在这一象征性景观的背景下，抬起的手势引发了对贝多芬在《海利根施塔特遗嘱》中的个人危机和自杀念头的解读，即"只有我的艺术才能让我退缩"。

梅勒自己描述了这个手势："……右手伸出，仿佛在音乐的激情时刻，他在打拍子……"因此，对贝多芬的这种描绘与音乐活动的三个不同维度有关：通过左手中的俄耳甫斯里拉琴传达器乐演奏的暗示；右手和手臂的动态手势暗示对音乐随时间流动的隐含感知；通过人物若有所思的表情和凝重的目光传达出一种认真聆听的印象。

安格斯·弗莱彻（Angus Fletcher）在研究《寓言：象征模式理论》（*Allegory: The Theory of a Symbolic Mode*）时，将寓言的过程定义为"象征行为"，认为："这类小说必然具有双重意义，必然具有守护神的力量和宇宙的意象。"弗莱彻从"探索之旅"的意义上理解寓言，观察到："通常有一个自相矛盾的暗示，即英雄出走可以回到另一个更好的'家'……有时，英雄出走归来，回到的还是原来那个家，然而家乡发生了很大的变化，再也不能找到原来的位置。"

贝多芬的情况就是如此。1792 年，年轻的作曲家离开波恩前往维也纳，踏上了一段探索之旅；对他来说，回到莱茵兰是不可能的，因为法国人的占领摧毁了支持这位年轻宫廷乐师的制度。波恩作为进步的启蒙运动中心，在贝多芬青年时期业已形成；正是在那里，他接触到了文学、诗歌和哲学思想。贝多芬珍视他在莱茵兰建立的忠诚而真实的友谊。他在 1801 年的一封信件中称赞维也纳的新朋友卡尔·阿门达（Karl Amenda）说："你不是维也纳朋友，不，倒像是在我的故土长大的人。"

贝多芬想在 1804 年左右搬去巴黎。十多年后，大约在 1816 年，他考虑是否要像海顿在 18 世纪 90 年代那样，再去一趟伦敦。最终，贝多芬既没有迁徙，也没有再回到波恩。他孜孜不倦的追求以一种艺术的、精神的形式表现出来，对法国大革命的原则充满热情，为自由和平等而奋斗，而这往往与实际的政治条件格格不入。虽然与任何实际的"彼岸"无关，但这一探索仍被迫切地视为理想的目标，或者用席勒的话说，是"理想的肖像"。

从更广泛的角度看，贝多芬对拿破仑既喜爱又排斥，因为拿破仑坚持的原则启迪了他的艺术，但在政治领域却经常遭到否定。他在维也纳头几十年的自我形象反映在他独特的着装、发型与对创造性和政治象征的投入上。据一位目击者所言，他早在 18 世纪 90 年代就不愿意戴假发、穿宫廷礼服，而是穿着"更为自由的极端莱茵式服装，几乎很随意"。贝多芬的发型是"提图斯式"，一种受法国影响模仿的古罗马风格的发型；他喜欢留长鬓角，这在维也纳宫廷圈子的反动环境中有时也被认为具有潜在的挑衅。卡尔·车尔尼评论贝多芬时说道："乌黑的头发，剪成提图斯发型，让他看起来蓬乱不堪。"

梅勒的朱莉·冯·弗林的绘画也体现了寓言的维度，通过自下而上调节的张力进行极性表达（图 4.2）。她凝视着观者，虽然没有贝多芬肖像中的那种灼热强度，但抬起的右手再次显示出重要性。这个象征性的动作在这里首先通过她手中带星的绿色长围巾表达出来。围巾向上飘扬，化作一道缥缈的蓝色旗帜，似乎落在右上方的云层之上，无视地心引力。这幅画的"神灵意象"是通过旗帜不可思议的间断性，以其向上的、漂浮的品质来传达的。人们会回想起贝多芬喜欢引用的格言，摘自席勒描写圣女贞德（Joan of Arc）的戏剧的结尾："没有旗帜，我不敢来！"

在贝多芬的肖像画中，右边黑暗的森林与左边明亮的耕地形成了鲜明的对比，在作曲家抬起的手后面是灯火通明的阿波罗神庙。贝多芬背对着右边的那棵大树，它那苍老、多节的外表暗示着过去和衰败，枯枝清晰可见。人物机敏而精力充沛的姿态与这种戏剧性的对立相协调，仿佛贝多芬正从黑暗的森林走向阿波罗神庙的空地。这棵大树或德国橡树与左侧幼嫩的常青树有着不同的时间维度，后者象征着变化或复兴。由于其动态张力，贝多芬的这种表现似乎更像是酒神而非阿波罗。

这种寓言式描绘的可能模式是什么？最接近的模式不是来自传统的风景画，也不是来自古代的神话符号，而是来自对拿破仑·波拿巴的象征性描绘，这些描绘在他自 1799 年开始担任法兰西共和国第一执政期间广为流传。看看图 4.3，即亚历克西斯·查塔格纳（Alexis Chataigner）1801 年所作的题为《法国的支柱》的画作《拿破仑·波拿巴的善政寓言》（*Allegory of the Good Government of Napoleon Bonaparte*）吧。在这幅正面画像中，法国体现为左边的女性玛丽安形象，而作为第一执政的拿破仑·波拿巴将她从无知的深渊和毁灭性的拉拽中解救出来，将她引向右边的两个象征式人物：正义和富足。两人都沐浴在光亮之中，如同梅勒画中的阿波罗神庙；波拿巴伸出的手臂和手与他们象征的正义和富足的域界连接在一起。贝多芬在拿破仑·波拿巴担任第

图4.3 《拿破仑·波拿巴的善政寓言》
亚历克西斯·查塔格纳作，题为《法国的支柱》，约 1801 年。

一执政时就很崇拜他；这种态度也通过他终生保存的卢修斯·布鲁图斯（Lucius Brutus）雕像得到了证实，后者是共和制的象征性人物（图4.4）。伏尔泰的戏剧《布鲁图斯》（*Brutus*）在法国大革命期间再度上演获得成功，当时饰演提图斯的演员弗朗索瓦 – 约瑟夫·塔尔马（François-Joseph Talma）引发了"提图斯发型"热。如车尔尼所说，贝多芬也采纳了这种短而蓬松的发型。卢修斯·布鲁图斯在罗马共和国时期的历史地位相当于身为第一执政的拿破仑·波拿巴。布鲁图斯作为罗马共和国的第一执政官之一而享有传奇般的地位，拿破仑·波拿巴也是如此。共和主义者将头发剪短，模仿的就是古代罗马执政官胸像，比如贝多芬收藏的卢修斯·布鲁图斯雕像。

同样重要的是，在阿波罗神庙的右侧、贝多芬右臂后面的光源附近，有两棵生机勃勃的小常青树。有关这些树代表自由的猜测，得到了与"自由之树"相关的广泛历史背景的支持。这

图 4.4　贝多芬收藏的卢修斯·布鲁图斯雕像
（曾被贝多芬收藏，波恩，D–BNba, R 12）。

段历史早于法国大革命。在 1765 年美国人抵制印花税期间，波
士顿的一棵自由树被赋予了重要意义，而其他的自由树则是在
随后的美国独立战争期间才被指定的。1787 年，托马斯·杰斐
逊（Thomas Jefferson）指出："自由之树必须不时地用爱国者和
暴君的鲜血来浇灌。"大约从 1790 年开始，自由树成为法国著名
而广泛的政治象征，在接下来的 10 年里，方才出现在德语地区。
1794 年 10 月 12 日，也就是法国军队抵达贝多芬故乡的第 4 天，
在波恩集市广场举行了一场自由树落成仪式（图 4.5）。人们从
附近的克罗伊茨贝格（Kreuzberg）砍伐了一棵树，用象征革命
的帽徽和雅各布帽装饰起来。弗朗索瓦·卢梭 1794 年画笔下的
德国观者目光敏锐，但毫无热情。贝多芬就出生在这个集市广

图 4.5 1794 年 10 月，波恩市场上种下自由树

弗朗索瓦·卢梭作，波恩城市博物馆 SMB 1992/103；城市博物馆。

场拐角处的房子里。

　　在梅勒画作中，对自由树的表面上的暗示并不明显，没有旗帜或横幅来确认这种关联。为什么不是一棵，而是两棵自由树呢？有鉴于此，我们回想起贝多芬的"阿波罗兄弟"理念，即画家和音乐家之间的艺术兄弟之情，如在他致麦科的信中所述。这两棵自由树显然代表着艺术联盟和贝多芬与他的莱茵兰同乡梅勒的友谊。这两棵自由树的状况得到了整幅画的寓言框架的支持，左侧生机勃勃的自由树与右侧腐朽不堪的老树相映成趣，象征着名誉扫地的旧政权。

　　维也纳的审查制度和政治监督十分严苛，并受到弗朗茨皇帝的鼓励，像贝多芬这样的艺术家要直接表达要求变革的政治观点即使不是鲁莽也是有风险的，更不用说抵抗或革命了。而艺术作品，无论是音乐还是绘画，都可能吸收隐含的意义和微妙的典故；梅勒的贝多芬画像充满了这样的暗示，过于宽泛而并非巧合。然而，另一个引人注目的细节是贝多芬背对着那棵暗黑而衰朽的大树，露出外套的红色衬里。用约翰·克拉布的话来说，"贝多芬斗篷下强烈的红色光芒"可能"点燃奄奄一息的专制之树"。此外，仔细观察原画会发现，有些东西即使在整幅画像的高清照片中也无法完满地表达出来。考虑到与光源的距离，画像的色斑太亮，红色的闪烁太过强烈。这并不是反映梅勒缺乏技巧，而是一种强调暗示性细节的有目的的策略。人们注意到贝多芬服饰上的蓝色和白色，甚至可能会在这一抹红色中意识到法国国旗缺失的第三种颜色。还有一个问题是关于这幅画中所表现的明亮的意象和一天中的时间。是黎明还是黄昏？旁观者似乎是从南边观看这个人物的，夕阳映照着阿波罗神庙和作曲家伸出的手掌。然后作曲家就会指向西边，指向法国。贝多芬在 1804 年初的一封信中，根据黑暗与光明的二元性，解释自己为何拒绝伊曼纽尔·席卡内德（Emanuel Schikaneder）的歌剧脚本《维塔斯圣火》（*Vestas Feuer*），转而支持法国题材。他强烈谴责其粗俗的语言和魔法的使用，认为席卡内德的王国"在温良而理智的法国歌剧的光芒下完全黯然失色"。

贝多芬第一次见到梅勒时，仍然称《英雄交响曲》"实际上是题献给波拿巴的"，但正是普罗米修斯传说的神话背景赋予了音乐"守护神的力量和宇宙的意象"。一种紧张的冲击力使梅勒的作曲家肖像画栩栩如生，这一点借鉴了对拿破仑的描绘，同时避免使画作"宣传色彩"过浓。在文化领域，贝多芬与拿破仑展开某种较量；后者身为法兰西共和国第一执政，曾颇孚众望，后来却因贪得无厌的野心和对权力的追逐而使人们的希望破灭了。1802 年，拿破仑成为"终身第一执政"；1803 年在巴黎，他砍掉了大革命期间种下的剩余的自由树。如我们所见，贝多芬在去世前不久，承认自己"误解了波拿巴"。事实证明，他自己留下的遗产更为持久。梅勒的这幅非凡的寓言式肖像，将那些激发贝多芬艺术创造力的思想和态度渲染成一种进步的象征行为。

贝多芬很可能在 1793 年至 1795 年邂逅了芭蕾舞大师塞尔瓦托·维加诺。当时维加诺居住在维也纳，贝多芬根据芭蕾舞主题创作了一组钢琴变奏曲，该主题为莫扎特的姐夫雅各布·海贝尔（Jakob Haibel）《混乱的婚礼》（*Le nozze disturbate*）（WoO 68）中的"维加诺小步舞曲"（Menuett à la Viganò）。维加诺从 1799 年开始，回到维也纳待了几年。他们合作完成的芭蕾舞剧《普罗米修斯的生民》是对海顿《创世纪》的激烈回应，后者微妙地暗示了法国大革命的多起事件。这部芭蕾舞剧在某种程度上受到了意大利新古典主义剧作家温琴佐·蒙蒂（Vincenzo Monti）的政治诗《普罗米修斯》（*Il Prometeo*）影响。蒙蒂将神话中的普罗米修斯与拿破仑在 1797 年意大利战役中的政治和军事功绩加以类比。

芭蕾舞剧《普罗米修斯的生民》揭示了贝多芬的《英雄交响曲》和拿破仑之间的联系。正如他的学生费迪南德·里斯（Ferdinand Ries）所述，贝多芬对这位法国领导人的热情随拿破仑担任法兰西共和国第一执政而高涨："当时贝多芬对波拿巴推崇备至，将他与古罗马伟大的执政官相提并论。"由于波拿巴以奥地利为敌，贝多芬很难公开表达这样的信念。贝多芬在考虑迁居巴黎之际，打算把《英雄交响曲》献给拿破仑完全合乎情理。

如我们所见，普罗米修斯是一个精神自由的叛逆人物，是暴君的骄傲、无情的敌人，是人类的恩人。在贝多芬配乐的版本中，芭蕾舞剧以《暴风雨》的序曲开场，表现普罗米修斯带着盗来的火种奔逃。他战胜了狂怒的风暴，开始用泥塑造一对男女，用盗来的火种焙烧他们每个人的心脏。接下来的故事分两幕展开，讲述普罗米修斯如何向两个雕像般的"生民"——典型的原始男女——灌输更高的意识。有人根据最初的海报，回顾了首演，将作品总结如下："普罗米修斯将他那个时代的人从愚昧无知中解放出来，通过学术和艺术使他们变得更文雅，并向他们传授礼仪。"海报上的一句话对贝多芬有着特殊的意义："在当今的芭蕾舞剧中，两尊'雕像'似乎被赋予了生命，他们通过和谐的力量回应人类生活的所有激情。"

芭蕾舞剧不是以普罗米修斯的牺牲，而是以人类受益者的审美觉醒为中心。普罗米修斯第一次和他的原始生民一同出现在舞台上时，后者显得茫然而无动于衷。在第 1 幕和第 4 幕开始时，表现生民的音乐仅限于弦乐中柔和而不连贯的和弦。当第 2 幕在帕纳索斯山（Parnassus）上的阿波罗宫廷展开时，普罗米修斯仍然未能得到他 2 个"孩子"的回应。在这种情况下，"悲剧场景"（no. 9）就不可避免了。哀曲女神墨尔波墨涅（Melpomene）上演了悲惨的一幕，演绎了死亡如何终结生命。她用匕首杀死了普罗米修斯，这一悲惨的举动对普罗米修斯的生民造成了巨大冲击，他们试图阻止她，但未果。普罗米修斯随后复活，瞳孔显示出增强的意识。芭蕾舞剧以两个生民为普罗米修斯举行神化仪式而告终。最后，他们对他在节日舞蹈中的表现大加赞赏，而降 E 大调的对舞舞曲尤为突出。

芭蕾音乐虽然在贝多芬的创作过程中发挥了重要作用，但体现普罗米修斯式成就的不是芭蕾音乐，而是《英雄交响曲》，这是一部真正堪称"创作"的作品。贝多芬自己也表示失望："我创作了一部芭蕾舞剧，但是这位芭蕾舞剧大师并没有很圆满地尽到他的本分。"然而，芭蕾舞剧神话般的叙事激发了他的想象力，而交响曲则更多地归因于他早期的作品，此非人们所认识到的。这种亲和力根植于其多乐章设计的叙事连续性中。芭蕾舞剧的神话版本将戏剧重点从反抗的殉道者转移到人类接受普罗米修斯的文化馈赠。如果普罗米修斯的努力不被理解，那么他的困境就与一个遭人误解的艺术家并无二致。芭蕾舞剧的最后一个乐段实现了令人愉悦的解决，人们很容易将其与《英雄交响曲》联系在一起。共同的主题是贝多芬在芭蕾舞剧、《降 E 大调变奏曲》（op. 35）和《英雄交响曲》终曲中使用的活泼的对舞舞曲。

与普罗米修斯神话的联系不仅限于交响乐的终曲。交响曲四个乐章的叙事勾勒出了一个更加宏大的进程：斗争—死亡—重生—神化。贝多芬感到绝望、产生自杀念头，并发现自己新的艺术道路三者交织在一起，绝非巧合。但是，《英雄交响曲》的英雄象征意义深刻体现在艺术作品中，无法仅仅根据贝多芬的传记或与拿破仑等历史人物的关系来解读。

贝多芬在《英雄交响曲》中探索的是英雄主义的普遍方面，其核心思想是与逆境对抗，最终导致创作可能性的更新。普罗米修斯即使冒着生命危险，也将人类的福祉放在首位。那么，我们如何才能理解交响乐的整体叙事呢？一种极其简单的特质将这些乐章彼此连接起来。谱 4.1 显示了这种设计的一些元素。《英雄交响曲》的终曲成为整部交响曲的生成乐章。贝多芬的其他作品中没有一部是基于一个预先存在的主题的，即芭蕾舞剧《普罗米修

斯的生民》的降 E 大调对舞舞曲，而这一主题在一部重要作品中
展开，即《降 E 大调变奏曲》(op. 35)。

谱 4.1 《英雄交响曲》中的主题关系

当时，对舞被认为是一种政治上进步的舞蹈：通过交换舞
伴，它反映了 19 世纪初阶级分化的削弱。在创作《降 E 大调变
奏曲》(op. 35) 时，贝多芬通过解构主题扩展了他对对舞舞曲的
处理。他没有从完整的主题开始，而是从低音开始，即他在手稿
上标注的主旋低音。贝多芬在创作这段支离破碎的开场曲之后，
仅仅在低音上变奏，展示了一个深谋远虑的过程，进而引出对舞
舞曲和主题的许多变化。我们记得，普罗米修斯这个名字指的是
一个有远见卓识的人。低调、提要性的主旋低音也暗示了芭蕾舞
曲中原始人类的初始音乐，低音线上僵硬的强音和不安的沉默表
明他们需要完善和发展。

如果《英雄交响曲》的终曲象征着创造性，那么我们如何理

解前面的乐章呢？线索就隐藏在音乐的动机之中。开场曲有活力
的快板起始时的三和弦转折主题稳固地建立在主音降 E 之上，而
主音降 E 则出现在前四个小节的每小节开头。对降 E 的强调是由
上下的降 B 围绕着的。这个音型类似于终曲的主旋低音，并在同
一音区奏响。贝多芬在《维尔霍斯基手稿簿》中为这一主题创作
的最早的记谱手稿，使用了音级 1–5–5–1，更接近于主旋低音。
晚一些的手稿则以升三音程降 E–G 开始，与对舞舞曲旋律的开头
相匹配。贝多芬在创作交响曲的开场主题时，丰富并伪装了对舞
舞曲及其低音的主题，但其相似性依然清晰可辨。

　　开篇有活力的快板体现了一种象征着斗争的英雄性格。随着
从降 E 以半音下行到升 C，冲突已经在第 4~5 小节中暴露出来。
这种不协和和声在降 E 大调光芒四射的调性中是一个开放性伤
口，触发了小提琴高 G 音符上的悸动切分节奏，这是一个具有巨
大节奏张力的乐章中的开创性时刻。这种不协和的姿态不能狭隘
地与普罗米修斯盗火、被锁在岩石上或被老鹰折磨相提并论，尽
管可能在最广泛的诗歌语境中唤起这样的印象。粗放大胆的情节
进程使预期框架变得紧张，而这些预期正是它所假定的意义所
在。一种确定的音质使叙事具有连贯性，避免形式的割裂。

　　第一乐章的巨大篇幅反映在对主题材料做不断演变的处理
上。具有戏剧性张力的元素从一开始就能感受得到。开篇两个强
有力的和弦强化了作为《降 E 大调变奏曲》（op. 35）前奏的单一
强音。第五小节中神秘的低音升 C 带有很深的含义，有待在很久
以后的再现部开始时予以探究；彼时，贝多芬将这个音高重新诠
释为降 D，其下行的解决引出了一大段 F 大调的圆号独奏。贝多
芬极大地扩展了展开部和尾声。凭借其 245 个小节，展开部使呈

示部相形见绌，而尾声则接近再现部的长度。

对紧张节奏——切分音震动——的处理，产生了颠覆音乐惯例的决定性结果。这在展开部的核心部分最为明显，即导往第 280 小节的段落（谱 4.2）。贝多芬在这里沉迷于节奏的缩短，从而将乐句压缩为越来越短的单元。他的《F 小调钢琴奏鸣曲》（op. 2, no. 1）的开头便是这种技巧的一个不太明显的范例。在奏鸣曲中，最初的四小节单元被压缩为两个小节、一小节、半个小节，然后是一拍，继而开篇的齐鸣戛然遁入引人注目的沉默，一个意味深长的停顿。这种设计的效果是将音乐向前推进，同时将注意力集中于那些在压缩过程中幸存下来的动机元素。

在《英雄交响曲》中的切分音大段落中，一段冗长的浓缩系列摧毁了主题材料，几乎使其消失殆尽，将其缩减为 F 大三和弦和 A 小三和弦的不协和组合，一位评论家认为这是一个"邪恶"的和弦。该和弦的重复充当了第 280 小节中得到极大强调的休止的跳板，这是一个矛盾的无声时刻。强调的休止是贝多芬作品中的重要素材。他在《埃格蒙特》序曲的手稿中指出："死亡可以通过休止来表达。"《英雄交响曲》中的这一休止符并不代表死亡，但标志着一个决定性的支点，此后一切似乎都发生了改变。

这一高潮将主题内容化为乌有，而此时再现部通常呼之欲出。贝多芬没有将他的音乐叙事带回熟悉的领域，而是让我们面对一种前所未有的东西，一种阻止可预测的延续的黑洞。这种强调空虚的处理方式带来了一个令人震撼的高潮：在一连串大量的切分和弦之后，A 小三和弦和 F 大三和弦的碰撞标志着强化的极值。最强的节奏律动落在空拍上，距离 E 小调新主题的出现还有四个小节。贝多芬在这里释放出几乎无法忍受的不协和切分音的

谱 4.2 《英雄交响曲》的高潮 / 第一乐章，第 274~297 小节

张力，同时准备用新的正式插段填补展开部余下的大部分段落。
E 小调主题并不完全是新的，它参与了《英雄交响曲》影响深远
的动机网络。该主题让人想起在第 45 小节中已经听到的带有附
点节奏的三音柔美动机。在发展部，这一同样的音型有助于激发
切分节奏高潮充满活力的表现。

在排练这部交响曲时，贝多芬的学生费迪南德·里斯误认为再现部前过早的圆号进入是一个错误。不幸的里斯脱口而出："难道该死的圆号手不识数吗？这听起来就大错特错！"这句话激怒了作曲家。贝多芬在这一点上将和声分层，将再现部的时刻扩散成一个更大的过程。第二圆号在整个管弦乐队奏响再现部之前先声夺人，带来了和声的叠加。尽管力度是柔和的，但由此产生的不协和是尖锐的；这有助于激发猛烈的强音爆发，从而引入"真正的"再现部。

在很多方面，《英雄交响曲》反映了贝多芬自诩的目标，即"着眼于整体"。在第一乐章的尾声，在对展开部中的"新"主题进行再现之后，木管乐器演奏了一个上升的半音弱音动机，勾勒出降 B–B–C 和 C–升 C–D（第 605~611 小节）。这个动机姿态为谐谑曲结束时上升的半音音型做好了准备，同时从作品一开始就将下行的半音不协和音做转位和中和。这种解决的姿态反过来为随后圆号奏响的主题呈现铺平了道路，并通过整个管弦乐队逐步重点地扩散开来。主要的主题乐思由此完成，然后在终止和弦中以类似于这首有活力的快板启动时的和弦来构建。

《英雄交响曲》中的 C 小调"葬礼进行曲"（Marcia funebre）以其史诗般的气势和戏剧性的力量纪念英雄之死。1821 年，贝多芬获悉拿破仑去世之后，以冷嘲热讽的口吻评论，他"已经为那场灾难谱写了音乐"。拿破仑在《英雄交响曲》时期已经丧失了其英雄地位，而他早前的普罗米修斯式事迹业已反映在艺术作品之中。在神话中普罗米修斯的层面，"葬礼进行曲"既对应于芭蕾舞剧中普罗米修斯的象征性死亡，也对应于神话本身的普遍性。英雄的功绩比个人更经久。英雄葬礼后出现的两个乐章非但没有阻碍对交响曲的叙述性解读，反而起到了支撑的作用。我们所看到的普罗米修斯式的叙事：挣扎—死亡—重生—神化，通过每个乐章对叙事设计的贡献而显现出来。

对贝多芬来说，英雄主义源自对人文主义事业的承诺——自由、启蒙、创造。这些目标是要冒着生命危险或以死亡为代价来追求的。在普罗米修斯的场景中，神话英雄的死亡和复活是明确的，而叙事的结果使人类代表初步认识到创作的原则。《英雄交响曲》的结尾乐章颂扬了想象力的变革可能性，展示了毫无希望的残片——怪诞的主旋低音框架——如何转化为艺术创作，成为戏剧的典范。我们不应该忘记贝多芬的象征性英雄的弱势地位。普罗米修斯有他的宙斯；莱奥诺拉和弗洛雷斯坦有他们的皮萨罗；埃格蒙特有他的阿尔巴（Alba）。面对凶残的强权，每个人都是脆弱的；死亡威胁或夺走他们所有人的生命。最重要的是他们为之牺牲的原则。从这个角度来看，一个人如果为了自己的利益而屈服于权力和权威的诱惑，就没有资格成为英雄主义者，就像拿破仑加冕称帝后那样。当拿破仑变成一个被谄媚者簇拥的绝对君主，早在十年后他军事落败和被流放之前，他的英雄形象就被抹杀了。

这部作品在 1806 年出版时，贝多芬将其题名为"《英雄交响曲》，为纪念一位伟人而作"。"被铭记的伟人"的提法与弗里德里希·荷尔德林（Friedrich Hölderlin）1797 年未完成的《拿破仑颂》（Ode to Napoleon）产生了共鸣："诗人是神圣的容器，生命之酒、英雄精神在其中得以保存。"《英雄进行曲》中体现的美学思想，在声音和时间上呈现出一种有意义的表达形式。在第一乐章的演进轨迹中，高潮后的 E 小调"新"主题在展开部中代表了一个不可或缺的主题补充，它是通过坚韧和决心实现的。这首来之不易的有活力的快板"第二主题"与《葬礼进行曲》的开篇主题在听觉上有着明显的相似性，将两个开篇乐章相互联系起来。

葬礼进行曲中表现出来的英雄主义并不仅仅属于过去。紧接进行曲的忧郁旋律，音乐转为 C 大调，双簧管勾勒出上升的三和弦 C–E–G，这是《自由人》和《第五交响曲》终曲的基本模式。正如在《第五交响曲》中一样，随着葬礼进行曲回到 C 小调，这个三声中部乐段达到了一个热烈的强音高潮，然后逐渐消失。现在，比《悲怆奏鸣曲》更强烈的是，我们现在感受到了对压抑力量的抗争。贝多芬再度回归进行曲，展开成一段扣人心弦的赋格曲。《葬礼进行曲》的后半段，从赋格曲到结尾，构成了交响曲的情感核心。它的力量与贝多芬处理四度上升动机的方式有关，并将这种姿态逐渐传播到整个管弦乐队。他在手稿簿上，以进行曲"长—短—短—长"的节奏标记了一个级进下行的四度相关音型。与上升动机相反，这个姿态表明意志——人类迫切的动机——的发挥。两个小节长、在互动对位中形成的动机主题的呈现使所有的乐器分阶段加入，逐渐填充声音空间。一旦低音提琴开始演奏，效果就势不可挡；节奏的强度在小提琴的重复音音型中产生共鸣。

所宣称的如果不是徒劳，也受到怀疑的困扰。葬礼进行曲以 G 小调缓慢地继续进行。小提琴奏出凄美的高音降 A，犹如对着冷漠的天空提出一个毫无希望的问题。进行曲的旋律高潮也设定为降 A，这一音高自始至终都具有特殊的重要性。现在，在小号、鼓点奏响明亮的 C 大调高潮和令人悲伤的赋格曲之后，神秘而没有配和声的降 A 上的停顿就像在凝视深渊。随后低音区中降 A

强有力的回答打破了沉静，继有力的延续之后又是一段进行曲的变奏。

在慢乐章的最后几个段落中，进行曲本身开始瓦解。强拍上插入了休止符，营造出一种磕磕绊绊的效果，撕裂了主题的旋律结构。贝多芬在《英雄交响曲手稿簿》中为这部交响曲写下的最后的手稿就是专门针对这个段落的。这种手法对贝多芬来说并不是全新的。他已经在他的《钢琴奏鸣曲》（op. 10, no. 3）的缓慢而忧伤的结尾处完成过这样一个主旋律的分解，并将在他的《科里奥兰序曲》（*Coriolan Overture*）中再次运用这种手法。

谐谑曲隐晦的开头是一种柔和、模糊的萌动，由弦乐在低音区率先奏出弱音和断奏；这无疑与普罗米修斯象征性的转世有关。但是在《英雄交响曲》中，从"葬礼进行曲"到谐谑曲的发展远远超出了芭蕾舞剧《普罗米修斯的生民》的范畴。在《普罗米修斯的生民》中，作为哀曲女神的墨尔波墨涅用剑指向普罗米修斯，这是一种有助于教育原始人类的表演形式。在这部交响曲中，贝多芬将这一悲剧情节提升到了另一个层次。他对自杀和艺术"新路径"展开思考，将寓言芭蕾的经验运用于自己的生活。与命运的抗争可能功亏一篑，但在艺术上仍然是值得的，因为这是一种光荣的失败，一种反对顽固条件的文化行为。《英雄交响曲》的最后两个乐章将席勒的"理想的肖像"概念与普罗米修斯的活动相融合，指向一条创造性的复兴之路。

这种观点与 19 世纪提出的建议是一致的，即贝多芬在谐谑曲的主旋律中融合了一首活泼的民歌或士兵歌曲。歌词是"我日间以里拉琴所赢，夜间便随风而逝，风，风，风，风"；其旋律在拿破仑时期家喻户晓，它是一首无忧无虑的酒歌，经常在正典中演唱，是谐谑曲中的一种模仿织体。贝多芬对民歌有浓厚的兴趣，这个例子适合对比的框架，为交响乐增添了活力。如果这种联系是有效的，那么谐谑曲主题突出的重复音符就可能暗示风的转瞬即逝，从而意味着生命活力的恢复。一位早期的评论家从这首音乐中听到了一种自发的"狂喜"，发现："快乐是生活的目标；每一种欢乐都需要品尝，每一种感官上的愉悦都需要经受考验。远离智慧，远离远见！"

三声中部中响起了英雄般的音符，由三只法国号奏响，这是一种特殊的配器，与《费德里奥》第一幕中莱奥诺拉的咏叹调相似。音乐的特色是欢乐，反映了与普罗米修斯复活有关的特征。贝多芬在手稿簿法国号和弦旁边的一页上，潦草地写了一个词，可以看出为"vereh（rung）"，意为崇敬或敬意。

他的谐谑曲的结尾吸收了开篇有活力的快板开头的动机，阐明了整部交响曲的叙事。在结束前的瞬间，木管乐器在高音区演奏了两遍上行的半音音型的降 D–D– 降 E，而定音鼓则在降 E 和降 B 之间移动。他在手稿簿中，将上行的动机标记为"fremd"，表示奇怪或陌生。这是神秘的向下的降 E–D– 升 C 的长程解析，首次在开篇有活力的快板第 6~7 小节中听到。这种不协和的音调转折带来了冲突和紧张的初始迹象；第一组小提琴的切分音随着下行的半音音型而出现，预示着其后段落的节奏力量。随着谐谑曲的结束，这个裂口也就闭合了。伤口愈合，前两个乐章所体现的斗争被抛在了后面。这个姿态的解决效果强化了三声中部中的重复乐句，其中第一圆号勾勒出从降 B 到降 E 的上升四度。半音化的变体与早期的圆号姿态相呼应，具有英雄式的联想。

在结尾乐章中，与普罗米修斯的关联通过芭蕾舞剧中的对舞舞曲变得愈加清晰。这无疑是梅勒画像中贝多芬指向阿波罗神庙时想象的那种音乐。我们可以把自己想象成原始人，神圣之火灼烧着他们的心脏，普罗米修斯将盗来的火种藏在从奥林匹斯山偷偷带来的茴香茎里。主旋低音柔和的拨奏是一个简单的切入点，它是整部交响曲的生成内核。低音主题蹑手蹑脚地进入，几乎听不见，在下半部分开始时有效地衬托木管乐器、铜管乐器和定音鼓中很强的八度音。在弦乐主旋低音的两次变奏之后，《普罗米修斯的生民》的曲调出现在木管乐器中，双簧管突出，就像《英雄交响曲》中其他曲子一样。

随后，由管弦乐队中多种乐器组合演奏的对舞舞曲的多重变化，传达了一个共享创造力的参与性社会环境。在后来的两部作品《合唱幻想曲》和《第九交响曲》的合唱终曲中，贝多芬将这种方法扩充，加入了声乐力量。相较《降 E 大调变奏曲》（op. 35），变奏链融入了回旋曲的设计，充满了冒险的赋格插段和 G 小调强劲、雄伟的进行曲式中心部分，附点节奏和上行的音阶音型标志着主旋低音跨越的音程空间。

贝多芬在创作《英雄交响曲》末乐章时，对结尾部分倾注了特别的心血，这相对《降 E 大调变奏曲》（op. 35）而言是绝无仅有的。随着管乐，尤其是双簧管的突出，一曲冥想式的稍慢的行板徐徐展开，盖住了主旋低音。这曲沉思的赞美诗般的变奏被以法国号为特色的极强变奏所加强。剩下的是尾声，贝多芬在创作过程中颇费苦心。音乐重回一个不稳定的、调性模糊的段落，然后在急板处由整支管弦乐队奏出 G 小调的华丽乐段——力度标记为"很强的"。

这种暴风雨般激烈的爆发让人想起结尾乐章的前奏，即以很

强的八度音 D 齐奏开始的很快的快板。正如手稿所示，贝多芬仔
细比较了这两个乐段，权衡它们与第一乐章开篇的关系。在考虑
了开头有活力的快板的前奏中使用非主和弦之后，他决定改为以
两个强奏的主和弦开始，在第 7 小节以半音侧向下行至升 C 之前，
为和声奠定坚实的基础。关键的升 C 在第 9 小节变成了强 D，达
到了 G 小和弦。在这种情况下，贝多芬末乐章中较暗的 G 小调段
落提供了必要的衬托和平衡，以充分体现对降 E 大调的肯定。在
圆号的引导下，整个管弦乐队接过了附点音型，以胜利告终。贝
多芬在着眼于"整体"的同时，从芭蕾舞剧中汲取了普罗米修斯
象征主义，形成了充满典故的、独特的交响乐循环，这部作品
"通过和声的力量唤起了人类生活的所有激情"。

第五章

"自由天使"莱奥诺拉

贝多芬唯一的歌剧根植于真实事件，叙述了一个刚毅的拯救故事。他在处理《费德里奥》或者《莱奥诺拉》（他更喜欢这个名字）时，放弃了剧院导演埃马努埃尔·希卡内德（Emanuel Schickaneder）提供的歌剧剧本。贝多芬对《维斯塔之火》（Vesta's Fire）这个主题反应冷淡，写了几页乐谱就放弃了。1804年年初，他宣称"希卡内德的领域已经完全被诙谐而实用的法国歌剧之光所遮蔽"，并补充道，"我已经改编了一部古老的法国剧本，现在正着手创作"。

自从十五年前大革命爆发以来，法国发生了令人眼花缭乱的变化。"旧的法国脚本"的作者让–尼古拉·布伊（Jean-Nicolas Bouilly）是1793—1794年"恐怖时代"隶属于军事委员会的法官。他在革命政权中的职位，使他得以保护无辜的受迫害者。布伊的《莱奥诺拉，或者夫妻之爱》（Léonore, ou L'amour conjugal），由皮埃尔·加沃（Pierre Gaveaux）作曲，于1798年登上巴黎的舞台。该剧描述了"一位都兰女人崇高的英雄主义和奉献精神"。女主人公女扮男装，找到一份在监狱里的工作，最终成功解救了囚犯。

正如最初在巴黎演出的那样，这部喜剧被描述为"历史事实"（Fait historique），表明与实际事件有联系。作曲家加沃扮演受尽折磨的政治犯弗洛雷斯坦，弗洛雷斯坦被妻子莱奥诺拉解救。将故事转移到西班牙只是一种小小的伪装：加沃在 1795 年创作的革命歌曲《人民反对恐怖的警钟》（*The Alarm of the People Against the Terror*）广为传唱，使得政治背景显而易见；这首颂歌常用来抗衡《马赛曲》等共和歌曲。剧中的当地人物罗可（Roc）、马捷琳娜（Marceline）、雅基诺（Jaquino）都说方言。反派角色、暴君总督皮萨罗根本不唱，只说。仁慈的唐·费尔南德部长最终让一切回归正轨，代表原编剧布伊，声称"乐于帮助"莱奥诺拉这样真正勇敢的女英雄。

大革命于 1789 年 7 月 14 日爆发。由于歌剧院的监狱里关押着政治犯，所以其囚犯与攻占巴士底狱时释放的囚犯可以相提并论，但是《莱奥诺拉》中邪恶的监狱长代表了后来在恐怖统治后期出现的过度专权独裁。这一动机被吸收进了贝多芬的《费德里奥》，以及《莱奥诺拉，或者夫妻之爱》中 7 个主要人物的设定和基本情节。1794 年，马克西米利安·罗伯斯庇尔倒台，结束了恐怖统治，几天内大约 1 万名在押人员获释。这一事件为时已晚，无法挽救贝多芬在波恩的前教授欧洛吉亚·施耐德。施耐德热情拥护大革命，显然是第一个将《马赛曲》的歌词翻译成德语的人。施耐德本人也参与了恐怖活动，他于 1794 年命丧断头台。

贝多芬的《费德里奥》有三个版本，分别创作于 1805 年、1806 年和 1814 年，跨越了拿破仑独揽大权直至垮台的大部分多事之秋。约瑟夫·冯·索恩莱特纳（Joseph von Sonnleithner）是根据布伊文本翻译而成的第一个版本的编剧；1806 年，贝多芬的朋友斯蒂芬·冯·勃鲁宁（Stephan von Breuning）帮他做了些改动。经过大幅修改的最终版本，由格奥尔格·弗里德里希·特莱斯科（Georg Friedrich Treitschke）执笔。最后，经过巨大的努力，贝多芬觉得他已经为自己的付出赢得了"殉道者的桂冠"。

由于其漫长的起源，对《费德里奥》的研究迫使我们调整叙事的时间顺序。本章重点介绍该部歌剧以及与之最密切相关的作品。第六章从1806年贝多芬与卡尔·利赫诺夫斯基亲王的冲突开始，一直延伸到1815年拿破仑最终垮台，对这一时期提供了补充性视角。

通过大量的修订，《费德里奥》越来越疏离"旧的法国脚本"的起源，尤其是对弗洛雷斯坦和莱奥诺拉的处理。在《费德里奥》中，暴君的不公正监禁和以自由为名的英雄气概的主题不仅以现实的方式表达，而且具有深刻的象征和典型意义。莱奥诺拉的性格与法国大革命中女性的自由象征，以及在18世纪90年代动荡中背离的积极的伦理潜力有一定的关联。

《费德里奥》对贝多芬的重要性常常被低估。这部歌剧涵盖了丰富的戏剧特征，从滑稽的戏谑到英雄的崇高。贝多芬在他的器乐作品中融入了歌剧的戏剧性主题，这体现在《费德里奥》的四首序曲中，尤其是《莱奥诺拉》序曲（nos. 2 and 3），但他对歌剧的专注也对他的奏鸣曲和四重奏产生了影响。

一旦我们审视贝多芬的艺术模式及与其紧密相关的作品，包括席勒关于圣女贞德的剧本《奥尔良少女》（*Die Jungfrau Von Orléans*），以及贝多芬为歌德的戏剧《埃格蒙特》创作的音乐，政治含义就变得清晰起来。贝多芬对莫扎特伟大的意大利歌剧，尤其是对《女人心》（*Così fan tutte*）的不满，隐藏在他对女扮男装的英雄莱奥诺拉的崇高音乐描绘中。从各方面来看，贝多芬努力为他的歌剧寻找最佳形式的故事是一个政治事件。

当埃马努埃尔·希卡内德试图诱使贝多芬写一部歌剧时，他的慷慨却弄巧成拙。贝多芬对这位巴伐利亚剧作家颇有好感，后者为莫扎特的《魔笛》（*Magic Flute*）撰写剧本并饰演帕帕基诺（Papageno）的角色。作为为维也纳剧院创作歌剧的协议的一部分，贝多芬得到了剧院的免费住宿，能够观看许多演出。法国的剧目比比皆是。这些是"巧妙而实用的法国歌剧"，它们的"光芒……全都令希卡内德的作品黯然失色"。贝多芬最喜欢路易吉·凯鲁比尼（Luigi Cherubini）的歌剧和序曲的修辞手法。他在1804年首度开始为《费德里奥》创作音乐时，抄写凯鲁比尼的《两日》（*Les deux journées*）——另一部由布伊编剧的法国大革命歌剧——中的合奏段落，以及莫扎特《唐璜》和《魔笛》中的段落，让工作得以顺利开展。

贝多芬虽然赞赏莫扎特的音乐，但对其与剧作家洛伦佐·达·庞特合作的歌剧《费加罗的婚礼》《唐璜》《女人心》的题材感到困扰。据音乐家伊格纳茨·冯·塞弗里德（Ignaz von Seyfried）所言，贝多芬认为《魔笛》是"莫扎特最伟大的作品"，但发现"《唐璜》仍然完全是意大利风格，而且神圣的艺术不应该沦落为如此可耻的主题的借口"。另一位证人路德维希·雷尔斯塔（Ludwig Rellstab）引用贝多芬的话说："我不可能创作像《唐璜》和《费加罗的婚礼》这样的歌剧。我对它们都很反感。我不可能选择这样的题材，它们对我来说太过轻浮了。"

如果贝多芬觉得《唐璜》和《费加罗的婚礼》"太过轻浮"，那么《女人心》肯定更加令他不安，因为它对理想持怀疑态度，对不可靠的人际关系讽刺性地宽容。在《女人心》中，"哲学家"

唐·阿方索（Don Alfonso）在他雇佣的副手德斯皮纳（Despina）的帮助下，设计了一个交换伴侣的实验，旨在证明情感承诺的短暂性和忠诚誓言的脆弱性，因为现实生活中人们的感情变化无常。唐·阿方索提出了一种关于人性的理论，即理想在受到人类考验时总是脆弱的。

《女人心》彻底颠覆了两性之间的纽带，而这正是贝多芬在《费德里奥》中通过提升夫妻美德所颂扬的。贝多芬对这类"可耻"题材的"厌恶"和对"神圣"艺术的信念，根植于他年轻时在波恩的人文背景，尤其是他对席勒作品和思想的毕生兴趣。席勒最初对法国大革命的爆发充满热情，但对其后的恐怖统治感到恐惧，他试图展示如何通过美学手段促进自由事业。然而，贝多芬的《费德里奥》的优势不仅在于其伦理理想主义，还在于其坚实的日常生活基础。

《费德里奥》几乎可以被视为两部歌剧：一部以高贵、睿智的弗洛雷斯坦和他英勇的妻子莱奥诺拉为中心的戏剧，穿插在狱卒罗科、他的女儿玛泽琳和她好猜疑的男友雅丘诺（Jacquino）卑微的喜歌剧情节中。后面这些人物的世界狭窄而灰暗，充满了烦恼和暴躁的怨恨。罗科表现出小资产阶级的满足感、自负和唯物主义世界观。很能说明问题的是，贝多芬在 1806 年的版本中撤回了罗科的"黄金"咏叹调，但在 1814 年又明智地予以恢复。我们都知道罗科这样的人：他虽然本质上并不邪恶，但是一个合作者，因其对皮萨罗的依赖而在道德上没有原则。

这个视野狭窄的世界在马泽琳和雅丘诺的二重唱中得以体现，这首二重唱于 1814 年成为开场曲。马泽琳被费德里奥（伪装的莱奥诺拉）的温情弄得心烦意乱，且被雅丘诺的殷勤所困扰，雅丘诺逼迫她嫁给自己。他们的争吵反映在贝多芬 A 大调和 B 小调之间交替的音乐之中，而令雅丘诺恼火的持续敲击的节奏巧妙地转变为马泽琳对他恳求的否定回应。这是一个活泼紧张的音乐背景，就像贝多芬在他的器乐作品中以喜剧的形式阐释的那样。《G 大调钢琴奏鸣曲》(op. 31, no. 1) 是通过调性间类似的切换展开的。

隐藏在事物表面背后的困境首先在卡农式四重唱《不可思议的心情》(*Mirist so wunderbar*) 中显露出来，当马泽琳和罗科表达他们的幸福时，莱奥诺拉对她的冒险计划能否成功表示怀疑。她与马泽琳的"奇妙"(Wunderbar) 押韵的对位词是"危险"(Gefahr)；她内心的独白哀叹："希望何其渺茫！"当空灵的音乐加入不相容的观点时，这种沉思的重唱便在时间上定格。在这里，再一次在莱奥诺拉的大型独唱咏叹调中，贝多芬根据莫扎特的《女人心》重塑了音乐模式。

莱奥诺拉对马泽琳观点的批判——"Gefahr"和"Wunderbar"的冲突——是双刃剑式的讽刺。在贝多芬开始从事歌剧创作的同一年，让·保罗·里希特的《美学导论》出版了；他认为幽默是倒置的崇高。在《费德里奥》中，有限与无限——自满的现实主义与理想主义原则——发生冲突。在《费德里奥》中，作者对这对身陷囹圄的夫妇和同狱犯人合唱的处理超越了最初的法国歌剧和其他早期歌剧，这些歌剧都是根据费尔南多·帕尔（Fernando Paer）和西蒙·迈尔（Simone Mayr）的手稿创作的。这些作品没有采用布伊策划的混合体裁，该混合体裁在贝多芬的第一位编剧松莱特纳（Sonnleithner）的德语版本中得到了加强。七个主要人物的结构如图 5.1 所示。感伤戏剧（comédie larmoyante）和家庭悲剧（tragédie bourgeoise）两种戏剧的传统结合在一起，形成了一种介于古典悲剧和喜剧之间的戏剧形式。这种结构使莱奥诺拉和弗洛雷斯坦与暴虐的皮萨罗发生冲突，成为对称情节设计的一部分。主角莱奥诺拉女扮男装，在两个层面发挥作用。她装成费德里奥，与罗科、马泽琳和雅丘诺相互交流。她以莱奥诺拉示人，与皮萨罗对峙，保护弗洛雷斯坦，并在结尾受到唐·费尔南多称赞。

图5.1 《费德里奥》中七个主要人物的关系

　　莱奥诺拉的道德动机至关重要。皮萨罗关押的囚犯皆出于政治原因。皮萨罗在第一幕中受到的警告是"专权的受害者"，所以弗洛雷斯坦绝非唯一的受害者。弗洛雷斯坦因试图揭露皮萨罗的恶行而受到了残酷惩罚，证实了这一印象。罗科也意识到了不公正。当莱奥诺拉问及地牢里那个无名囚犯是否是一个"大罪犯"时，罗科回答说他可能"树敌太多——两者几乎就是一码事"。在恐怖统治时期，这样的国家监狱（prison d'état）可能会被设置在某个挤满无辜囚犯的大城堡里。在这种情况下，莱奥诺拉作为解放者的角色如何超越自身利益是很重要的。在第一幕中，她敦促让囚犯进入花园享受阳光和空气，为他们后来的集体解放埋下伏笔。在第二幕中，莱奥诺拉在得知地牢中那个孤独的囚犯的身份之前，大声说道："无论你是谁，我都会救你。"

对囚禁在地牢里的弗洛雷斯坦的描绘带来了问题。他被禁锢在地牢里，口粮越来越少，濒临死亡，他是一个被动的英雄，必须忍受，并以某种方式活下来。作为复仇性报复的受害者，弗洛雷斯坦无能为力。只有莱奥诺拉的介入才能救他。

如何才能将这样一个角色有效地搬上歌剧舞台？应该如何将一个隐藏在黑暗中的饥饿囚犯描绘成一个主要的发声角色？

在《莱奥诺拉》中，与贝多芬的歌剧一样，弗洛雷斯坦在地牢里的形象一直保留到最后一幕。原法文文本经改编后发生了决定性的变化。在布伊的版本中，囚犯凝望着心上人的微型画像，希望死去。在贝多芬的歌剧中，弗洛雷斯坦的独白中删除了自杀的愿望，心上人的形象也发生了改变。贝多芬笔下的弗洛雷斯坦并没有徒劳地将希望寄托在心上人的视觉形象上，而是有了一种截然不同的体验。他欣喜若狂地想象莱奥诺拉是一个自由的天使，悬浮在玫瑰色的光芒之中，以声音的方式表达：这一愿景承诺在维持其生命的同时将其从监禁中解救出来。

贝多芬所描绘的景象成为这部歌剧的内在高潮。莱奥诺拉离奇地出现在弗洛雷斯坦的黑暗牢房里，抵消了强加在一个孤立个体身上的恐惧，帮助他通过良性的忍耐保护自己。贝多芬利用其交响乐的风格，将弗洛雷斯坦在地牢中咏叹调的高潮部分塑造为戏剧叙事的一个节点。

贝多芬的艺术策略与席勒的思想有着密切的关系。席勒在他1801 年的《论崇高》一文中，以《荷马史诗》中的奥德修斯和佩内洛普（Penelope）之间的关系来阐释崇高。奥德修斯被女神卡吕普索（Calypso）囚禁多年。《奥德赛》的第一卷讲述了"奥德修斯孤身一人，满心渴望回去与妻子团聚，而女神卡吕普索，那个聪明伶俐的女神，将他留在自己的洞穴里，渴望做他的妻子"。在席勒看来，对奥德修斯的囚禁最终被一种崇高的渴望所战胜，这种渴望使奥德修斯获得自由，回归伊萨卡（Ithaca）。贝多芬熟知席勒的想法，这可以从他与席勒密友克里斯蒂安·戈特弗里德·科尔纳（Christian Gottfried Körner）之子西奥多·科尔纳（Theodor Körner）的歌剧计划中得知。1812 年贝多芬偶遇西奥多·科尔纳，他们确定了主题《尤利西斯归来》（尤利西斯是奥德修斯的拉丁变体）。1813 年年轻的西奥多·科尔纳在与拿破仑的军队作战时战死沙场，这些计划落空，但与荷马和席勒的联系无疑有助于激发弗洛雷斯坦的疯狂愿景，使其成为他咏叹调的高潮。

弗洛雷斯坦的愿景融合了两种象征性的原型：远方的爱人和解放的天使。于贝多芬而言，"远方的爱人"这个比喻很重要，正如他的连篇歌曲《远方的爱人》（an die ferne Geliebte）所示；一个理想化的"unsterbliche Geliebte"，即不朽的爱人，正如他于1812 年写的那篇著名情书所示，亦如此。与之遥相呼应的"远方的爱人"是荷马《奥德赛》中的佩内洛普。奥德修斯或弗洛雷斯坦的崇高渴望，类似于1810 年贝多芬根据歌德的诗作写成的《悲之喜》（Wonne der Wehmut）中所表达的那种渴望，其中的台词"永恒之爱的泪水"应该"永不干涸！"，传达了主人公内心的痛苦甚至是自虐式的内心冲突。

远方的爱人这一意象会引起其他联想。在这方面，让我们考虑一下后革命时期女性自由象征的背景。与许多其他革命不同，法国的剧变不仅破坏了国王权威，而且还频繁地用一种永恒的理想主义象征取代君主的形象：一位穿着古典长袍的自由女神。路易十五的雕像被推倒，取而代之的是自由的女性化身，广场更名为革命广场；在恐怖时期，许多死刑就在自由女神像前执行。皮埃尔－安托万·德马奇的一幅画中就描绘了这样一起事件（图 5.2）。为了掩饰这段历史，广场后来被更名为协和广场（Place de la Concorde）。

图 5.2　断头台旁的自由女神像，巴黎革命广场，约 1793 年

皮埃尔－安托万·德马奇（Pierre-Antoine Demachy）绘制：执行死刑，革命广场，卡纳瓦莱博物馆巴黎历史。

女性自由的象征可以体现一个民族或国家的集体精神，与可追溯到古希腊雅典娜的古老传统相呼应。这种象征是跨国的，但在法国被称为"Marianne"，在德语区被称为"Germania"。这些原型描述的特征反映了不断变化的政治状况。法国人送给美国人的著名礼物——纽约的自由女神像——就是一个耳熟能详的例子。自由的女性化身与自由树的结合在古代雅典娜的形象中开了先河，她的橄榄树礼物使她成为古代雅典的象征性女神，橄榄枝本身象征着和平或和解。

在《费德里奥》中，莱奥诺拉的形象吸引了不同来源的含义。贝多芬和他的编剧们增加了激发他们想象力的法国情节，沉浸在弗里德里希·施莱格尔所认为的具有讽刺意味的复杂性中：悬而未决、难以捉摸的幻象需要通过想象而非理解来把握。莱奥诺拉形象的一个关键来源是 15 世纪的圣女贞德，介质是席勒的戏剧《奥尔良少女》(*Die Jungfrau von Orléans*)。尽管哈布斯堡王朝对席勒的一些剧作进行了审查，这部戏剧还是于 1802 年 1 月在维也纳上演。贝多芬拥有该文本的副本。他的音乐家朋友伊格纳兹·冯·塞弗里德（Ignaz von Seyfried）说："贝多芬每次上街，总会带着一个小本，把他当时的想法记在上面。有人偶然提到这一点时，他会模仿圣女贞德的话，'除非我举起旗帜，否则我是不会来的'。"这个典故指的是席勒戏剧的结尾，身负重伤的贞德声称她忠诚于支撑她的事业。这句话将贝多芬自己对艺术的态度称为一种更高的使命，但也带有讽刺意味。贝多芬对席勒的《奥尔良少女》的喜爱，反映在他于 1813 年和 1815 年写的两部卡农曲《痛苦短暂，欢乐永恒》(*Kurz ist der Schmerz, ewig ist Die freud*) 中。这些言语出自该剧的结尾，是贞德临死前说的最后一句话。

莱奥诺拉和席勒笔下的女主角之间的相似之处包括，一名身穿男性服装的女性的性别模糊，以及贞德将自己描述为救世主（Retterin），这是《费德里奥》第二幕欢快的终曲对莱奥诺拉的赞美。另一个典故出现在莱奥诺拉的宣叙调"讨厌的人！你奔向何方？"中，那是她在第一幕中对邪恶的皮萨罗作出的回应。使她坚韧不拔的是她在乌云之上看到了一道令人欣慰的彩虹。1814年，这幅亮丽的图景加入歌剧，其灵感来自席勒戏剧的结尾，奄奄一息的贞德询问周围的人："你看到空中的彩虹了吗？"音乐的配曲在缓慢的柔板速度中转换为木管乐器持续的 C 大调和弦，打开了一种天国般泰然自若的表达空间，与皮萨罗的破坏性愤怒形成鲜明对比。莱奥诺拉的这一亮丽图景丰富了戏剧，同时也批评了表演的逼真度。

这种插入的图景需要隐喻性解释。莱奥诺拉和弗洛雷斯坦虽然分开，但开始了克服恐惧和危险的共同探索。如果没有对未来现实的坚定信念，他们都不会成功。在席勒的构想中，这种乌托邦式的信念或"理想的肖像"赋予了他们每个人坚持下去的力量。贝多芬在创作过程中，寻求用音乐的手段来体现这些积极的象征，为理想的表象提供感性的体现。与荷马的《奥德赛》相似的叙事方式是，莱奥诺拉在崇高渴望的指引下，穿行在危险的环境中。当我们第一次看到莱奥诺拉时，她戴着监狱用的铁链；在最后一幕中，她解开了弗洛雷斯坦的枷锁，以行动解放了所有的囚犯。

在第一幕的卡农式四重唱"我感觉如此美妙"（Mir ist so wunderbar）和咏叹调"来吧，希望"（Komm, Hoffnung）中，莱奥诺拉版奥德赛的各个阶段得以展现。在这些作品中，贝多芬借鉴了莫扎特的样板，但修改了它们的戏剧性意义。莫扎特在《女人心》（no. 31, 小广板）第二幕的终曲为费奥迪莉姬（Fiordiligi）、多拉贝拉（Dorabella）、费朗多（Ferrando）创作的声乐卡农曲，

能够激发 "Mir ist so wunderbar" 的灵感。莫扎特的重唱和贝多芬的重唱一样,融合了相互矛盾的观点,而第四位参与者古列尔摩(Guglielmo)则完全拒绝加入卡农曲。莱奥诺拉的咏叹调《来吧,希望》回应了费奥迪莉姬在《女人心》第二幕早些时候的 "Per pieta, ben mio perdona"(最亲爱的,请原谅)。两首咏叹调都为 E 大调,从柔板开始,费奥迪莉姬的作品中突出的单只圆号变成了莱奥诺拉咏叹调中的三只圆号。

与莱奥诺拉不同,费奥迪莉姬对她的伴侣并不忠诚。她沉浸于当下,取代了对往昔的忠诚。就此而言,《费德里奥》为莫扎特作品提供了另一种选择,莱奥诺拉和弗洛雷斯坦的清晰记忆和精神信念成为关键的促成因素。面对不确定性和看似不可逾越的障碍,但又被"夫妻真爱之责任"所鼓舞,莱奥诺拉在她的咏叹调中吁请"最后的星星照亮她的目标,无论多么遥远,为了让爱抵达"。在唱到 "erreichen"(抵达)这个词时,她达到了高音 B 的最高音。在该歌剧之后不久创作的另一首 E 大调柔板,即第二号《拉祖莫夫斯基四重奏》(*Razumovsky Quartet*)的慢乐章中,贝多芬再次唤起了对"星空"的沉思。

贝多芬对歌剧的执念影响了他在 1804 年创作《费德里奥》时构思的两首大型钢琴奏鸣曲。《C 大调华尔斯坦奏鸣曲》(op. 53)与《费德里奥》最后一幕终曲的喜庆热烈气氛异曲而同工;《F 小调热情奏鸣曲》(op. 57)反映了皮萨罗地牢的悲惨环境。如果弗洛雷斯坦的"上帝!这里是多么黑暗啊!"这句话可以用来评论《热情奏鸣曲》的首尾乐章,《费德里奥》结尾的合唱文本"向白昼致敬!向时间致敬!"或许就可以用作《C 大调华尔斯坦奏鸣曲》末乐章欢腾尾声的主题句。

贝多芬的手稿簿展示了这些奏鸣曲在他创作歌剧期间的演变过程，其调性的象征意义反映了《费德里奥》戏剧性的中心极性。C大调是这部歌剧序曲——第二和第三《莱奥诺拉》序曲——的调性，整个大戏以交响乐的形式由此展开。在歌剧中，贝多芬还将原本作为开场曲的C小调/C大调用作马泽琳咏叹调的调性。尤其是，在最后一幕的合唱终曲中，C大调作为激动人心的合唱结尾处的辉煌声景，熠熠生辉。

这一背景解释了《C大调华尔斯坦奏鸣曲》创作起源的一个令人费解的问题。在它出版之前，贝多芬经常在贵族资助人的宫殿演奏这首曲子，慢乐章受到了特别的赞扬。贝多芬极不情愿地称这个乐章为"Andante favori"（最受喜爱的行板），以回应其受欢迎程度。然而，他随后决定将该乐章从《C大调华尔斯坦奏鸣曲》中删除。取而代之的是，他创作了一部更短的替代乐章，仅仅是《C大调华尔斯坦奏鸣曲》终曲的引子。

进行替换的一个主要目的无疑是提供表现力和音区的对比，使回旋曲终曲的崇高开篇主题更加鲜明。贝多芬以低八度的F音开启他的替代 *Introduzione*（引子），这个音基于F大调中可用的最低主音音高。右手的动机逐渐向上努力冲出低音区，而左手则反向移动深深进入低音区。在听到回旋曲旋律之前，最低的F成为声音的低参考点，在低音区一个低沉的持续低音上柔和地出现，没有中断，带有敏感的踏板效果。

引子中所体现的神秘的低暗音域增强了整个部奏鸣曲的表达力，其美学意义超出了"绝对"音乐的范畴；如果这个术语暗示着抽象的自主性，那么它就不适用于贝多芬，因为引子体现了一个发现的过程，即从低音向明亮的C大调回旋曲的起点转变。这一过程与歌剧从黑暗迈向自由和光明的象征性升华相似。这种经验在奏鸣曲的每一次正常演奏中都应有所体现。

贝多芬的《热情奏鸣曲》与《费德里奥》有着更直接的联系,这部作品始终保持着悲剧性的庄严。音乐个性中至关重要的动机在于通过 F 小调的主和弦下降的前三个音符,并以附点节奏为标志。末乐章的主题也阐述了同样的乐思(谱 5.1)。贝多芬的学生费迪南德·里斯讲述了他目睹老师在长时间漫步中苦苦构思音乐时的经历。

我们走得太远了,直到快 8 点才回到贝多芬居住的德布灵(Döbling),(而且)他一直在哼唱,有时嚎叫,总是忽上忽下,没有唱出任何明确的音符。在回答我的问题时,他说:"我想到了奏鸣曲最后一个乐章的主题(F 小调,op. 57)。"当我们走进房间时,他连帽子都没脱就跑到钢琴前。我在角落里坐了下来,他很快就把我忘得一干二净。现在,他用这部奏鸣曲优美的末乐章狂飙了至少一个小时。最后他站起身来,看到我还很惊讶,说:

谱 5.1 《热情奏鸣曲》(op.57):第一乐章与最后乐章的比较

Beethoven, Sonata in F minor, op. 57, first and last movements

Claude Joseph Rouget de L'Isle, *La Marseillaise*

"今天的课不上了，我有更多的工作要做。"

《热情奏鸣曲》的开篇乐章与著名的法国国歌《马赛曲》有着微妙的联系。《马赛曲》原名《莱茵军团战歌》(*Chant de guerre pour l'Armée du Rhin*)，由克劳德·约瑟夫·鲁热·德·利尔(Claude Joseph Rouget de Lisle)于 1792 年在斯特拉斯堡创作；一年前，贝多芬的教授欧洛吉亚·施耐德迁居该城。《马赛曲》作为革命歌曲，号召国民以爱国之心抵御外来侵略。1795 年，国民大会将《马赛曲》定为法国国歌。

《马赛曲》中最突出的是从"patrie"(国家)开始的三重三音下行模式。《热情奏鸣曲》的开篇已经再现了 F 小调的三音音型(谱 5.1)，但抒情的第二主题唤起了与《马赛曲》相似的更广泛的听觉效果，因为它几乎是强迫性地重复了动机性的附点音型以及摇摆的大调三和弦旋律曲线(谱 5.2)。这些节奏上的变化为主题增添了独特的国歌般的特征。在《马赛曲》的法语文本中，这些变化对应的是荣耀之日(le jour de gloire arrivé)，其中"荣耀之日"的节奏音型对应于《热情奏鸣曲》开篇的前导动机。《马赛曲》中三重附点音型更为有力的语句指代升起血腥的旗帜。可以理解的是，贝多芬暗示了《马赛曲》的特征和重复的节奏韵律，但没有公开直接地引用它。这种相似性是一种含蓄的暗示，而不是引用。约翰·戈特弗里德·佐伊梅(Johann Gottfried Seume)在 1802 年的旅行回忆录中，讲述了他是如何仅仅通过用口哨吹《马赛曲》就打破了维也纳咖啡馆的"肃穆"，引起一派惊恐。

贝多芬在创作这首奏鸣曲时，将这个抒情的第二主题塑造成一段插段，由焦虑不安的悲剧性思想构成。在该乐章的大部分地

谱 5.2 《热情奏鸣曲》第一乐章第二主题与《马赛曲》

Beethoven, Sonata in F minor, op. 57/1, mm. 35-37

Claude Joseph Rouget de L' Isle, *La Marseillaise*, mm. 3-5

方，抒情主题一出现，便逐渐陷入神秘的静默，或者被无情地消声。然而，在急板的尾声中，这个主题又以高音区的 F 小调出现，充满了不协和音和节奏的躁动；它不是被送上断头台的，而是自己走向断头台的。整部奏鸣曲表现出一种极其简单的品质，这能助长其可怕的表现力。它的动机和主题利用了紧张的半音，就像在开篇主题低声部的四音主题句降 D- 降 D- 降 D-C。慢乐章最终瓦解成破碎的不协和和弦；无穷动的末乐章的轨迹承载着一种悲剧性的厄运感。与《华尔斯坦奏鸣曲》和《费德里奥》一样，《热情奏鸣曲》展现了一种扣人心弦的音区感、音乐的高度和深度。最低的 F 标志着重要的到达点。这几乎让人联想到地牢的地板。

《热情奏鸣曲》强有力的开篇乐章——其抒情片段暗指《马赛曲》，其中的一些被切断，实际上被根除了——似乎被欧洛吉亚·施耐德的幽灵和 1793 年恐怖的噩梦般的事件所困扰。施耐德 1791 年离开波恩之前，一直是贝多芬生命中的关键人物。用以贝多芬《约瑟夫二世葬礼康塔塔》为原型的音乐作品来悼念约瑟夫二世皇帝的想法来自施耐德。虽然康塔塔的文本是由塞维林·安东·阿维顿克（Severin Anton Averdonk）创作的，但宣叙调（no. 2）中的"Ungeheuer Fanatismus"（狂热怪物）等表述皆出自施耐德的诗作《献给临终皇帝的挽歌》（*Elegie an den sterbenden Kaiser*）。正如我们所见，施耐德一到斯特拉斯堡，就发挥了强大的政治影响力，并为大部分讲德语的阿尔萨斯民众翻译了《马赛曲》。施奈德与雅各宾派结盟，于 1793 年加入了斯特拉斯堡革命法庭，经授权用断头台处决了许多被控反对革命的人。早期的狂热主义批评家屈服于这个怪物。

《热情奏鸣曲》广受著名政治人物的赞誉。据报道，德国总理奥托·冯·俾斯麦（Otto von Bismarck）曾评论说：如果他"经常听音乐"，比如《热情奏鸣曲》第一乐章，"他永远都会非常勇敢"。弗拉基米尔·列宁被贝多芬的几部作品所吸引，包括《悲怆奏鸣曲》《埃格蒙特》《科里奥兰序曲》《第九交响曲》《热情奏鸣曲》，这些作品的重音似乎唤起了人们对革命或与政治动荡相关的冲突的思考。这样的相似性鼓励我们考虑贝多芬同时代其他流派的作品，拓展我们对他的《费德里奥》的理解。不仅《费德里奥》为贝多芬的器乐作品提供了启示，这些作品也让我们对这部歌剧有了更多的了解。其中一些作品，如《C 大调华尔斯坦奏鸣曲》，可能以其从黑暗走向自由和自信的象征，促进贝多芬对其歌剧的订正过程——直到 1814 年才最终定稿。

贝多芬歌剧中极具讽刺意味的一面是伪装的莱奥诺拉的名字。费德里奥对谁忠诚？等待时机，等待机会改变立场，她被迫在地牢里准备丈夫的坟墓。她的官方任务是帮助罗科，因为他们打开了一个古老的蓄水池，这个蓄水池应该是囚徒被杀后的坟墓。莱奥诺拉不再唯唯诺诺，而是挺身拯救弗洛雷斯坦；她显露自己的女人身份，令暴君皮萨罗立刻崩溃。

这让我们回到了弗洛雷斯坦的幻象，不仅仅是幻觉。它不属于歌剧"疯狂场景"的类型，尽管在配乐中，弗洛雷斯坦的精神状态接近于癫狂（Wahnsinn）。舞台说明将弗洛雷斯坦的内心状态规定为传达沉着冷静的"近乎疯狂但平静的热情"。表现弗洛雷斯坦幻象的音乐与歌剧中的其他段落相关联，可能是在歌剧创作的后期才构思出来的。贝多芬在这里传达的是一种不可思议的东西。莱奥诺拉以超自然的存在——天使的身份出现在这里。

当弗洛雷斯坦感受到地牢牢房里的这种虚幻存在时，一阵微风和玫瑰色的光线使他的"坟墓"变得生机勃勃，正如他所说。片刻之前，双簧管独奏出一段旋律，声音高于弦乐安静的切分伴奏（谱5.3a）。高音区的甜美的双簧管旋律唤起了莱奥诺拉，使其成为一种光明的精神征象，进而安慰囚徒。双簧管在声音的对话中升高，这样高音乐器的下行音高 G–E–C–B 就能呼应弗洛雷斯坦的"天使，莱奥诺拉"的话语。他继续说道："莱奥诺拉，就像我的妻子一样，引领我走向自由，走向天国。"

在这部歌剧中，幻象和现实之间的界限从未受到如此挑战。自由的"天国"是在生中实现，还是在死中实现？这首咏叹调的最后一段是贝多芬对以下观点的贡献之一，即当前的主观性、精

谱5.3a《费德里奥》，第二幕：弗洛雷斯坦愿景中的自由天使

神活动、个人对价值的理解比外部现实更加真实。

与弗洛雷斯坦的愿景密切相关的是随后的情节剧，莱奥诺拉和罗科的对话穿插着管弦乐。莱奥诺拉走进地牢时并没有认出那个囚徒。两个掘墓人盯着一动不动的囚徒，罗科冷冷地打趣道："也许他已经死了。"莱奥诺拉："你是这个意思吗？"罗科："不，不，他在睡觉。"弗洛雷斯坦接着动了一动，双簧管响起 F 大调的旋律片段，这几乎是引用之前听到的弗洛雷斯坦咏叹调的最后部分（谱 5.3b）。这段引用模仿了弗洛雷斯坦呐喊"天使，莱奥诺拉"时飘荡的双簧管乐句。

谱 5.3b 《费德里奥》，第二幕，弗洛雷斯坦睡着时的情节剧

这种对应是什么意思？从掘墓人的角度看，他们看着那个一动不动的囚徒，他似乎已经死了。让弗洛雷斯坦的生命力得以维系的是一种理想化的精神体验，一种将莱奥诺拉视为自由天使的持久愿景。囚徒的咏叹调，尤其是其 F 大调的高潮部分，是内在的和心理的，而不是外在的展示或身体的表现。音乐戏剧中的双簧管片段表明：他的生命是如何通过生动的想象和善良的内心信念得以维持的；它将这种内心状态与前一段咏叹调的高潮部分联

系起来。我们最好将这两个事件理解为不是相继，而是同时发生的："不，不，他在睡觉"与一种比外部条件更真实的内在愿景相吻合。囚徒的咏叹调揭示了他的内心状态，这是一个具有预测力的隐喻。由于渴望的对象和变革的代理人刚刚进入密室，弗洛雷斯坦迫在眉睫的死亡即将得到避免。

特莱斯科描述了他与贝多芬一起努力构思这个段落的过程。特莱斯科发现，一个濒临死亡的囚徒唱一曲炫技咏叹调是有问题的，便寻找一些词语来表达弗洛雷斯坦即将死亡之前"生命最后的爆发"。奇怪的是，特莱斯科并没有提到自由天使的诗意形象，这与贝多芬早期的作品非常相似，因此有助于作曲家找到艺术的解决方案。在弗洛雷斯坦将莱奥诺拉视为囚室里的"天使一般的幽灵"的关键时刻，贝多芬最初对配器并没有把握。贝多芬的手稿簿暗示：这种心理投射，或超自然的存在，最初是用长笛在音乐上表现出来的。在将乐器从长笛换成双簧管的过程中，他肯定意识到了他歌剧之外惊人的韵味。

贝多芬在这里借鉴了他在 1810 年创作的一部极具政治色彩的作品——他为歌德的《埃格蒙特》创作的音乐。1809 年法国占领奥地利期间，奥地利放松了审查制度，这使得席勒和歌德的政治剧音乐《威廉·退尔》（*Wilhelm Tell*）和《埃格蒙特》得以演出。贝多芬更偏爱《威廉·退尔》，但他被分配到了《埃格蒙特》。在首演中，"克拉申"（Clärchen）由西奥多·科尔纳的未婚妻安东妮娅·阿丹伯格（Antonia Adamberger）饰演。这位年轻的萨克森爱国诗人在与拿破仑军队的战斗中牺牲后，成了几代人以来为摆脱法国统治而献身的最著名的烈士。学生卡尔·路德维希·桑德（Karl Ludwiq Sand）受科尔纳诗歌的启发，于 1819 年暗杀了保守派剧作家奥古斯特·冯·科泽布（August von Kotzebue），从而引发了 1820 年《卡尔斯巴德法令》（*Karlsbad Decrees*）的颁布，标志着弗朗茨皇帝统治时期梅特涅政权臭名昭著的高压时期。

贝多芬在《埃格蒙特》的音乐中，就像在《费德里奥》中一样，通过塑造他的音乐来传达一个设想中的但未实现的目标，即"理想的肖像"。贝多芬所经历的政治环境提供了令人不快的选择，尽管所有的愿景都已幻灭并遭到抵制，但拿破仑有时仍被视为比弗朗茨皇帝等统治者更可取。贝多芬曾先后毫不动摇地支持拿破仑和反拿破仑的奥地利民族主义。到 1804 年，他对双方都持消极态度，这是两害相权取其轻的问题。

1820 年，贝多芬与教育家约瑟夫·布洛赫林格·冯·班霍尔茨（Joseph Blöchlinger von Bannholz）讨论了政治局势，他发现，虽然从 1809 年到 1813 年这段时期在德国土地上出现了一些进步，但：

现在又惨了。

——

以前好多了，注意，是 1813 年之前。

——

贵族们在奥地利再次获得支持，而共和精神只在灰烬中微微发光。

这位失聪的作曲家使用的对话本中的条目表明：他赞同布洛赫林格的悲观观点。贝多芬和他的朋友们对维也纳会议后压制性的政治发展感到极度失望，他们支持被压迫者，而不是当局的代表。

歌德的《埃格蒙特》和席勒的《唐·卡洛斯》有着相同的历史背景。与《费德里奥》一样，《埃格蒙特》也基于真实的历史事件。歌德在他的剧本中，明确地设想了音乐角色。历史上的埃格蒙特伯爵在 16 世纪反对宗教裁判所，成为阿尔巴公爵（Duke of Alba）建立的臭名昭著的"血腥公堂"的受害者；阿尔巴公爵因其残暴被低地国家（荷兰、比利时、卢森堡）的新教徒称为"铁血公爵"。歌德戏剧中埃格蒙特和阿尔巴的对话（第四幕第二场，85~86）触及了这些主题。

> 埃格蒙特：据说，宗教只是一个绝妙的装置。背地里，各种危险的阴谋都可以更容易地设计出来；俯伏的人群崇拜着那里绘制的神圣符号，而身后潜伏着准备诱捕他们的捕鸟人。
>
> 阿尔巴：我一定要听你说这些吗？
>
> 埃格蒙特：我说的不是我自己的感受！我只是在重复那些大人物、卑微者、智者和愚者不时大声散布的谣言。荷兰人害怕双重枷锁，谁能保证他们的自由？

埃格蒙特面临西班牙人的行刑时，像圣女贞德一样自豪地接受了自己的命运；他预言自己的国家将获得解放。在歌德作品的结尾，囚徒埃格蒙特描述了自己梦境中的爱人克拉申。

> 她的脚被鲜血染红了，她那飘动的长袍皱褶也染上了血迹。那是我的血，也是许多勇士的血。不！它不会白流！向前！勇敢的人！自由女神引领你们前行！

埃格蒙特把自己想象成佛兰德自由殉道者，预见到了荷兰在八十年战争（1568—1648）中的起义。歌德把《胜利交响曲》（*Siegessymphonie*）用作自己作品的高潮，激发了贝多芬创作与抵制专制暴政有关的音乐。

贝多芬在以《胜利交响曲》收尾的《埃格蒙特序曲》中，表达了埃格蒙特伯爵的个人命运与埃格蒙特为之献身的解放事业之间的关系。这部严肃而紧凑的序曲结尾处的停顿很重要，贝多芬在他的手稿簿中写道："死亡可以通过休止符来表达。"继不祥的静默之后，悲剧为《胜利交响曲》所瓦解，以示对倒下的英雄动人心魄的赞颂。象征死亡的音乐休止也出现在《埃格蒙特》音乐的其他地方，在情景剧第七段（"代表克拉申的死亡"）中，以及在音乐戏剧第八段（"表现埃格蒙特的死亡"）中，后者引出宣扬自由精神的小号，歌颂殉道者埃格蒙特，并随序曲尾声重返 F 大调而再度进入《胜利交响曲》。

贝多芬在 1814 年修改《费德里奥》时，借鉴了《埃格蒙特》音乐中发展起来的象征主义和戏剧策略。弗洛雷斯坦咏叹调的 F 大调尾声和地牢中的音乐戏剧与《埃格蒙特》的相似之处也通过配器表现出来，包括双簧管的突出作用。弗洛雷斯坦的咏叹调在梦的幻象中达到高潮，这是重要的创造力的体现。埃格蒙特伯爵和心上人克拉申未能幸免于难，她在这部音乐戏剧之前便已离世。在剧中，她作为解放天使的神灵为他戴上了桂冠。相反，在《费德里奥》中，弗洛雷斯坦对自由天使的狂喜、憧憬预示着该剧的积极结果：莱奥诺拉战胜皮萨罗、集体解放的最后场面。

天使的象征意义值得关注。在法国大革命之后，随着国王路易十六的退位和被处死，自由的女性寓言形象经常取代父权权威

的形象。用象征性的女性形象替代世袭的父权统治者，反映了从
君主专制向公民社会的转变；公民社会的集体统一不再由君主或
单一的个体来代表。在莱奥诺拉和费德里奥的语境中，夫妻忠诚
的概念将独立的个体结合到了一起，象征着家庭和社会。费德里
奥、莱奥诺拉的"崇高英雄主义"在这里与腐败的监狱长的邪恶
形象一决高下。皮萨罗的"Tigersinn"，即"虎心"，沉浸在激烈
的仇恨中，渴望狂热地行使权力，暗指政治朝向威权主义或法西
斯主义倒退。

　　在大革命时期，天使的象征具有两面性。1791年，一幅对
伏尔泰泛神化的讽刺漫画在嘲弄王权的同时，颂扬一位以尖锐批
评权威而闻名的令人敬畏的文化人物；此人甚至曾在旧政权时期
的巴士底狱服刑。在这幅画中，象征名誉的天使吹响了两把不同
的号角，一把讽刺国王的"过失"（faux pas），即错误的步骤或
失误，另一把颂扬伏尔泰为"不朽之人"（图5.3）。星冠和飞马
珀伽索斯（Pegasus）标志着伏尔泰的伟大；而国王的周围除了零
星的野草，一片贫瘠。这个裸露臀部的不敬者亵渎了国王，指代
1791年6月21日国王叛逃和被捕的事件。人们会回忆起但丁《神
曲地狱篇》第21章中难听的肛门喇叭声；在这一章中，恶魔首
领巴巴里恰（Barbariccia）"用屁眼吹小号"。天使人物的张力姿
态从左侧荒凉空旷的景观指向辉煌的万神殿。伏尔泰以倡导言论
和宗教自由而闻名。伏尔泰的骨灰被安葬在万神殿，下面的铭文
写道："所有真正的公民终于恢复了公共自由。我们不再害怕暴虐
的权力。"万神殿为革命英雄提供了神圣的空间；伏尔泰是第一
个获此殊荣的哲学家。

　　贝多芬的《费德里奥》中蔑视的对象并非权威本身，而是对

图 5.3　天使诋毁国王，颂扬伏尔泰，巴黎，1791 年，匿名印制

6 月 21 日《过失》。《逃往瓦伦纽斯》系列中的不朽之人，指王室逃往瓦伦纽斯。卡纳瓦莱特博物馆，《巴黎历史》G.26280. © Musée Carnavalet/Roger-Viollet 授权。

权威的滥用。皮萨罗痴迷于他对权力的嫉妒和复仇的欲望。他对复仇的渴望与莱奥诺拉在地牢中的防卫性反应的碰撞，为该剧提供了戏剧性的高潮。四重奏 "Er sterbe！"（"他死了！"）实现了权力的转移，把皮萨罗踹下尊位。监狱长在第一乐段占据主导地位，在准备杀死弗洛雷斯坦时向他透露了自己的身份。弗洛雷斯坦嘲笑皮萨罗伪装成复仇者："一个杀人犯，一个杀人犯站在我面前。"待皮萨罗逼近时，他试图抓住这一时刻："只是一瞬间，就这把匕首。"莱奥诺拉的第一次干预是他在高音升 G 上唱出"匕首"之后："回来了！"然后，她利用女性对更高音区的控制力，控制住了音乐轨迹。关键是她的这句话："先杀了他的妻子！"其音高从降 E 上升五度，达到降 B 的峰值音高。这些声乐高点奠定了她相对其对手的音乐优势，没有什么比"Weib!"（"女人"）更能体现她的女性气质，她被配上了刺耳且无伴奏的降 B，这是其音域的最高音。

莱奥诺拉最果断的干预是，当她挥舞手枪让皮萨罗闭嘴时，从皮萨罗相关的 D 调中夺下关键音高，迫使他屈服。皮萨罗说"和他一起去死吧！"时，莱奥诺拉拦住了他。她说"死了！"，从城墙远处响起了小号声，宣示国务大臣费尔南多的到来。此时此刻，莱奥诺拉对皮萨罗的胜利超越了监狱和舞台。号角齐鸣的讽刺意味不容忽视。这些信号并非来自费尔南多，而是来自皮萨罗，他之前曾命令士兵吹响喇叭提醒他大臣要来，否则就将士兵处死。拯救弗洛雷斯坦的不是费尔南多，而是莱奥诺拉。舞台下的小号在她屏蔽干预的那一刻定格了动作，验证了她的成就。在这个戏剧性的转变时刻，皮萨罗的警示性信号变成了 *"tuba mirum spargens sonum"* ———一种发出奇异声音的小号。

《费德里奥》的政治维度是在集体层面展开的。第一幕的结场以囚徒合唱为中心。在费德里奥的坚持下，囚徒们获准接触户外的温暖和光线。他们的第一句唱词是"在自由的空气中"，其解放的音调通过音乐得到加强。他们满怀希望地呼吁："哦，自由，你会到来吗？"与此同时，有人低声警告说："看守正在监听，这里的气氛有如集中营。"在歌剧的第一个版本中，这一幕以皮萨罗的一曲和看守们的合唱而告结束。1814 年，在囚徒们极不情愿地返回牢房的环节，增加了一段激动人心的唱词"再见，你温暖的阳光"，从而强化了囚徒合唱的作用。通过对《费德里奥》的修改，合唱越来越多地代表普天下受苦受难的人类。

从沉思到行动的转变是这部歌剧最后一幕的特点。费尔南多想了想，让莱奥诺拉解除弗洛雷斯坦的锁链。贝多芬在这里从 1790 年创作的《约瑟夫二世葬礼康塔塔》中吸收了赞美诗般的主题，并配上歌词"人们重见光明"。在这个 F 大调的象征性主题中，双簧管伴奏弗洛雷斯坦的歌词"哦，难以言表的甜蜜幸福！"，让人想起了他的地牢咏叹调的尾声，他将莱奥诺拉视为自由的天使。弗洛雷斯坦明察秋毫、洞穿一切，想象着莱奥诺拉前来解放自己；如此一来，他的音乐预示着 F 大调双簧管的出现，这将标志着他的真正解放。正如贝多芬的音乐设计所暗示的那样，这种持续的伦理视野以某种不可思议的方式让弗洛雷斯坦一直活着，直到莱奥诺拉前来解救。恰如其分地说，贝多芬再度利用了他为纪念皇帝约瑟夫二世而构思的赞美诗主题，从而成就这一共同的感恩喜悦的沉思时刻。在米莉茨（Mielitz）等人的作品中，合唱团穿着普通的街头服装，促使观众对这个群体有所认同。

贝多芬歌剧的最后订正版改变了最后的场景，消除了在小号吹响后仍然笼罩在弗洛雷斯坦和莱奥诺拉头上的不确定性，同时将最后的合唱部分从监狱转移到了阅兵场的光线和空气中。这一变化增强了结尾的节日气氛，甚至降低了戏剧性的张力。从黑暗到光明、从反乌托邦环境到乌托邦环境的转变，使人们能够包容地庆祝夫妻之爱，因为随着囚徒的解放，许多夫妻团聚了。

让－尼古拉斯·布伊和欧洛吉亚·施奈德之间存在着奇怪的相似之处。两人都在恐怖时代身居要职，都是多产的作家，都对贝多芬产生了影响。施耐德对克洛普斯托克和盖勒特（Gellert）等诗人的兴趣，以及他作为具有超凡魅力的演说家的天赋，无疑给年轻的贝多芬留下了深刻的印象，这与他对法国大革命的热情拥护完全不同。在波恩期间，这位活跃的"世俗牧师"的著作引发了科隆保守派神职人员的大规模抗议。施耐德公开抗议他的作品被压制，导致其被解雇；施耐德在斯特拉斯堡供职期间，逐渐成为革命法庭的一员，变得越来越激进。如果说施耐德在波恩的时候想要出人头地，那么他在斯特拉斯堡就成功了。他在斯特拉斯堡将30多人送上断头台上，而自己也于1794年在巴黎被斩首。

布伊走的是与施耐德相反的道路：诋毁"狂热怪物"。他最持久的音乐遗产是《莱奥诺拉》这部激动人心的人间戏剧，他的剧本成了贝多芬的试金石。与法国革命狂热和恐怖浪潮时期的许多歌剧和仪式不同，《费德里奥》展现了席勒式的正直和克制，其嵌入的政治内容避免了明显的象征主义和宣传的华丽。把莱奥诺拉塑造成弗洛雷斯坦想象中的自由天使是一种巧妙的隐喻，一种未完成的象征。

相比之下，弗朗索瓦·约瑟夫·戈塞克（François-Joseph Gossec）1793年创作的歌剧《共和国的胜利，或大草原上的兵营》（*Le Triomphe de la République, ou Le Camp de Grand-Pré*）则沉迷于喧嚣的场景，身着盛装的自由女神从天花板上翩然而降，一边歌唱自由，一边亲近军队。那年晚些时候，巴黎圣母院被改成了无神论的理性神殿，仪式是向一位身着蓝、白、红三色服的歌剧演唱家致敬，这位歌剧演唱家同样也是自由女神的化身。另一个仪式的高潮是1794年6月由马克西米利安·罗伯斯庇尔推动的自然神论的至尊节。此后不久，他也被送上断头台，恐怖统治由此终结。

贝多芬以不同的终场——一段充满活力的结尾合唱——结束歌剧。歌词开头引用了席勒的另一段文本，《欢乐颂》（*An die Freude*）中的两行诗句——后来也被编入了《第九交响曲》，与最后两句赞美莱奥诺拉为"救世主"的诗句连在一起：

> 赢得了高贵的女人，
>
> 就与我们一同欢庆吧。
>
> 拯救伴侣的人，
>
> 无论如何赞扬也不为过。

1814 年 5 月，贝多芬最后一版《费德里奥》举行首演，那时拿破仑已被放逐厄尔巴岛。随着拿破仑下台，专制主义强权政治的新时代即将来临。这部歌剧的舞台说明明确指出：演出结束时，阅兵场上要竖起国王的雕像，但女主角的身姿蕴含着丰富的内涵。锁链和解放的象征意义是显而易见的：莱奥诺拉为弗洛雷斯坦解开锁链，让人想起让 – 雅克·卢梭《社会契约论》的卷首语："人生而自由，却处处受制于锁链。"对席勒的双重暗示，加上《欢乐颂》中对"拯救者"的赞美，预示着贝多芬十年后的作品——《第九交响曲》。

在《费德里奥》中，贝多芬与其合作者树立了理想的丰碑，而不是法国大革命的现实。这部剧作立意深邃，继而重新出现在代表启蒙的光明之中，忠诚和正义战胜了暴政。天象和低声的警告增强了行动的效果。这个从后革命环境中拯救出来的故事，可望适用于所有那些继续充斥人类历史的压迫性事件。在我们这个时代，自由天使作为"理想的肖像"的象征历久弥新。今天，我们比以往任何时候都更需要这样一个守护天使。

第六章

从格拉茨到瓦格拉姆

和莱比锡

1809 年拿破仑第二次占领维也纳期间，法国人将动物从美泉宫（Schönbrünn）皇家避暑山庄的动物园运往巴黎。他们最感兴趣的是欧洲野牛，一种在野外濒临灭绝的野牛。他们在拿破仑执政时期没收这些动物的动机是，在 1793—1794 年恐怖统治期间，法国王室动物园里的动物险些消失殆尽。在这场恐怖的反王室狂热中，一头以前被关在凡尔赛宫的老狮顽强地活了下来。它曾经受到虐待和唾弃，因为它不仅是"王室动物"，还是"百兽之王"。

这一时期，奥地利的另一个"出口"项目是那些成为法国王后或皇后的女大公。玛丽·安托瓦内特不如那头老狮幸运，因为笼子的栅栏保证了它的生存。玛丽·安托瓦内特死前被妖魔化为奥地利"母狼"或"母老虎"。她与国王路易十六在 1793 年被斩首，近一代人之后，拿破仑于 1810 年迎娶 18 岁的奥地利女大公玛丽·路易丝（Marie Louise），这是他巩固中欧帝国战略的一部分。拿破仑因此成为已丧命的路易十六和玛丽·安托瓦内特的侄孙。玛丽·路易丝当皇后的日子很短，只维持于拿破仑掌权期间，而且她未能劝阻父亲——奥地利皇帝弗朗茨——参加 1813

年的反法解放战争。

政治和文化的矛盾冲突强烈地影响了贝多芬这些年的生活。反讽比比皆是。早在 1806 年，在这位作曲家与他最慷慨的赞助人卡尔·利赫诺夫斯基亲王的关系中，这种矛盾冲突就已经浮出水面。利赫诺夫斯基慷慨地资助贝多芬，为这位年轻的作曲家提供住宿和固定收入。亲王拥有无可挑剔的音乐资历。他本人是作曲家，曾是莫扎特共济会的成员，与巴赫的第一位传记作者约翰·尼古劳斯·福克尔（Johann Nikolaus Forkel）相识。1796 年，贝多芬在布拉格、德累斯顿、莱比锡和柏林的巡回音乐会皆由利赫诺夫斯基张罗，他曾在 1789 年赞助过莫扎特的类似旅行。贝多芬在 18 世纪 90 年代后期与室内乐的接触得益于利赫诺夫斯基资助的弦乐四重奏，这为贝多芬在维也纳的第一个十年创作其代表作《六首弦乐四重奏》（op. 18）提供了工作环境。亲王甚至赠给贝多芬一套珍贵的四重奏乐器，这在后者的《海利根施塔特遗嘱》中有所提及。

1806 年 10 月，贝多芬差点与亲王发生冲突，使两人的长期友谊毁于一旦。贝多芬去到利赫诺夫斯基位于奥地利西里西亚格拉茨（Grätz）城堡的乡村庄园做客，该庄园现在位于捷克共和国靠近波兰边境的地方。随着拿破仑的军事胜利和法国势力的扩张，利赫诺夫斯基大概担心自己的利益和财产不保，寻求与法国军官建立友好的联系。亲王让贝多芬为他的法国军事访客演奏；作曲家很不情愿，亲王却执意坚持。当然，利赫诺夫斯基并没有预料到会遭到贝多芬的拒绝。失去利赫诺夫斯基的慷慨赞助也不符合贝多芬的利益。

这一事件发生在 1806 年 10 月 14 日拿破仑在奥尔施塔特

（Auerstädt）和耶拿大败普鲁士和萨克森军队之后。普鲁士的戏剧性失败，以及拿破仑大肆扩张领土所引发的后果，带来了历史性转折，标志着德意志地区恐法症和反法爱国主义的兴起。贝多芬听到拿破仑胜利的消息，宣称："可惜我不像了解音乐艺术那样了解战争艺术——我会征服他的！"

面对利赫诺夫斯基的压力，贝多芬突然离开格拉茨城堡，冒着狂风暴雨步行了几英里❶，来到达特罗保镇（Troppau），在一个医生朋友那里住了一夜，然后返回维也纳；在那里他砸碎了自己住所里的利赫诺夫斯基半身像。他致信利赫诺夫斯基称："亲王，你算什么，你是借助机遇和血缘获得你所拥有的一切的；而我是通过自己的劳动获得成功的。亲王有的是，以后还会有成千上万，但贝多芬只有一个。"贝多芬有原则地拒绝按要求为法国军官演奏，这让人想起席勒的建议：作为道德主体的个人应该保护其创造力不受专断势力左右，这样一种"不利的关系，被完全彻底地废弃，而权力……在概念上已经被摧毁"。

18岁的诗人约瑟夫·冯·艾兴多尔夫（Joseph von Eichendorff）正是在这个时候来到了特罗保，他和一群人从他家位于50英里开外的卢博维茨（Lubowitz）的庄园来到这里。他回忆起"来自西方的险恶天气"，伴随着电闪雷鸣，与拿破仑决定性胜利的"晴天霹雳"不期而遇。艾兴多尔夫在1806年10月30日的日记中写道：他冒雨回到卢博维茨，得知拿破仑关闭哈雷大学的消息，"真的崩溃了"，这一消息令他感到"痛苦不堪"。

---

❶ 1英里约为1.6千米。——编者注

贝多芬往返维也纳期间，潮湿的天气在他的音乐手稿上留下了印记。他的第二首"拉祖莫夫斯基"四重奏（op. 59, no. 2）和《热情奏鸣曲》手稿上的水渍依稀可见。这就将《热情奏鸣曲》置于利赫诺夫斯基和来访的法国军官之间紧张的场景中。民众自然会将这部奏鸣曲与《费德里奥》的地牢场景联系起来，并联想到《马赛曲》。格拉茨的冲突肯定与目标受众有关，而不仅仅是贝多芬与亲王的互动。贝多芬对两年前拿破仑加冕称帝的愤怒因1806年的军事事件而爆发。然而，他与利赫诺夫斯基的关系一定是在1811年修复的，当时他的《C大调弥撒曲》演奏会在特罗保举行，贝多芬再次留在格拉茨。

然而，贝多芬后来把法国对德国的入侵变成了他个人的优势。1808年8月，拿破仑的弟弟热罗姆·波拿巴（Jérôme Bonaparte）在法国占领卡塞尔（Kassel）后受任威斯特伐利亚国王，他应邀担任宫廷乐长。他宣布打算离开维也纳到奥地利的敌人的宫廷工作。经过讨价还价，贝多芬在1809年春天从三位维也纳贵族那里得到了一份终身年金，条件是他必须留在奥地利国内。三位赞助人分别是鲁道夫大公、洛布科维茨（Lobkowitz）亲王和斐迪南·金斯基（Ferdinand Kinsky）亲王。鲁道夫大公是皇室中的不肖之子，他的兴趣主要在音乐和神学上；他是贝多芬长期的学生，也是皇室中重要的赞助人。鲁道夫大公是奥地利皇帝利奥波德二世的小儿子。利奥波德二世在他短暂的统治中不及他的儿子弗朗茨那么专制，这在一定程度上是时间问题：利奥波德二世于1792年去世，之后是法国的恐怖统治和随之而来的18世纪90年代的武装冲突，这加剧了人们对于奥地利背离宪政改革、追求中央集权专制主义的反应。到1800年，国家要求其官僚每年宣誓效忠。

1807 年至 1808 年，担任热罗姆·波拿巴宫廷乐长的是作曲家兼作家约翰·弗里德里希·赖夏德（Johann Friedrich Reichardt）；他认识康德、赫尔德（Herder）和歌德。和贝多芬一样，赖夏德也接受了法国大革命的原则，但对拿破仑独揽大权感到失望。1808 年年底至 1809 年年初，赖夏德住在维也纳。他的《信托书》（Vertraute Briefe）是维也纳音乐生活的信息来源。

贝多芬一直希望打动贵族盟友，改善财务状况，这催生了他职业生涯中，甚至可能是整个音乐史上最非同寻常的一场音乐会。1808 年 12 月 22 日，贝多芬在寒冷刺骨的维也纳剧院举行了学院音乐会。可供他选择的日期有限，他选择的那个晚上也不合适，因为同一天晚上还有另一场音乐会，演奏员的数量受到限制，观众也减少了。贝多芬对破坏音乐会的阴谋活动表示强烈不满，将矛头直指安东尼奥·萨列里（Antonio Salieri）。演出曲目包括首演的《C 小调第五交响曲》（op. 67）和《F 大调第六交响曲》（op. 68）——"田园"（Pastorale）。这两首交响曲还加入了其他几首曲子，包括咏叹调"啊，负心人！"（Ah Perfido!）、《C 大调弥撒曲》（op. 86）中的两个乐章、《G 大调第四协奏曲》（op. 58）（由作曲家亲自弹奏），以及一首独奏即兴曲——几乎可以肯定是贝多芬《幻想曲》（op. 77）的基础。

由于缺乏排练，加之大厅在寒冷的天气里没有供暖，音乐会并不完美。赖夏特报道："我衷心感谢洛布科维茨亲王的盛情，让我坐到他的包厢里。我们冒着严寒从 6:30 一直到 10:30，体验了一个人很容易一下拥有太多好东西。"尽管有大量的音乐需要演奏——足够两场音乐会——贝多芬还是将他的精力投到另一部作品上，作为他学院音乐会的最后一部作品：为钢琴、管弦乐队和合唱而作的《C 大调合唱幻想曲》（op. 80）。演奏并不顺利：演奏到一半的时候，贝多芬不得不让管弦乐队停下来，重新开始。

赖夏特发现贝多芬的《G 大调协奏曲》"难度极高，贝多芬用最快的速度完成了令人震撼的演奏"。他将演奏的慢乐章视为"一首优美的杰作乐曲，（贝多芬）用乐器演奏这首乐曲是为了传达一种深刻的忧郁性格，这也打动了我"。这首稍快的行板唤起俄耳甫斯驯服复仇女神的神话氛围，钢琴师面对的是最初充满敌意的、不可调和的弦乐声部。这让人想起了梅勒创作的贝多芬画像中类似俄耳甫斯的姿势；贝多芬早期的这首协奏曲的乐稿与这幅画像的创作年代相同。贝多芬将这一乐章的叙事建立在逐渐转变的原则之上，这样一来，开始时简单、刺耳的管弦乐齐奏最终被结尾时柔和、持续的 E 小调和声所取代。虽然钢琴师最终迫使管弦乐队屈服，但独奏者自信的音调后来在以延长的颤音为特征的高潮、绝望的华彩乐段中经历了一场危机。这无疑是感动赖夏德的那种"深切忧郁"的一部分。独奏者表面上反诘的胜利是否掩盖了隐藏的弱点？华彩乐章是否隐含着皮洛士式❶（Pyrrhic）的胜利？

人类的脆弱感也增加了《第五交响曲》的深度，这是一部在修辞和整体叙事上都具有不可避免的政治含义的作品。很少有艺术作品能给后人留下如此深刻的印象。纳粹分子剥夺贝多芬遗

---

❶ 皮洛士（前 319—前 272），古希腊伊庇鲁斯国王。"皮洛士式的胜利"，一般用来描述那些以极高的战损比为代价取得的战术性胜利，但在战役和战略层面得不偿失。——译者注

产的努力被《第五交响曲》碾成齑粉，其著名的开篇音型与反抗
暴政广泛地联系在一起。短—短—短—长的节奏音型在电报中有
对应的字母 V，用莫尔斯电码表示为点—点—点—长划。盟军的
"胜利 V"运动始于 1941 年的贝多芬《第五交响曲》，如印有"胜
利 V"的明信片、贝多芬的开篇动机、盟军的旗帜所示（图 6.1）。
在这部交响曲中，对希特勒政权的坚决反对不仅体现在开篇引人
入胜的弱拍动机及其衍生部分，也体现在四个环环相扣的乐章的
整个叙事设计上，明亮的 C 大调征服了 C 小调。这种战胜的叙事
在国家社会党人的暴行中找到了一个主要的政治目标。

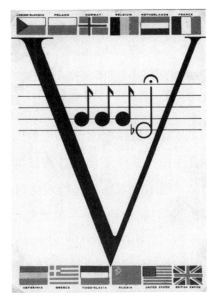

图 6.1　印有"胜利 V"和贝多芬《第五交响曲》开篇的海报，1941 年

1939 年，法国艺术家保罗·巴比尔（Paul Barbier）在一张明
信片上将贝多芬和歌德描绘成德国人文主义遗产中惊悸的代表。
他们谴责希特勒肆虐、嗜血的破坏行为，因为这位残暴的独裁者

践踏条约，对无辜的受害者怒目而视。如图 6.2 所示，贝多芬和歌德惊呼："悲剧！你对德国做了什么！！！"

图 6.2　保罗·巴比尔创作的贝多芬和歌德控诉希特勒的明信片，1939 年
贝多芬图书馆，卡里诺收藏，意大利（的里雅斯特）。

在 1808 年 12 月的节目单上，《田园交响曲》排在《第五交响曲》之前。这两件作品截然不同。开篇乐章虽截然相反——《第五交响曲》简洁、黑暗的驱动力，《第六交响曲》舒适的憩息，初题为"一到乡间，便心旷神怡"——但两部作品各具特色，尤其是在痛苦的倒数第二乐章之后的最后乐章的高潮：《第五交响曲》的谐谑曲，《第六交响曲》的暴风雨。F 大调交响曲不仅仅是乡村生活的一面镜子，如中间乐章表现的"村民的欢乐聚会"及其混合的舞蹈；更深层的意义在于它对自然的描绘。贝多芬写道：这部作品"与其说是音画，不如说是感情的表达"，目的是提请注意主观参与的一个重要方面。

在这种背景下，他的"鹌鹑的啼声"（WoO 129）值得关注。

塞缪尔·弗里德里希·索特（Samuel Friedrich Sauter）在 1803 年创作了一首广为流传的诗歌，开头告诫人们要仔细聆听："哦，那些甜美的声音是如何发出来的"。贝多芬在以小广板开始的音乐中，使用简洁的三音重复音型和附点节奏表示鹌鹑的警示性啼叫。这种节奏与鸟的实际叫声相吻合。鸟儿叫道："敬畏上帝！敬畏上帝！"其动机就是"爱上帝""赞美上帝""感谢上帝"。在这首奇异的艺术歌曲（Lied）的后半部分，鹌鹑的三音音型的变体被配上唱词"恳求上帝！"和"相信上帝！"，与大自然的滋养、脆弱和威胁有关。"他以风暴恐吓你，大自然之主：祈祷上帝吧！祈祷上帝！"

贝多芬 1801 年创作的两部钢琴奏鸣曲已经包含了这样的警示性啼叫——所谓的《月光奏鸣曲》（op. 27, no. 2）的第一乐章，田园奏鸣曲（op. 28）第二乐章行板的尾声。20 世纪 90 年代出现的一份耐人寻味的手稿表明：贝多芬对《月光奏鸣曲》绵延的柔板的诗意构思，与 F.H. 冯·达尔伯格 1801 年出版的《竖琴：寓言之梦》（Aeolian Harp: an Allegorical Dream），以及一个名叫马尔蒂尼·伊尔·泰迪斯科（Martini il Tedesco）但出生时叫约翰·保罗·阿吉迪乌斯·施瓦岑多夫（Johann Paul Ägidius Schwarzendorf）的作曲家的轻歌剧《安妮特与鲁宾》（Annette et Lubin）中的浪漫曲有关。马尔蒂尼曾是共济会会员，后来移居巴黎，成为音乐学院的管理人员。马尔蒂尼的浪漫曲面世，达尔伯格的书在 1801 年后的每一期《大众音乐报》（Allgemeine musikalische Zeitung）上刊登广告，贝多芬非常喜欢阅读这个刊物。马尔蒂尼的作品是一首抒情的咏叙调，伴奏的是上升的分解和弦织体，令人想起竖琴。贝多芬在乐稿页面上抄写了马尔蒂尼音乐的十八小节，并在《月光奏鸣曲》中采用了类似的上升琶音织体，通过他的说明传达出竖琴被风吹起的神秘感，即"踩住延音踏板，将整首乐曲演奏得非常细腻"。鉴于其与大自然的诗意联系，贝多芬在这部升 C 小调奏鸣曲令人难忘的开篇乐章中，使用了重复音符和附点节奏的鹌鹑音型，标题为《如幻想曲的奏鸣曲》（*Sonata Quasi una Fantasia*）。

在《田园奏鸣曲》中，人们在首尾乐章偶尔也可以在风笛的五度音程中找到持续音。很多段落，尤其是谐谑曲，都有质朴的特点。D 小调的行板有一种行进的、民谣式的氛围；其主题音乐的旋律使人联想到演讲。贝多芬在尾声中，将这个主题的开篇乐句与天真的、田园般的对比主题令人不安地、不协和地转化并置在一起——一瞥深渊，随后是近乎惨淡地依从。转化后的动机是鹌鹑的音型，在第三次重复时变成了撕心裂肺的呼喊："祈祷上帝！"

在《田园交响曲》第二乐章"溪畔小景"的末尾，鹌鹑在夜莺、鹌鹑和杜鹃的三声鸟鸣中找到了同伴。贝多芬在曲谱上分别标注每只鸟对应的乐器：长笛、双簧管和单簧管。鉴于后来的暴风雨乐章，极活泼的行板中出现了鹌鹑的警告，这实在令人心酸。雷蒙德·纳普（Raymond Knapp）观察到预言般的鸟鸣：仁慈的大自然变成了"一个濒危的天堂，在末乐章中通过牧羊人的赞美诗表达的虔诚信仰得到救赎"。随后的乐章彼此直接互联。贝多芬以伪终止中断了农民们的舞蹈狂欢，因为自然因素迫使他们把注意力集中到乡村民谣上。用索特的话说，暴风雨连同其风、雨、雷、闪电，是"大自然之主"可怕的显灵。埃克托·柏辽兹（Hector Berlioz）将这段快板的高潮描述为"不再只是一场狂风暴雨，而是一场可怕的大灾难，一场洪水大泛滥，世界末日"。这是一扇通向世界的窗户，一场精神风暴，鼓励听众重新评估其对音乐的审美反应。

在一个全球变暖、人为改变了天气模式、政治（人物）对环境恶化漠不关心的时代，《田园交响曲》比以往任何时候都更有意义。2017年，"贝多芬田园计划"成为全球应对气候变化倡议的一部分。在这种情况下，《田园交响曲》的末乐章，随着对濒危天堂的收复，充满了暗示性，其中包含令人想到瑞士的阿尔卑斯山牧人歌舞，这片土地上的自由斗争与《威廉·退尔》密切相关。贝多芬对自然界的沉思，记录在他注释的1811年版克里斯托夫·克里斯蒂安·斯特姆（Christoph Christian Sturm）大部头作品《关于上帝在自然界作为的观察》（*Betrachtungen über die Werke Gottes in der Nature*）的副本中，这表明他有自然神论或泛神论倾向。在其中一段中，贝多芬在诗歌文本旁边写下题词"适合音乐的材料"，并用铅笔标记了整个文本，用它来唤起自然界——体现在阳光和花朵、蜜蜂和树木、天气和景观中——的变革力量。神性在暴风雨中、在紫罗兰中显现。"我微弱的歌声"和"竖琴之声"中也出现了音乐典故。

这段文字旁边写着"上帝无所不在"，描述了一种体现在光明、黑暗以及所有现象中的神圣力量。"请听我微弱的歌声，无所不在的主啊，请听你宝座脚下小天使弹奏竖琴的声音。"贝多芬所认同的信息对大自然的外部物质世界中表现出的精神存在表达了一种感恩和崇敬的谦恭祈祷。《田园交响曲》传达了类似的情感，就像在牧羊人的赞美诗中，一场凶猛的暴风雨屈服于泛神论的和谐感。这种态度为环境伦理提供了基础，它必须捍卫我们日益濒危的星球上受到威胁的天堂。

在 1808 年贝多芬举行音乐会之时，亚历山大·冯·洪堡刚刚完成了《植物地理论文集》（*Essay on the Geography of Plants*），这是他众多著作中的第一部，宣扬自然是一个相互联系的有机整体，一张生命之网。在德文版的序言中，洪堡提到了弗里德里希·谢林（Friedrich Schelling）的《自然哲学》（*Naturphilosophie*），该书拒绝接受任何"内在与外在之间——自我的主观世界与自然的客观世界之间——不可调和的鸿沟"的概念。洪堡还对歌德的有机主义自然观表示感谢，并将该作品题献给后者。这本书的卷首插图，描绘了不朽的音乐与诗歌之神阿波罗揭开自然女神面纱的画面，这两个形象对贝多芬来说至关重要。我们已经看到了阿波罗是如何被纳入梅勒的这幅具有讽喻性的贝多芬肖像中的。伊希斯或大自然母亲的面纱对贝多芬来说同样重要，他在晚年将一份题记放在书桌的玻璃下面，提醒他这一想法的崇高性。

此外，《第五交响曲》的政治特征则体现在它与法国大革命习语的密切关系上。其浓烈的第一乐章让人联想到路易吉·凯鲁比尼（Luigi Cherubini）的《先贤祠赞美诗》（*Hymne du Panthéon*）。这样的暗示被吸收进了一个充满对比的过度叙事之中。有人认为，"《第五交响曲》的名声与贝多芬的失聪有着传记上的契合"，而从谐谑曲到末乐章柔和、幽灵般转换的灵感与贝多芬的听觉障碍有关。谐谑曲伴随着拨奏的弦乐和使用了弱音器的管乐声音，在重复中变成了朦胧的重音。弦乐被标记上了三个很弱的力度记号，其黯然的诙谐随着低音区达到终止而变得更加晦涩。我们在这里到达了可听性阈值的转折点。

随着大提琴和低音提琴长时间保持在降 A 音上，连接部便随着假和声转换开始了。当弦乐试图拾起谐谑曲的线索时，仿佛被催眠了一样，停留在一个反复出现的动机片段上。谐谑曲的动机片段在定音鼓脉动的节奏上安静地重复着，越来越高，直到汇聚成整个管弦乐队的和弦，最终成为 C 大调末乐章强有力的开始，以长号在交响曲中首次出现为标志。

《第五交响曲》的末乐章吸收了一种凯旋式的英雄主义激情，其力量来自贯穿整部交响曲的小调和大调的巨大的延伸极性。然而，贝多芬通过在末乐章的展开部再现 C 小调谐谑曲，让我们想起了他胜利的最后乐章有条件的，也许是临时性的状态。再现部的时刻不仅带来了呈示部的回归，而且也重新诠释了连接这些对比乐章的整个表达过渡。谐谑曲再现时，双簧管的出现让人们想起在开篇乐章再现部中富有表现力的双簧管的华彩乐段——在充满活力的快板激烈的暂时驱动中得到喘息的时刻。

在末乐章中，与法国大革命音乐最有共鸣的是《狂欢颂歌》（ *Hymne dithyrambique* ），这是一首庆祝罗伯斯庇尔倒台的赞美诗，由《马赛曲》作曲家克劳德·约瑟夫·鲁热·德·利尔创作。克劳德·约瑟夫·鲁热·德·利尔宣称革命的关键词 "li-berté" 是上升的长音符大三度音程。如谱6.1所示，包含这一音型的乐句带有歌词 "我们歌颂自由，我们为其雕像加冕"。贝多芬在其慢乐章中广泛地暗示这一乐思，将其标记为稍快的行板。上升的三度音程首先以降 A 大调出现，轻柔而甜美。在不协和的过渡

谱 6.1　克劳德·约瑟夫·鲁热·德·利尔,《狂欢颂歌》:"让我们为自由而歌唱，朝着自由女神像奔跑。"

和弦之后，同样的旋律乐思以 C 大调强奏更加有力地出现，通过圆号、小号和定音鼓进一步强化。这样的进程展开了三次，但从未实现其潜力。在神秘的音乐消失之前，一个幻象来到了目标实现的门槛。直到最后，行板仍然悬而未决，暗示着一个预期的目标尚不能实现。

在末乐章部分，贝多芬在这个有力的快板乐章中间和结尾处置入的两个卓越段落中，展开了这一升三度音程的 "li-ber-té" 音型。该动机在这里是以四音的弱起音型演奏的，这就让人想起歌词 "la li-ber-té"，而管弦乐队著名的四音动机 "ta-ta-ta-taaaa"（三个八分音符加一个四分音符）以压缩的节奏提供了肯定的呼应（谱 6.2）。动机在展开时进一步压缩了该音型，将音乐构建成一个巨大的上行声音的弧形旋律线。这两个段落作为成功与失败的意象相互关联：第一段失败了，就坍塌成幽灵般小调的谐谑曲的再现；第二段成功了，就发出无法跟随的 C 大调。第一段在沉默的边缘磕巴；第二段在尾声处以疯狂的节奏和夸张的配器庆祝，在高音 G 短笛颤音的衬托下，对上升的三和弦动机进行全新

谱 6.2　贝多芬，《第五交响曲》，末乐章，唤起自由的乐节，第 119~123 小节

的阐述。整个艺术序进被赋予了一种二分神话模式，引导着相互关联的曲式链。音乐设计不是抽象的，而是吸收了与历史现实的具体叙述：接受法国大革命鼓舞人心的原则，清除雅各宾派恐怖主义的弊端。

在 12 月音乐会之后的几个星期里，贝多芬成功地利用了前述的威斯特伐利亚新国王热罗姆·波拿巴提供的工作机会。这位作曲家声称：他"最终被迫通过阴谋、诡计和各种卑劣的伎俩离开唯一的祖国——德国"。但他接受了终身年金的交换条件——只要他留在奥地利，并得到三位贵族的支持，其中最著名的是他的学生鲁道夫大公。贝多芬仍然对拿破仑着迷，但又深感矛盾。甚至在随后法国占领维也纳期间，德·特雷蒙（de Trémont）男爵在报道贝多芬时说："他的脑海里充满了拿破仑的伟大……透过他所有的怨恨，我可以看出他钦佩拿破仑从如此默默无闻的起点崛起；拿破仑的民主思想也因此而受到追捧。"特雷蒙得到的印象是：贝多芬会因自己具有任何与拿破仑相似的特征而感到受宠若惊。1809 年 9 月 8 日，贝多芬亲自在维也纳指挥了他的《英雄交响曲》，很可能希望拿破仑出席，但后者早在一天之前就离开了这座城市。贝多芬甚至考虑将《C 大调弥撒曲》献给拿破仑。

1809 年 5 月初，拿破仑的军队占领维也纳，在体弱多病的 77 岁高龄的海顿家门口部署了一支仪仗队。海顿被一位法国军官演唱的《创世纪》中的一段咏叹调所感动。在维也纳被军事占领、奥地利即将崩溃之际，海顿每天都在钢琴前多次弹奏他著名的奥地利赞美诗《上帝保佑弗朗茨皇帝》（*Gott erhalte Franz den Kaiser*），直到 5 月 31 日离世。同一天，在遥远的德国北部城市施特拉尔松德（Stralsund），普鲁士军官费迪南德·冯·席尔

（Ferdinand von Schill）在对抗法军的行动中丧生，从而引发了抵抗运动，最终引发反对拿破仑统治的解放战争。

7月5日至6日，奥地利主力在维也纳郊区的瓦格拉姆（Wagram）战役中与拿破仑军队交战，但以失败告终。瓦格拉姆战役是火药时代规模最大的战役，造成约8万人伤亡。在7月下旬的一封信件中，贝多芬哀叹"到处都是令人不安的野生动物，此外就是鼓鸣炮响"，他发现自己的作品"更倾向于死亡，而不是永生"。

1809年拿破仑占领维也纳期间涌现出一部题为"Lebewohl"（意为"告别"）的《降E大调钢琴奏鸣曲》（op. 81a）。这部大型三乐章奏鸣曲是献给贝多芬的赞助人鲁道夫大公的一系列重要作品之一，也是贝多芬首部提供德语乐章标题的作品。他反对使用这部奏鸣曲家喻户晓的法语标题"再见"（"Les Adieux"），指出其与"再见了"（"Le-be-wohl"）这三个音节有更密切的联系，而这三个音节是他写在作品最初的三个和弦上的。与常见的告别用语"Wiedersehen"不同，"Lebewohl"意味着更强烈的终结感，而不是对重聚的期待。

在拿破仑战争时期，出现了与军事动员相关的象征性描写。1813年，奥地利国民卫队成立四年后，解放战争在莱比锡战役中达到高潮，约翰·彼得·克拉夫特（Johann Peter Krafft）绘制了《卫队士兵告别》（*Der Abschied des landwehrmann*）。这幅画描绘了一个身着军服、神情坚毅的年轻人在参战前向家人告别。弗朗茨皇帝于1815年获得这幅画作，并公开展示以鼓励爱国主义情怀。后来，奥古斯特·库尔斯（August Kühles）受贝多芬的音乐启发，对告别主题进行了对比描绘。这是一幅三联画，题为《贝

多芬（op. 81）》，后来被制成明信片，如图 6.3 所示，其叙事阶段
"别离—孤寂—归乡"与《告别奏鸣曲》（*Farewell Sonata*）相呼
应。贝多芬没有强调军事动员的动机，他的作品不是献给士兵的；
奏鸣曲的前两个乐章并不强调爱国热情，而是强调别离和孤寂带
来的伤感。

图 6.3　表现士兵别离—孤寂—归乡的明信片，1920 年

取材于奥古斯特·库尔斯：《贝多芬（op. 81）》。贝多芬图书馆，卡里诺收藏，
意大利（的里雅斯特）。

　　贝多芬在乐谱上记录了鲁道夫大公因法国占领而离开维也纳
的日期（1809 年 5 月 4 日），以及大公返回维也纳的日期（1810
年 1 月 30 日）。从贝多芬的手稿中可以看出：他在大公真正归来
之后才开始创作充满活力的末乐章。这部作品的象征意义与法国
军队撤离后皇室重返维也纳有关，尽管此时奥地利仍处于法国的
影响之下。

　　在叙事设计上，奏鸣曲强烈突出主调的时刻被推迟到了末乐

章。第一乐章的主要动机是具有象征意义的二声部圆号音型，与乡村邮号和离别的惆怅有关。动机的和声含义传达了一种令人回味的距离感，这种距离感与告别密切相关，在整个开篇乐章中产生共鸣。在这一乐章的展开部，"告别"音型原有的节奏形式与左手更为快速的三音音型并置，形成了一种动机组合，出现在迷宫般下行乐节的各个音调中。我们似乎听到了许多人离开，这提醒我们：在 1809 年战火纷飞的情况下，许多告别的人再也没有回来。音乐的延续将"告别"的动机加以延长，使其跨越了整整一个八度，然后音乐在低音中唤起阴郁的鼓的滚奏，坠入 C 小调静态的调性空间。C 小调是接下来慢乐章的主调，该乐章被标记为"孤寂"。

标记为"孤寂"的慢乐章呈现出缓慢行进的特征，并直接延续到末乐章。当"孤寂"苦苦追寻的音乐终于为它忧郁的等待画上句号时，期待已久的突破就在降 E 大调的和声阈值上出现，把我们带入标有"归乡"的末乐章。贝多芬保持着这种抑制不住的音乐的兴奋，标记为"极其活泼的"（Vivacissimamente）。开篇主题中展开的二重奏让人想起《费德里奥》中欣喜若狂的团聚音乐。只有在这些段落之后，音乐才能迎来欢乐的爆发，其中降 E 大调在丰富而巧妙的织体中被强调为"很强的"（fortissimo）。

在《告别奏鸣曲》的叙事设计中，作曲家实现了他的美学理想，同时也庆祝了他与鲁道夫大公的团聚，鲁道夫大公对音乐的非凡奉献通过他对贝多芬不可或缺的赞助获得了持久的价值。《告别奏鸣曲》的美学意义，就像《英雄交响曲》一样，远远超出了任何个人层面上的奉献或敬意——在这种情况下，奉献或敬意是由大公的赞助以及他于 1809 年离开维也纳并于 1810 年返回的原委引发的。贝多芬不受可厌的政治选择的约束，以席勒式的理想象征精神，创作了他创新的音乐三联画。

具有讽刺意味的是，1809 年的法国占领及其后果在一定程度上放宽了奥地利政权的限制性审查制度，例如，允许演奏贝多芬为歌德的戏剧《埃格蒙特》创作的配乐。正如我们所见，歌德对该剧以《胜利交响曲》告终的说明，颂扬了埃格蒙特伯爵起到的作用，启发了贝多芬创作定制音乐。《胜利交响曲》明确地与反抗暴政联系在一起，为埃格蒙特伯爵预设了一个遥不可及的未来目标。忧郁的 F 小调快板和极度亢奋的 F 大调《胜利交响曲》形成了鲜明对比，描绘了英雄个人的悲剧命运与其正义事业的最终胜利之间的差距。

大约在 1810 年，贝多芬创作了另一部重要的 F 小调作品，但直到 1816 年方才出版，他甚至声称这首曲子是为"小范围的行家"创作的，"绝不会在公共场合演奏"。这就是他的《弦乐四重奏》（op. 95），题为"庄重的四重奏"，与其忧郁、激烈、简洁的特征相称。正如同一调性的《热情奏鸣曲》一样，不协和的半音降 D-C 在首尾乐章中占据了特殊的分量，然而令人惊叹的 F 大调终曲尾声却把这部作品其余部分的沉思特征远远抛在了后面。与《埃格蒙特序曲》——《胜利交响曲》——相似，戏剧性的紧张关系并未得到化解，而是在令人振奋的尾声中实现了超越。我们如何才能最好地理解这个结尾？一位评论家用具有讽刺意味的理想主义评判来形容它，"既非有趣亦非获胜，而是对过去事情既讽刺又乌托邦式的矛盾性诠释"。评论家卡尔·布鲁姆（Carl Blum）1814 年的评论与此相关，他说："在最伟大的诗人的作品中，往往有一种反讽轻轻地巡弋于整体之上，但有时又会激烈地爆发出来。"他就此提到了莎士比亚、塞万提斯和歌德，并继续说："从这个角度来看，贝多芬的作品还远未引起足够重视；然而，只有这样，看似不愉快和陌生的东西才会被认为是精致和必要的。"

一种"激烈地爆发出来"的反讽是政治性讽刺，比如歌德和贝多芬的杰出合作成果:《浮士德》中靡菲斯特的《跳蚤之歌》。虽然这段文字在波恩就已经引起了作曲家的注意，但这首歌直到很久以后才得以出版，成为他作品 75 号中的核心歌曲。在保罗·巴比尔创作的贝多芬和歌德指责希特勒的漫画中，诗人手里拿着一本《浮士德》，其中第一部分出版于 1808 年。贝多芬最终版本的配乐于 1809 年完成，并于 1810 年作为作品 73 号第 3 首"歌德的浮士德"（From Goethe's Faust）发行。《浮士德》的这一部分内容令作曲家着迷，到了晚年也将其纳入他那快乐的朋友和同事圈的传说之中。如果贝多芬创作一部关于《浮士德》的歌剧，他可能会把《跳蚤之歌》融入更宏大的叙事之中，就像歌德将他早期的初稿的内容扩展进我们所知道的不朽作品《浮士德》中一样。

在《浮士德》中，靡菲斯特的《跳蚤之歌》是莱比锡奥尔巴赫酒窖中一首下流的酒歌。就在浮士德和靡菲斯特进场之前，学生布兰德（Brander）唱了一首讽刺歌曲《地窖里有只老鼠》（*There Was a Rat in the Celler Nest*）；唱到最后一句押韵的歌词时，他的酒友弗罗施（Frosch）、西贝尔（Siebel）和阿尔特迈耶（Altmayer）以"合唱"形式兴高采烈地加入进来:"仿佛被爱情给糟践了。"这只老鼠暴食黄油，然后又吃了毒药。继这个老鼠撑死的讽刺故事之后，浮士德和靡菲斯特随着靡菲斯特的分节歌登场，从"从前有一个国王"开始，然后聚焦于一种小得多的生物：跳蚤。靡菲斯特的《跳蚤之歌》与布兰德的歌曲相呼应，再次加入了强调性的高声合唱，以强化最后几句歌词：

> 但我们就咔嚓一声把它掐死，
> 立刻间，假如它来蜇我们。

结尾的对句——在此情况下，合唱队只在整首歌曲的结尾处演唱——概括了政治性含义。作为国王的最爱，这只毫无价值的跳蚤获得了不应有的荣誉，并被授予了国家之星，亲属人人沾光，不受批评。跳蚤文化无懈可击的政治团结就是人们所要针对的目标。关于歌曲的最后一节，可以提供结尾两行韵脚一致的不同的、较少直译的译本如下：

> 独唱：宫廷里的人们，个个苦不堪言
> 从王后到宫女
> 被咬得浑身痛痒。
> 但没人敢挠，
> 抑或赶走跳蚤。
> 假如我们被蜇，就抓住它们
> 立刻间掐死。
> 合唱：假如我们被蜇，就抓住它们
> 立刻间掐死。

跳蚤是一种微小的寄生生物，具有惊人的跳跃能力。贝多芬设计的动机反映了这些明显的品质：能够跳跃的敏捷、敏捷、小巧的生物。在钢琴开篇的利都奈罗段中，这些特征巧妙地反映在从高音跃入低音的整个八度的半级音回音音型（跳蚤的动机标签）中。下降八度音阶的断奏发音表现了跳蚤的意象。

靡菲斯特在歌德的《浮士德》中表达了幽默。然而，即使他把其他人带到奥尔巴赫酒窖开怀大笑，他自己却几乎笑不出来。他当然不是一位伟大的歌手。因此，贝多芬使声乐部分保持简单，几乎是宣叙调的方式，频繁重复某些音。文本以类似民谣的叙述方式展开，正如我们所见，最后一句话在结尾处被酒徒们合唱重点重复："假如我们被蜇，就抓住它们立刻间掐死。"贝多芬通过从 G 小调到 G 大调的以重音奏出的和声转换，坚定地加重每一节结尾的歌词，着重音落在还原 B 上。每节歌词结尾的四小节乐句变为强力度，钢琴随之发出怪诞的模仿回声，伴随着刺耳的装饰音和降 B 音上的颤音，导向了对利都奈罗段的重述。

在整首歌曲的结尾处，歌词的变化增强了幽默的效果。合唱部分唱完靡菲斯特的结尾句后，贝多芬加上了单词"ja"（"确实"）——直到最后一个词"sticht"（"蜇"），我们听到的是该音节被配上了十六分音符（谱 6.3）。钢琴的具象性姿态为结尾的戏剧性强化赋予了力量："stik–[ken]"有特色的 C– 降 B 的装饰音音型在人声和钢琴声中以旋律的方式再现，然后在 79 小节的三十二分音符中，以极强音的力度高度强调了重复的半音 C– 还原 B。音乐现在已经决定性地变成了 G 大调，强调了结尾句的信息，将话语的层次从传奇性叙事转移到此时此地，而前两节结尾的讽刺语气则被提升为讽刺的欢乐。然而，C–B 音级上的动机强调恰恰与第二小节开篇的利都奈罗段相对应。姿态的主题仍然是

谱 6.3 贝多芬根据歌德《浮士德》(第一部)中奥尔巴赫酒窖一幕改编的《跳蚤之歌》(op.75, no.3), 结尾小跳蚤，它敏捷的跳跃使每一段利都奈罗段的呈示充满活力。

贝多芬在为最后两个小节标明指法记号时，在所有的双音音型上都写下了"11"。这就是这个笑话的核心所在。因此，他指示钢琴师在跳蚤跳过的键盘上"咔嚓一声把它掐死"。因此，跳蚤乱哄哄的热闹场面因寄生虫的物理消灭戛然而止！掐死跳蚤需要非常特殊的技巧：当拇指的重量落在较低音符上时，同时按下两个相邻的音符。在有针对性的手动操作的短暂时间内，作品演奏结束，恼人的跳蚤也消失了。

根据安娜·佩西亚克·施默林（Anna Pessiak-Schmerling）的报道，贝多芬本人也注意到了这首歌曲的喜剧性，尤其是结尾：

有一次，贝多芬带来了他的《浮士德》配曲手稿："从前有一个国王，他身上有一只大跳蚤。"姨妈和妈妈需要试弹一下。她们弹奏最后时，贝多芬笑着向她们演示该如何弹奏，他总是用拇指弹奏两个音，就像掐死跳蚤一样。

《大众音乐报》的前任编辑约翰·弗里德里希·罗克利茨（Johann Friedrich Rochlitz）在一篇评论中提到了对贝多芬配曲的讽刺和挖苦。由于他试图鼓励贝多芬根据歌德的《浮士德》创作一部更大型的作品或歌剧，这位评论家在贝多芬的密友圈子里被称为"靡菲斯特"罗克利茨。他对《跳蚤之歌》的评论发表在1811年的《大众音乐报》上：

正如贝多芬先生从第一个音符到最后一个音符所塑造的那样，这首曲子的价值超过了整卷平庸的歌曲。因此，我们必须牢记整个狂野的场景及其含义，辉煌的恶魔般的情绪和狂想的性格：一切都包含在冒险、滑稽的音乐组合中，融合了典型的旧式氛围和完全现代的图景想象（特别是在"掐死"的合唱中）。

在奥地利 1813 年之后的政治背景下，从 19 世纪 20 年代梅特涅的专制时代一直延续到现在，《跳蚤之歌》具有强烈的相关性。在歌德的《浮士德》中，在弗罗施（Frosch）的两行歌曲《可爱的神圣罗马帝国，如何将它维系在一起？》（*Holy Roman Empire, How Holds It Still Together?*）中，奥尔巴赫酒窖戏一开始就具有讽刺性的政治色彩。对此，布兰德不屑一顾地回答道："一首难听的歌！呸！一首政治歌曲！"在上述贝多芬于 1825 年与出版商莫里茨·施莱辛格的对话中，弗朗茨皇帝被描述为"愚蠢的野兽"，施莱辛格如是补充道：

在所有国家，愚蠢执掌了大臣们的原则。

"大臣原则"的提及——大概是指愚蠢或腐败的政府官员的不当晋升——非常接近歌德《跳蚤之歌》的第二节，毫无价值的跳蚤"立即成为大臣，戴上一枚大星章"。

贝多芬的《跳蚤之歌》表现出他乐于在受到保护的距离内用尖刻的机智批评这些问题，而不需要伪装或讨好当权者。在这种情况下，信念不仅仅通过语言或乐音，还通过身体动作来表达，即在键盘上象征性地掐死微不足道的东西。贝多芬在《跳蚤之歌》及其结尾的合唱所提供的共同审美空间中，对政治生活的缺陷提出了强烈的抗议。

1812 年夏天，贝多芬和歌德终于在波希米亚温泉胜地泰普里茨（Teplitz）相遇。尽管他们彼此非常尊重，但他们的分歧还是无法掩饰。这在一定程度上是由于两代人之间的差异。歌德温文尔雅的圆滑与贝多芬桀骜不驯的个人主义形成了鲜明的对比，这一点在两位艺术家在泰普里茨遇上奥地利皇室一行的著名轶事中得到了最精练的体现。这个故事无论真假，都与其他记录在案的态度和行为相吻合，具有很强的合理性。当两位艺术家遇到皇室成员时，歌德站到一旁，毕恭毕敬地摘下帽子；而贝多芬则执拗地继续前行，所有人都为他让路。矛盾的是，是贝多芬而不是歌德与一位皇室成员，即他的学生和赞助人鲁道夫大公有重要联系。贝多芬认为歌德过分尊重权威，喜欢"宫廷氛围远远超过成为诗人"；而歌德认为贝多芬是一个"完全不受约束的人，认为世界令人厌恶并非完全有错，但他的态度很难让他自己或别人更愉快"。

那年夏天，拿破仑入侵俄国的传言和猜测甚嚣尘上。该战事始于 1812 年 6 月下旬，并将导致拿破仑的军队在那年冬天全军覆没，在 1813 年 10 月的莱比锡"民族大会战"中遭遇惨败。通过梅特涅狡猾的两面派外交，奥地利准备改变立场。随着局势的转变，热罗姆·波拿巴匆匆逃离卡塞尔前往法国，随行的还有奴颜婢膝的朝臣和衣衫褴褛的皇室成员。此前的 1807 年，热罗姆·波拿巴建立的短暂王国被确立为宪政国家的典范，限制贵族，废除奴役，但倡导新的等级制度。这位"快乐的国王"沉溺于奢华的排场和虚荣的浮夸，为自己大肆订制肖像和胸像，而同时，成千上万的应征士兵被迫加入拿破仑的侵略军，一去不复返。在莱比锡战役之后一年，一支由奥地利人和巴伐利亚人组成的军队试图在哈瑙（Hanau）战役中阻止拿破仑向法国撤退。12

月 8 日，贝多芬为受伤的奥地利士兵举行音乐会，首演了《第七交响曲》。作曲家宣称："令我们感动的只有纯粹的爱国主义，以及我们为那些为我们牺牲良多的人乐意付出的牺牲。"这首激情四射的交响曲中沉思的小快板第一次演奏就被要求加演，随后无数次的重演促成了它的流行。贝多芬的理想主义在 1813 年是针对法国人的，但他的作品超越了这一历史背景。终曲的狂欢继续激发着复兴的活力。

对于贝多芬社交圈里的人来说，拿破仑的兴衰不仅仅是一个外国压迫者最终被爱国同盟战胜的传奇。1820 年，贝多芬的谈话录显示，其熟人、海关检查员弗朗茨·扬希赫（Franz Janschikh）坦言：尽管他"作为一个德国人"最初反对拿破仑，但他对事情的看法已经发生了改变。从贝多芬的文字记录中可以看出这位作曲家也有类似的感受。扬希赫认识到，拿破仑欣赏艺术和科学，捍卫法律的权利，主张推翻封建制度。对他来说，拿破仑与奥地利"路易丝公主"的婚姻是拿破仑的"巅峰之作……不借助武力征服而促进世界和平与善政的机会"。然而，这种和平进步的机会被浪费了，"由于野心过大而招致了最大的灾难"。

与此同时，贝多芬长久以来希望通过婚姻获得幸福的愿望，随着他在 1812 年 7 月的信中记录下与"永恒的挚爱"的感人故事而破灭。贝多芬一再被贵族女性所吸引，但她们的身份对他这样的平民艺术家构成了难以逾越的障碍。从玛格达莱娜·威尔曼（Magdalena Willmann）对他"丑陋半疯"的评论，以及他在 1810 年向特蕾塞·玛尔法蒂（Therese Malfatti）笨拙求婚的失败，可以判断他在女人方面不是特别成功。他尤其在拿破仑迎娶奥地利的玛丽·路易丝前后寻求婚姻。这封著名的信件中"永恒的挚爱"

的身份尚未得到证实，但最有可能的人选——安东尼娅·布伦塔诺（Antonia Brentano）和约瑟芬·布伦斯维克·戴姆（Josephine Brunsvik Deym）——已有婚约，不宜作为求婚对象。1810 年，贝多芬遭到特蕾塞·玛尔法蒂的拒绝，他向朋友伊格纳茨·冯·格莱兴斯坦（Ignaz von Gleichenstein）倾诉自己的感受，后者与玛尔法蒂家族关系密切，并于 1811 年迎娶了特蕾塞·玛尔法蒂的妹妹安娜·玛尔法蒂。贝多芬坦言："你的回复让我再次从狂喜的山顶坠入深渊……那么，我只是你的乐师或其他人的音乐家吗？……因此，我只能从自己的内心寻求支持；除此之外我一无所有……就这样吧，对你来说，可怜的贝多芬，外部世界没有幸福，你必须自己去创造幸福。"

在接下来的岁月里，贝多芬确实通过其艺术的显著发展寻求在自己身上创造幸福，以拿破仑式的勃勃雄心拓展自己"精神帝国"的疆域。如果贝多芬知道这一点，他可能会认同席勒 1797 年关于政治和精神领域紧张关系的看法：

这位德国人住在一栋濒临坍塌的老房子里，但他是位高贵的房客；随着政治帝国日益衰落，精神帝国越发牢固、完美。

贝多芬自 1815 年年初开始与出版商西格蒙德·安东·施坦纳（Sigmund Anton Steiner）及其同事建立并保持幽默的通信，为公司成员分配"军衔"。贝多芬自己担任最高级别的长官——"最高统帅"或"大元帅"。随着拿破仑兵败滑铁卢，被流放到圣赫勒拿岛，离开欧洲历史的主要舞台，贝多芬象征性地取代了他的位置，在音乐艺术领域扮演了"大元帅"的角色。

第七章

双重寒意：贝多芬在
梅特涅治下的维也纳

科里内克神父经常在骆驼餐厅（黑骆驼）抱怨你。他说你是第二个卡尔·路德维希·桑德，你抱怨皇帝，抱怨大公，抱怨大臣们，你最终会被送上绞架。

这些评论于 1820 年被记录在贝多芬的一本谈话录中，生动地展现了在作曲家生命最后十年维也纳盛行的紧张的政治环境。约瑟夫·科里内克（Joseph Gelinek）是贝多芬长期以来在钢琴上的竞争对手，以其对贝多芬的批评性嘲讽而闻名。卡尔·路德维希·桑德是"学生联盟"（Burschenschaften）的激进分子，该团体是一个兄弟会式的学生组织，成立于 1815 年，是对拿破仑的垮台和在维也纳会议上恢复君主制的回应。它于 1817 年 10 月在艾森纳赫（Eisenach）组织了沃特堡节（Wartburg Festival），以纪念 1813 年 10 月战胜拿破仑和 3 个世纪前的宗教改革。学生们呼吁"荣誉——自由——祖国"，谴责专制主义，同时促进德国统一。社会自由主义和民族主义成为反对哈布斯堡政权保守主义的天然盟友。1819 年 3 月，受到西奥多·科奈尔（Theodor Körner）殉道事件的鼓舞，桑德谋杀了保守派剧作家兼驻俄国领事奥古斯特·冯·科策布（August von Kotzebue），他的《德意志帝国史》（*History of the German Empires*）在沃特堡被扔进了篝火堆。1820年5月，就在贝多芬的谈话录中的条目完成后不久，桑德就被斩首了。科策布的遇刺成为梅特涅亲王推行臭名昭著的《卡尔斯巴德法令》（Karlsbad Decrees）的借口，该法令解散了"学生联盟"，限制了学术自由，加强了对公民的审查和监视。这个"新宗教裁判所"的时代影响了贝多芬相识的艺术家，如剧作家弗朗茨·格里帕策（Franz Grillparzer）等，他在贝多芬的另一本谈话录中不无羡慕地写道："只要他们知道你关于音乐的想法，音乐家就可以免受审查！"

贝多芬的朋友、《维也纳日报》（*Wiener Zeitung*）编辑约瑟夫·卡尔·伯纳德（Joseph Karl Bernard）就"卡尔斯巴德法案"的审议向作曲家讽刺地评论道："国会正在起草一项法律，规定鸟儿可以飞多高，野兔可以跑多快。"这位失聪作曲家同一本谈话录中的其他条目反映了贝多芬面对政治失望时的文化承诺。伯纳德不准确地从席勒和歌德的《致缪斯》（*To the Muses*）中抄下以下诗句：

我会怎样，如果没有你；
你沉思，我不知道，
但我害怕，当我看到
那么多人都没有了你！

他从歌德的《浮士德》中引用了靡菲斯特的一段话：

如果我们否认艺术和科学

这些人类最强大的力量，

很快我们就会经历衰落，

和猪结为兄弟。

科里内克在给贝多芬打上注定要被送上绞架的"桑德第二"的烙印时，将作曲家描绘成秩序的颠覆者。在科里内克看来，贝多芬的艺术手法也值得怀疑。他指责道：

贝多芬所有的作品都缺乏内在的连贯性，而且……它们经常内容过载。他（科里内克）认为这些都是作曲的严重缺陷，并试图从贝多芬创作的方式加以解释，称贝多芬一直习惯于把他突然想到的每一个乐思都记录在一张纸上，然后把纸又扔到房间的角落里；过了一会儿，就积攒了一大堆的备忘录，还不许打扫房间的女仆触碰。现在，当贝多芬进入工作状态时，他会从他的宝库中寻找一些音乐动机；他认为这些动机可以作为他思考中的作品的主要和次要主题，而他的选择往往是糟糕的。

这则轶事源自捷克音乐家扬·托马歇克（Jan Tomaschek），他曾说科里内克是贝多芬的"致命对手"。科里内克与贝多芬在 18 世纪 90 年代起初关系很好，但后来闹翻了。据报道，科里内克在一次钢琴比赛中被贝多芬击败后，将对手描述为"一个矮小、丑陋、黝黑、外表倔强的年轻人"，他"不是人，而是魔鬼"。科里内克不赞成贝多芬在 1800 年后的艺术发展。科里内克是一位成功而传统的作曲家，他以一百多套变奏曲而闻名。他对变奏曲形式的特别强调，以及他自己个性和独创性的缺乏，都在卡尔·玛丽亚·冯·韦伯（Carl Maria von Weber）写的一首诙谐的讽刺诗中得到了充分的体现：

致著名的变奏曲伪造者科里内克：

天下
没有一个主题能逃过你天才的幻想，
但最简单的——你自己——你从不变奏。

这种对立——一方面是轻率与世俗，另一方面是艺术上的挑战——体现在贝多芬潦草地写在上述同一本谈话录上的一段引文中。这段话呼应了歌德的《跳蚤之歌》：

世界就是一个国王，像国王一样，
渴望通过施以恩惠以换取奉承；
但真正的艺术是固执的——它不会屈从
奉承的俗套。

贝多芬不常奉承人，但最好的例子可以追溯到几年前的1813—1814 年，那是 1814 年年末维也纳会议召开前的政治动荡时期。1812 年的"不朽的爱人"事件可能引发了贝多芬的抑郁症，作曲家的创造力和个人健康当时正处于危机之中。兰妮特·施特莱歇和安德烈亚斯·施特莱歇对贝多芬在这个时期的社交孤立状态发表评论，他们描述了贝多芬沮丧的精神状态，并指出他的衣着和家庭事务的"悲惨状况"。根据画家布拉修斯·霍费尔（Blasius Höfel）的描述，贝多芬对自己的外表和清洁不管不顾，当他在一家最喜欢的小酒馆用餐，"由于他养成了令人讨厌的习惯，其他客人唯恐避之不及"。

在这个关键时刻，经济和政治因素比他职业生涯中的任何时候都更具有决定性的影响。贝多芬写于1813—1814年的爱国主义作品经常被忽视，但诸如《威灵顿的胜利》（Wellington's Victory）、《日耳曼尼亚》（Germania）和节庆大合唱《光荣的时刻》（Der glorreiche Augenblick）等作品提出了引人入胜的美学问题。

在这些作品中，贝多芬似乎成了大规模生产和现代商业宣传时代来临之际媚俗艺术的先驱。对于贝多芬这样的文化英雄来说，这是一个令人惊讶的角色，却有历史证据的支持。贝多芬的爱国主义大杂烩展现了一个伟大作曲家为获得经济回报、寻求政治支持而降低自己艺术水准的奇观。他职业生涯中的这一插曲引发了基本的美学和伦理问题。为了评估这些问题，让我们回顾一下专门针对艺术和媚俗的批评文献。

在1933年至1950年的文章中，作家赫尔曼·布洛赫（Hermann Broch）将媚俗定义为"艺术价值体系中的邪恶"。在他看来，媚俗涉及基本原则之间的错误关联。真正的艺术作品表现出开放性、独创性和非理性的品质，而媚俗则涉及一个封闭而理性的模仿系统。布洛赫将媚俗视为反基督者，看起来像基督，"言谈举止都像基督，但却是路西法（魔鬼）"。布洛赫问道：

最终注意到的差异在哪里？开放的系统……是合乎伦理的，

也就是说，它为个人提供了一个指导框架，人们可以在其中行动。此外，一个封闭的系统无法超越固定的规则，即使这些规则被赋予了伦理色彩，因此，它将触及的人类生活的那些部分变成了一场不再符合伦理，而只是审美性质的游戏。

布洛赫承认"人们往往对媚俗情有独钟"，但同时坚持认为"艺术之美的女神"就是"媚俗女神"。换句话说，他坚持认为美不足以支撑艺术。相反，美需要与作品的其他维度相结合，这样它本身就不仅仅是目的，或者不只是效果的游戏。在这种情况下，需要我们处理的不是艺术，而是媚俗。

其他美学思想家也持同样的信念，即艺术不仅仅涉及美。苏珊·朗格（Susanne Langer）将成功的艺术作品定义为"未完成的符号"，西奥多·W. 阿多诺（Theodor W. Adorno）将真实表演自相矛盾地描述为"不存在的原作的复制品"，这一切都指向一些不可还原的本质。至关重要的是，象征性的艺术内容得到认可，而不是被扁平化或缩减，就像在一些程式化的诠释中，作品的完整性有可能在明确的口头诠释后消失殆尽。由此产生的危险是艺术退化为媚俗——此为艺术接受史上相当普遍的趋势。

布洛赫的见解可以在沃尔夫冈·韦尔施（Wolfgang Welsch）研究的基础上得到完善，后者使用了"美学"和"麻醉"这两个概念，写道：

审美体验增加了感性，而麻醉则代表了感性的丧失……麻醉与审美相反……通过麻醉，我们隔绝了感觉——直接的结果就是丧失了更高的感知能力。麻醉领域由此处理最基本的审美层次，并提供其条件和边界。

这两个概念适用于媚俗现象，为我们提供了一种检验布洛赫论点的手段。我们可以看出两个相反的过程发生作用。在维也纳古典风格和贝多芬的一般音乐中，我们可以观察到拓宽艺术边界的趋势。艺术的素材可以从平凡中吸取，从麻醉中进入审美领域。对于媚俗，我们显然遇到了相反的情况：所提供的艺术并不需要更高的感知能力，反而带来复归；素材从审美领域复归麻醉领域。然而，如果只把艺术看作审美本质的扩展，而把媚俗看作投降，那就大错特错了。布洛赫认为，媚俗沉溺于美——它的缺点不在审美，而在伦理。审美和麻醉体验之间的界限不能仅仅被理解为"负面的"。

正如韦尔施所言，"麻醉是为了避免审美上的痛苦"。例如，不少艺术家、斯多葛派或神秘主义者，"努力追求感官的超越，以达到'另一种状态'"——这可以被认为是一种麻醉状态。这些可能性包含在布洛赫将美视为"媚俗女神"的有待商榷的攻击中。布洛赫无疑是正确的，然而，媚俗如果被视为一种模仿系统，体现的是虚假伪装，则可能意味着伦理上的失败。

让我们从这个角度来看贝多芬的"战争交响曲"《威灵顿的胜利》，这首曲子创作于 1813 年底，远在维也纳会议开始之前。1813 年 6 月 21 日，威灵顿在西班牙取得军事胜利后，约翰·玛泽尔（John Mälzel）发现了一个商机，即用他精心制作的机械乐器——潘哈莫尼康琴（panharmonicon）演奏纪念曲。玛泽尔找到贝多芬，贝多芬同意承担这项任务。从一开始，他们就是要把这部作品打造为能在大众间广为流传的乐曲，尤其是在英国。这首曲子的计划，包括华丽乐段、进行曲、圣歌《统治吧，不列颠尼亚》（*Rule, Britannia*）和《天佑吾王》——甚至基于后者的赋格曲——的使用，都与玛泽尔有很大关系，尽管贝多芬长期以来一直对这些主题感兴趣，并于 1802 年就此创作了钢琴变奏曲。最终，"战争交响曲"不是由玛泽尔的潘哈莫尼康琴首演的，而是在 1813 年 12 月的维也纳慈善晚会上由加强型管弦乐团演奏的。乐曲演出后获得热烈反响，不断加演为贝多芬个人谋得了大量利益。托马歇克（Tomaschek）在谈及《威灵顿的胜利》时表示：

> 看到贝多芬堕入粗鲁的唯物主义者之列，我感到非常痛苦，因为上帝可能已经赋予了他音乐领域最高的宝座。有人告诉我，他本人真的宣称这部作品很是愚蠢，他之所以喜欢，只是因为他以此彻底击败了维也纳人。

人们将《威灵顿的胜利》视为"巨大的职业性嬉戏"，乃至"自身类型的杰作"，但我们应该抵制这种先入为主的想法，不要简单地将作品融入其历史背景中。"战争交响曲"在风格上与贝多芬的审美标准大相径庭。《威灵顿的胜利》的第一个主要段落专门介绍此次战役，阐释了作品赤裸裸的现实主义。开场的鼓号声后分别奏响了代表法国军队和英国军队的进行曲，快板、动感十足的切分音和活泼的下行音阶的动机音型标志着交战的开始。最初，贝多芬喜欢用这些切分拍子来处理炮声；在乐谱中用心良苦，英国火炮用实圈表示，法国火炮用虚圈表示。这场历史战役一个众所周知的方面是英国人缴获了法国人的大炮；这反映在贝多芬苦心分配的 188 声炮响上。随着法国人大势已去，他们的炮声越来越稀，然后就完全沉寂了。

《威灵顿的胜利》的特点是在宽阔平坦的音乐画布上不断重复几个基本音型。英国人在"冲锋进行曲"中发起进攻时，音乐主要是降 A 这个音符上的 24 次几乎无差别的重复，随后在 A 上敲击 16 次，再在降 B 上再敲击 16 次，随后在 B 上做了更多的重复。贝多芬将音乐逐级推高，此为流行音乐中常见的手法。这表明，"战争交响曲"中几乎完全没有贝多芬作品中常见的那种调性布局与曲式统一的情况。威灵顿的士兵不需要机敏；他们野蛮地强行突破法军防线。

贝多芬对法军抵抗的崩溃还有一些更精彩的音乐描述。他用一个三连音音型和下降的半音的动机作为法国军队的标签——这个乐句的转变源于开头听到的法国进行曲《马尔伯勒》（ *Marlborough* ）。随着英国人渐渐取得优势，其动机失去了强拍，暗示着一种令人窒息的恐慌。在英军无情的隆隆炮声中，贝多芬瓦解了法国人仅存的动机。在炮手"连击"之后的小节中——如连续节拍上的两个黑圈所示——《马尔伯勒》的音型被简化为一个单音。法军的溃败不仅通过长长的下行线条和渐弱，而且还通过步履蹒跚、孤立无援的升 F 小调版本的《马尔伯勒》曲调来传达。法国军队凄凉的撤离为作品剩余部分的欢欣鼓舞的"胜利交响曲"腾出了空间。

偶尔的巧妙触及无助于减轻模仿和浮夸的印象。在贝多芬的重要作品中也出现了一些同样的修辞性音型，但缺乏或未形成完整的审美语境。"战争交响曲"是一件引人入胜的历史文物，却是一部可疑的艺术作品。贝多芬英雄风格的元素在这里呈现出模仿或闹剧的性质，因为他审美事业的可识别的方面消散到了麻醉的领域。音乐的叙事设计主要是外在的，而不是内在的。

针对这些方面，评论家阿尔弗雷德·爱因斯坦（Alfred Einstein）将《威灵顿的胜利》形容为"贝多芬作品中的最低点"。但更有可能获得这一殊荣的是《光荣的时刻》，这是贝多芬在 1814 年秋天为合唱团、管弦乐队和独奏家创作的大合唱，旨在向维也纳会议上聚集的达官显贵们致敬。《光荣的时刻》在 1814 年 11 月 29 日和 12 月 2 日演出，其中包括《威灵顿的胜利》和贝多芬于 1812 年早些时候完成的杰出作品《第七交响曲》，《维也纳日报》的评论员误导性地宣称其"为配合这些作品而创作的交响曲"。在评估这部作品时，应该牢记《光荣的时刻》的仪式功能。有人声称："民主，顾名思义，就是仪式的失败。"这部大合唱的结构是出于对皇室和君主制的尊重，这部曲子是专为维也纳会议而创作的。另一方面，正如我们所见，贝多芬在 1814 年宣称："我更喜欢心灵的帝国，并将其视为所有精神和世俗君主国中的至高。"这种关于"心灵（或精神）帝国"优先地位的表述，暗示了席勒式对艺术作品潜在政治价值的信念，被视为"理想的肖像"。贝多芬意识到这一观点并未得到广泛认同。奥地利秘密警察此时关于贝多芬的一份报告称："对于贝多芬，人们形成两个派系，一派是赞成派，另一派是反对派……绝大多数鉴赏家都不想听任何由贝多芬先生创作的作品。"贝多芬在 1814 年发表的另一篇评论证实："我的王国在空中，像风一样，音调也会产生共鸣"，这一概念与莱奥诺拉对乌云之上彩虹的幻象或弗洛雷斯坦对她作为解放天使悬浮在他面前的激动人心的存在的意识是一致的。

这首由失聪外科医生阿洛伊斯·魏森巴赫（Alois Weissenbach）创作的康塔塔的唱词，是一次对突降法的习作。一个反复出现的动机是"城市女王"维也纳或"文多波纳（Vindobona）"——该镇的古称——的赞歌，用于结尾合唱的赋格式配乐。"我是欧洲，让路，骄傲的罗马"，这是咏叹调中的信息，女高音在其中成为维也纳自己的声音。《光荣的时刻》以相应的"胜利"为音乐背景，主要体现甜蜜和荣光。感伤的时刻被夸大了。"啊，跪下吧，人们，崇拜你的拯救者吧！"这是赞美欧洲"闪亮王冠"的宣叙调唱词。被"崇拜"的是那些巩固自己政治权力的君主。几年后，如我们所见，奥地利遭受了克莱门斯·冯·梅特涅（Klemens von Metternich）治下的警察国家的压迫。随着时间的推移，这首康塔塔的思想内容变得比在维也纳会议期间更加令人不安。

魏森巴赫奔放、浮夸的写作风格体现在他的作品《我的国会之旅：真理与诗歌》（*Meine Reise zum Congress: Wahrheit und Dichtung*）中，这是一个歌德式书名。在赞扬贝多芬的几段话中，他把作曲家比作一种特殊的鸟，说："这只鸟是音乐的缩影：它发出所有的音调，但每一个音调都属于它；它一唱歌，所有的鸟儿都静默下来，星星都出来听它唱歌。"魏森巴赫在书末将约瑟夫二世皇帝称为"巨人"，反映出对法国大革命前那段时期的怀旧之情，这种怀旧之情后来在维也纳广泛传播。

这首康塔塔中影射奥地利君主弗朗茨皇帝的配乐值得关注。尽管许多其他政要出席了1814年11月29日的音乐会，弗朗茨皇帝却没有。弗朗茨很少注意贝多芬，反之亦然。贝多芬没有把任何一部作品献给弗朗茨皇帝，哪怕是一丁点。资料来源中的许多条目显示，贝多芬对后拿破仑时代的政治环境深表失望。

贝多芬对拿破仑挥之不去的乐观和对弗朗茨的失望，与历

史学家海因里希·奥古斯特·温克勒（Heinrich August Winkler）
的评价一致，"事实上，拿破仑在德国的积极反响基于他将促使
1789 年的初衷——在清除雅各宾派恐怖的进步目标后——得以实
现的希望，"而"在维也纳会议上达成的和平协议就像是对德国
民族主义的宣战"。温克勒发现，"拿破仑战败后，欧洲君主又有
可能以传统的专制强权主宰……各国人民和领土，既然有可能，
便该为则为。"

  贝多芬对维也纳会议上执政领导人的批判态度在这个时期
的各种资料中皆有体现。1814 年，贝多芬向《费德里奥》最
终修订版的编剧乔治·弗里德里希·特赖奇克（Georg Friedrich
Treitschke）坦言："与所谓的大艺术家（实则无名小卒）打交道，
不如与一般的艺术家打交道。"在同一封信中，他通过将这些
"无名小卒"设想成剧中凶猛而野蛮的西班牙人，回应了在维也
纳剧院（Theater an der Wien）再度上演《埃格蒙特》音乐的建议：
"正如作品中所暗示的那样，西班牙人的到来可以通过在剧院为
乌合之众敞开大门来表现，其他东西也可以提供视觉奇观。"大
约在同一时间，贝多芬在日记中提醒自己需要小心谨慎："永远不
要让人们从表面上注意到他们应得的蔑视，因为谁也不知道什么
时候可能需要他们。"

  在《光荣的时刻》中，对弗朗茨皇帝的颂扬被显著地放在了
第四乐章的结尾，音乐设定为康塔塔开始时的 A 大调。魏森巴赫
的韵文唱段如下：

  上帝画出了

  这美景，这绚丽的拱门

遍布我们弗朗茨的

整个世界。

　　贝多芬并没有避免为这些诗句作重点配乐，他的音乐没有表现出与一位尊贵皇帝相称的帝王音调，这是无可指责的。贝多芬的音乐模仿了魏森巴赫文本中夸张的修辞手法。管弦乐队中的骚动与诗歌中夸张的悲情效果相匹配，诗歌中"Glanz"（"辉煌"）和"Franz"（"弗朗茨"）的押韵对合令人生疑。重复的节奏和上升的弦乐琶音，促使整支管弦乐队达到强烈而又相当轻松的高潮。歌词中过度的悲情反映在传统的庆典音乐背景中。这部礼仪康塔塔是一幅丰富而油腻的音乐画卷，文字和音乐从属于对权威的政治崇拜。贝多芬在这里关心的不是"心灵帝国"，而是创造适合礼仪场合的好东西的实际任务。

　　《光荣的时刻》的空洞辉煌代表了艺术伪装下的过度矫饰。与贝多芬其他音乐的鲜明对比表明，他有意识地决定调整优先级。可以肯定的是，他偶尔创作的爱国主义作品所引发的与其说是享乐主义，不如说是激进的民族主义情绪。在《光荣的时刻》中，沉湎于美好的诱惑仍然是次要的，而不是主要的特征。暴露贝多芬的维也纳大会作品与媚俗领域密切关系的，不是梦幻般的多愁善感，而是一种虚伪的潜在标准。

　　后拿破仑时代政治的反动转向与另一种寒意同时发生，这是一种历史的巧合：1816年是"无夏之年"，标志着全球环境变化的开始，多年来的极端天气和作物歉收造成了广泛的苦难。我们已经看到，贝多芬在1795年因俄国的政治压迫和极寒气候而将其描述为一片"寒冷之地"。大规模火山爆发的影响在人类历史上发挥了重要作用，但大多没有记录。1783 年 6 月，冰岛拉基（Laki）火山的爆发导致气温骤降和农作物歉收，致使法国大革命爆发前几年诸多问题恶化。本杰明·富兰克林（Benjamin Franklin）在 1784 年撰写的一篇推测性论文中首先注意到火山爆发与极端天气降温之间的联系。

位于印度尼西亚松巴哇岛（Sumbawa Island）上的坦博拉（Tambora）大火山，于 1815 年 4 月 10 日爆发，当时世界另一端的维也纳会议刚刚结束。当与会代表旷日持久的谈判接近尾声时，拿破仑逃离了厄尔巴岛，集结力量，准备于 6 月 15 日在滑铁卢决一死战。几个月前，维也纳的一位政治家塔列朗亲王（Prince Talleyrand）曾打趣说："会议只跳舞，但不前进。"他指的是维也纳会议在迈向宪政或社会进步上步伐迟滞，却举行了一系列令人眼花缭乱的招待会和舞会。更成功的是那些被剥夺了财产的旧贵族，他们为恢复自己的封地而游说。外交官埃梅里希·冯·达尔贝格（Emmerich von Dalberg）沮丧地评论道："我们正在完成会议的悲哀事务……这是有史以来最卑劣的工作。"

贝多芬自己在 1815—1817 年的创作也落后了，因为有些项目仍未完成。1815 年，他开始创作《D 大调钢琴协奏曲》，1816 年开始创作《F 小调钢琴三重奏》；这些作品如果完成，将是他对这些音乐体裁的最后贡献。贝多芬创作效率下降有多种原因，包括健康状况不佳，以及在弟弟卡斯帕·卡尔（Caspar Carl）于 1815 年去世后需要监护小侄子卡尔。监护人角色对他是个很大的挑战。尽管他无疑感受到了对侄子普罗米修斯式的"神圣父爱"，但他并没有做好准备承担切实的养育责任。

这些年来的恶劣天气是否也是他艺术创作效率下降的一个

因素？当时暂时的剧烈气候变化遥遥预示着当今对自然环境的隐忧。贝多芬致兰妮特·施特莱歇的信中提到了异常的气候状况。1817 年 7 月，贝多芬开始写信抱怨"糟糕的天气……"。几周后，另一封信直接以"尽管风雨交加"开头。他又在另一封信中提到了"第二次洪水"，称"雨水不断倾泻而下，我们注定会浑身湿透"。对于一个热爱自然和户外享受的艺术家来说，持续寒冷、潮湿的天气和缺乏晴朗的夏日无疑是显而易见的。这些异常的气候状况自坦博拉火山爆发后持续了大约三年，直到 1818 年。

在 19 世纪 20 年代，贝多芬的两首钢琴巨作开启了他革新和提升创造力的道路：1818 年完成的《钢琴奏鸣曲》（op. 106），以及 1819 年开始、1823 年完成的《33 首迪亚贝利圆舞曲主题变奏曲》（op. 120，下文简称《迪亚贝利变奏曲》）。贝多芬不无道理地预言《钢琴奏鸣曲》"会让钢琴家有事可做，五十年后还会演奏"。几十年后，《33 首迪亚贝利圆舞曲主题变奏曲》才开始受到重视。这一系列伟大变奏曲持续获得广泛接受。它刺激了文学界的反应，甚至由此诞生了一部百老汇戏剧。

贝多芬喜欢称安东·迪亚贝利（Anton Diabelli）为"魔鬼"。据报道，贝多芬最初拒绝了为该出版商的集体项目写一部变奏曲的邀请，该项目旨在宣传迪亚贝利刚刚成立的音乐出版公司。迪亚贝利邀请贝多芬创作他那充满活力的德国华尔兹或"Deutscher"变奏曲，其时机明显是在桑德行刺科策布，引发了《卡尔斯巴德法令》的颁布前后。最终的作品集以"爱国艺术家协会"（Vaterländischer Künstlerverein）的名义发行，汇集了来自不同作曲家的 50 首变奏曲，包括卡尔·车尔尼、弗朗茨·舒伯特（Franz Schubert）、扬·托马歇克、鲁道夫大公和年轻的弗朗茨·李斯特（Franz Liszt）。作曲家们表现出了一系列的能力。贝多芬对安东·哈尔姆（Anton Halm）印象不深，他称其为"稻草"或"稻草之刃"，否定了哈尔姆"刃"的字面意思。另一位作曲家是多产的变奏曲伪造者，他成为贝多芬的"致命对手"：约瑟夫·科里内克。

科里内克为迪亚贝利的圆舞曲添加装饰音，以此作为对后者的回应。圆舞曲大部分保持不变：调性，节拍，以及带有"鞋匠补丁"式的模进的基本和声结构都保持不变（谱 7.1 和谱 7.2）。他在跑动音符的连续节奏织体中加入了一些半音，音区向上扩展到第四小节到达强的力度。科里内克在重复主题的前半部分时，保留了迪亚贝利的重复和弦，在低音中加入了一个上升的半音音阶。在结尾处，左手的音符呈现为八度音。科里内克的变奏技巧局限于音型的细化。如果我们将主题想象成一个人，就好像服装调整了而人则保持不变。迪亚贝利仍然是主人，但穿上了紫色的背心。

正如我们所见，让·保罗·里希特说："幽默，被理解为颠倒的崇高……矮化了崇高，同时……升华了琐碎，并……将琐碎与崇高相提并论，从而将两者湮灭，因为相对于无限，万事万物都是同样、虚无。"让·保罗·里希特"伟大"与"渺小"的张力二元论很好地契合了贝多芬对迪亚贝利主题的参与，这是针对科里内克油嘴滑舌与自满的反击。如果科里内克想象贝多芬作曲时是在"从他的宝库中挖掘一些音乐动机"，那么《迪亚贝利变奏曲》就能表明如何从这些动机中塑造出一个巨大的、与众不同的音乐世界的"宝库"。科里内克从表面价值解读迪亚贝利的啤酒厅圆舞曲，他在没有探索艺术材料内在本质的情况下，用其他可选的音型填补了一些空白。相反，贝多芬的变奏曲决定了他们希望从主题中提取什么。他的转变是叛逆的，甚至是革命性的，颠覆了传统实践中的层次结构。

谱 7.1　《迪亚贝利变奏曲》，开篇

谱 7.2　约瑟夫·科里内克的《迪亚贝利变奏曲》，开篇

贝多芬在他的变奏曲中，抵消了迪亚贝利"爱国艺术家协会"的全部集体努力。贝多芬对他称之为"著名的德国圆舞曲"的变奏曲进行了彻底改编，这是一部基于平凡的、雄心勃勃的音乐作品的最好范例。汉斯·冯·比洛（Hans von Bülow）称其为"贝多芬艺术的缩影"，阿尔弗雷德·布伦德尔（Alfred Brendel）称其为"古典钢琴文献中最全面的杰作"。然而，这座巨大的音乐大厦是由贝多芬称之为"鞋匠的补丁"的不值一提的圆舞曲构筑的。

1823年，贝多芬在致迪亚贝利的信中以诙谐的讽刺口吻称赞这些作曲家："向你们的奥地利协会致敬，它最善于处理鞋匠补丁的问题。"他将其命名为"鞋匠的补丁"，指的是迪亚贝利主题中机械性的模进，所有的声部都朝着同一个方向移动——这是流行音乐中常见的一种简单技巧。在欣赏贝多芬的变奏曲时，我们应该细细体味其矛盾的起源。他不仅通过将迪亚贝利的主题改编成各种旋律形态和个性来提升它，而且还对其加以批判，嘲笑其更原始的一面。他在标题中使用"Veränderungen"一词而不是"Variationen"，这标志着一种改编方法的产生。《迪亚贝利变奏曲》开创了一种独特的大尺度连贯设计，演奏时间近乎一个小时。

贝多芬变奏曲的诞生可以追溯到1819年，即迪亚贝利发出邀请后不久。尽管贝多芬一开始就表达了对它的厌恶，这一主题却引发了一场创作的头脑风暴：他很快就构思了23首变奏曲，比最终的数量只少10首。贝多芬的手稿让人们对作品的结构和内涵有了新的认识。搁置数年之后，他终于在1823年从内部扩展了他的初稿，在预先确定的顺序中增加了变奏曲第1、2、15、

23、24、25、26、28、29 和 31 首，同时对最后一首做了极大地丰富。在此期间的 1822 年，贝多芬完成了另一组钢琴变奏曲，即他最后一首《C 小调钢琴奏鸣曲》（op. 111）的最后一个乐章，其起源与他的 33 首变奏曲密不可分。

贝多芬作曲时，经常淡化或抹去其草稿中各变奏曲之间的相似性，而赋予每一首完成的变奏曲鲜明的个性。迪亚贝利的圆舞曲成为一个未被实现的可能性的宝库，其中的变奏曲产生了几乎百科全书式的背景。《迪亚贝利变奏曲》的心理复杂性首先源自作为出发点的普通主题与变奏曲看似无限的视野之间的张力。这里探索的节拍、律动、织体和音响的范围是如此之大，以至于汉斯·冯·比洛将作品 120 号描述为"贝多芬艺术的缩影"。

贝多芬的任何其他作品都没有如此丰富的典故、幽默和戏仿。该圆舞曲琐碎或重复的特征——例如 C 大调和弦在开始几小节中以右手渐强的方式重复十次，可以像 21 号变奏曲那样被无情地夸大，或者像 13 号变奏曲那样消失在静默中。主题中不显眼的部分，比如一开始听到的装饰性回音，可能具有惊人的重要性，就像始终基于这种回音的 9 号、11 号和 12 号变奏曲。有几个变奏曲影射了莫扎特、巴赫和其他作曲家的音乐。其中最明显的指涉是，在 22 号变奏曲的八度音齐奏中，引用了莫扎特《唐璜》开篇的"昼夜劳作"（"Notte giorno faticar"）。这个典故的绝妙之处不仅在于主题的音乐相似性——例如，都是下行四度和下行五度——还在于引用了莫扎特的莱波雷洛（Leporello）音乐动机。贝多芬与他主题的关系，就像莱波雷洛与他的主人一样，是关键而忠实的，因为他充分利用了主题的动机成分。像莱波雷洛一样，在这之后的变奏曲获得了伪装的能力。23 号变奏曲是对约翰·巴普蒂斯塔·克莱默（Johann Baptist Cramer）《钢琴教程》的类似练习曲风格的戏仿，而作为小赋格曲的 24 号变奏曲则在其高度升华的氛围中，表现出与巴赫《键盘练习曲第三卷》中某些管风琴作品的相似性。

整部作品由一个大的曲式和三个不同的区域组成。变奏曲的开篇通常保持接近主题的基本属性，但表现出逐渐增加的自由度，这最终与贝多芬并置的两个对比鲜明的卡农式变奏曲（no. 19 和 no. 20）形成分离。因此，在 21 号变奏曲中，前、后半部的结构部分本身是对立的。在 21 号变奏曲的开头几小节中，回音和重复和弦的奇异夸张消除了 20 号变奏曲的内在静默；这种最令人震惊的对比出现在整部套曲的时间中点。21 号变奏曲的雅努斯（Janus）❶脸面标志着始自大约前 10 部变奏曲的分离进程的极限。

他通过在 1823 年插入的三个变奏曲（1 号、15 号和 25 号）中直接参照原音域原圆舞曲的旋律形态，产生了一种更大的过犹不及的连贯感。1 号变奏曲是一首令人印象深刻但有些夸张的进行曲，低音部首先奏响了圆舞曲的下行四度；15 号变奏曲是一种小型变奏曲（所有 33 首变奏曲中最短的一首），具有静态而特殊的和声布局，其低音部中反复无常的两个八度音程的跳进致使困惑的编辑们对其予以"纠正"。贝多芬在这些变奏中直接模仿圆舞曲的旋律，使主题成为整个音乐进程中不可或缺的基础。如果说，15 号变奏曲中所体现的难以捉摸的漫画手法在激烈的、令人困惑的对比取得优势的时刻再次唤起作为一种幻觉的主题，那

---

❶ 古罗马神话中，看守门户的两面神。——译者注

么在接下来的两首进行曲变奏曲（16 号和 17 号）中，对作品开头的这一暗示就更为广泛了，它们与 1 号变奏曲（特征上更加夸张的进行曲）相对应。在 25 号变奏曲中，圆舞曲化身为幽默的德国舞蹈，但这一意象在一系列相互关联的快速变奏曲中逐渐消失，最终成为 28 号变奏曲，其中刺耳的不协和音贯穿始终，主导着每一个强拍。这一系列的变奏曲也标志着以整体曲式的安慰曲的开始。

28 号变奏曲之后，我们进入了一个理想化的域界，迪亚贝利的圆舞曲和它所代表的世界似乎被抛在了后面。一组（三首）缓慢的小调变奏曲在 31 号变奏曲中达到高潮，这是一首精心制作的咏叹调，让人想起巴赫《哥德堡变奏曲》（*Goldberg*）中装饰性的小调变奏曲，但也为肖邦的风格埋下了伏笔。接下来充满活力的降 E 大调赋格曲最初是亨德尔式的；它的第二部分达到一个巨大的高潮，三个主题同时结合在一起，然后赋格曲消失在一个强有力的不协和和弦之中。作曲家运用令人印象深刻的过渡段，将音乐导向 C 大调，并导向最后（也是最微妙）的变奏曲：一首莫扎特式的小步舞曲。它通过节奏手段的精心制作，在尾声中导出一种空灵的织体，让人清晰地联想到贝多芬自己于 1822 年完成的最后一部奏鸣曲（op. 111）"小咏叹调"（*Arietta*）乐章中的第四变奏曲。

《迪亚贝利变奏曲》和贝多芬最后一部奏鸣曲（op. 111）反映了贝多芬在多样性中寻求统一的精神。111 号奏鸣曲和《迪亚贝利变奏曲》最后一个变奏之间的许多相似之处，本质上是结构性的，这延伸到主题的音符时值比例；一系列类似的节奏减值的使用，在每种情况下，都导致悬浮、空灵的织体。但最明显的相似之处在于勾勒出下行四度 C–G 的结尾段落，这在两部作品中都至关重要。这里有一个惊喜："小咏叹调"乐章自身受到迪亚贝利项目影响，反过来又成为贝多芬最后一首《迪亚贝利变奏曲》的典范。这一系列典故的结尾变成了一个自我参照，一部艺术作品最终的定位点，其范围广泛，从讽刺漫画到普通圆舞曲的极佳转变。

在《路德维希·范：来自贝多芬的致敬》（ *Ludwig van: Hommage von Beethoven* ）一书中，毛里西奥·卡格尔（Mauricio Kagel）从《迪亚贝利变奏曲》中体现的开放概念中获得了灵感；这部作品对 1970 年贝多芬两百周年纪念活动的反独裁运动做出了贡献。他的"自"而非"向"贝多芬的致敬的概念颇具讽刺意味；路德维希·范的不确定形态反映在电影、乐谱和录音等多种形式中。根植于《迪亚贝利变奏曲》的戏仿和致敬交融在卡格尔的戏剧表现力中，脱颖而出。贝多芬名字的简写排列标志着人们对他的音乐有许多不同的反应，从 20 世纪 70 年代的卡格尔·范·贝多芬和路德维希·范·加德 [Ludwig（a）van（t）garde] **❶**，到今天的叶伊多芬（Yeethoven）混搭。可以理解的是，卡格尔在《迪亚贝利变奏曲》的宏大规模和庞杂的典故中发现了路德维希·范的出发点。

人们可能会想详述对于《迪亚贝利变奏曲》结尾的目标导向性，强调贝多芬对迪亚贝利"鞋匠的补丁"的极佳改造。贝多芬在这首巨作的最后部分，融入了一系列其他语境和作曲家的典

---

❶ 此处括注的英文名为文字游戏，avant garde 意为"先锋派"。——编者注

故，以他自己最后一首奏鸣曲的最后一个乐章作为结尾。与此同时，他对最初的语境仍保持着敏锐的记忆。他使原来卑微的圆舞曲变得高贵；艺术之旅包含许多阶段。在贝多芬的开放式结尾中存在一种奇妙的矛盾。即使最后的和弦也令人惊讶——在弱拍上遥望过去和收尾，传达出一种未竟之业，一种诙谐地微笑着凝视的感觉，这表明也许创作的过程终究没有结束，接下来甚至还可能会出现更多的变奏曲。

在贝多芬的最后一首奏鸣曲和最后一次回归"C 小调的基调"，即《第五交响曲》、《英雄交响曲》中的"葬礼进行曲"、《科里奥兰序曲》、《悲怆奏鸣曲》的调性中，可以发现创造力丰盈横溢。这首曲子是托马斯·曼的小说《浮士德博士》第八章中温德尔·克雷茨施马尔（Wendell Kretzschmar）讲座音乐会的重点。克雷茨施马尔问为什么这首奏鸣曲只有两个乐章，而不是更通常的三个乐章；他把终曲的结尾——带变奏的"小咏叹调"，描述为"没有任何复归的结尾"。111 号作品中的二元对比涉及从开头急速乐章中喧闹的反乌托邦景观，过渡到"小咏叹调"乐章的宁静和狂喜的乌托邦。第一乐章中使用的赋格曲的初稿显示，贝多芬原本打算在第三乐章中采用它，但很快改变了主意。111 号作品中包含的截然不同的设计以一段悲剧性的缓慢的引子开始，堪比他的《庄严弥撒》中所描述的耶稣受难，但以一个变形的、神圣的"小咏叹调"乐章的尾声结束。

这种转换是如何实现的？贝多芬在开篇乐章中间插入了两个反射性介入的段落，这两个段落直面其喧闹的轨迹。克雷茨施马尔将这些描述为"旋律优美的段落，作品中饱受蹂躏和狂风暴雨的天空由此不时放出光亮，好似被微弱的光线照亮一般"。这

些插段带来了向大调调式的转变，并将速度放宽为柔板，预示着
"小咏叹调"乐章的特征即将到来。第一插段突然中断，被残酷
地否定了（第55~56小节）。正如他的手稿所示，第二插段成为
贝多芬创作过程中修改的重点。"旋律优美"的音乐在再现部以
C大调重新出现时，表现出了更多的韧性。在这里，贝多芬没有
中断，而是写了一个新的上升段落，直接与"狂风暴雨的天空"
的恢复联系起来，那是快速激荡的小调音乐，节奏参差不齐，和
声不协和。他极端的努力反映在那个连接时刻的极高音区中（第
132小节）。他的抄谱员问道："我应该写这么高吗？"因为当时
的大多数键盘乐器的最高音都没到降E。而贝多芬就用到了降E
的高音。但是这一较大段落的一个重要部分集中在一个单一和弦
上，一个包含F、G和A音的大九和弦的音响效果（第120~121
小节；谱7.3）。就像一个离奇的幻象，这种温柔的话语预示着
"小咏叹调"乐章的出现。在第一乐章结束时，这种较为明亮的
大调调式得到了持续的增强。三个变格终止式确立了C大调，平
衡了缓慢引子开篇时的喧闹。最后一个终止的姿态对应先前的那
个时刻，当时第一个"旋律优美"的乐段已经被否定了，现在结
果却是相反的。抚慰人心的C大调为随后的"小咏叹调"打开了
大门。

谱7.3　贝多芬，《C小调奏鸣曲》（op. 111），第一乐章，第120~121小节

克雷茨施马尔将"小咏叹调"描述为"注定要经历变迁，在其田园诗般的纯真中，它似乎不会为之而生"，但它明显受到了迪亚贝利"鞋匠的补丁"曲调的影响：贝多芬改变了最初的想法，用相同的调式反映圆舞曲的下行四度和下行五度，同时完善了乐句结构和主题音符之间的时值关系。"小咏叹调"随后的转型体现了一次冒险之旅。在曼的文学描述中，我们读到："这种温和的话语，有节奏、和声、对位，这种沉思的、平缓的表述，现在怎么样了呢？它的主人是怎样祝福它，又是怎样谴责它；在漆黑的夜晚和耀眼的闪光中，对于冷与热、宁静与狂喜合而为一的水晶球，他将其抛下又举起；一切堪称浩瀚、奇异、富丽堂皇，却无法为其命名，因为它确实无名。"

存在与生成、忍耐与改变是两大超越性原则。主题的回归体现了停滞，但整体的进展是渐进的和探索性的。这一乐章不能以原主题的原样重复或从头重复（da capo）结束。贝多芬在保持其变奏曲的基本速度的同时，逐渐加强节奏的活度。主题的缓慢速度和广阔空间充满了动人的声音。第 2 变奏曲塑造了舞蹈般的音乐形象，类似于他最初的主题草稿。动机音型的节奏压缩过程形成了一个激动人心的、爵士乐般的特征，在第 3 变奏曲中标注为 $\frac{12}{32}$ 拍。贝多芬时代的一位评论家认为这一部分令人费解，就像一篇用未知字母书写的外语文章。贝多芬在这里以数学的严谨性，用左手转位右手音型来展开动机。

第 4 变奏曲利用了高低音区的对比，以美化的催眠模式、有节奏的震音和阿拉伯纹饰般的延留音来延长 $\frac{9}{16}$ 拍；借克雷茨施马尔的话说，"静默和狂喜是一回事"。在该变奏结束时，音乐停留在高音 G 上，与"小咏叹调"主题结束时的强音的旋律最高音一致。主题结构模式的延伸导致了高潮阶段的节奏压缩。这是一种无法测量的快速音乐织体，可以代表内在的静止或脉动：颤音，相邻音高之间的共振。

贝多芬对随后的高潮段落的处理使"小咏叹调"大为改观，揭示了原主题中意想不到的潜力。至此，贝多芬已经充分准备好了终止式以及向标志着再现性的第 5 变奏（第 130~131 小节）开篇的主调的解决。内部高潮（第 106~130 小节）是一个形式上的插段，似乎暂停了时间的流逝，随着多个颤音同时共鸣，转为降 E 大调。在托乌斯·曼丰富多彩的描述中，克雷茨施马尔在演奏颤音时的呼喊呼应了"小咏叹调"开篇的三音动机："滴一嗒嗒！"随着音乐进入新的表现区域，带有长—短—长节奏的三音音型引发了三重颤音。多声部中前导动机的修改产生了带有多重颤音的延留织体。继 D 调上的长颤音开始后，通过颤音"点燃"的附加声部是通过"小咏叹调"主题的前导动机得到的。新的降 E 调式的音高通过对"小咏叹调"动机（一种静止、悬滞、沉思的想象）的放大组合，一同振动，传达了一种强烈的内省感。

如果华彩乐段般的插段将颤音发展为大规模节奏减值过程的逻辑结果，那么再现性的第 5 变奏则标志着对整体曲式的巩固。通过将先前单独听到的部分组合在一起，这种变奏就体现了一种综合体。"小咏叹调"主题在这里以其原来的音区回归，但织体其他部分的节奏让人想起第 1 和第 4 变奏，使我们能够同时体验到先前连续听到的内容。存在和生成被锻造成一个实体。贝多芬在这个变奏的结尾，创作了一个超过五个小节的渐强，这个段落在第 158 小节中以强音标记的大九和弦上达到高潮。当高音 A 与其他声部的 G、F 和 B 相对时，这个高潮带来了一种丰富的

不协和音（谱 7.4）。这是第一乐章中枢轴柔板所预示的音响效果
（谱 7.3）。

谱 7.4　《C 小调奏鸣曲》（op. 111），第二乐章，第 157~158 小节

　　贝多芬艺术策略的扩展时效性值得肯定。正如我们所见，在
《费德里奥》中，代表弗洛雷斯坦幻象的高昂的双簧管预示并融合
了莱奥诺拉的实际临近；在 111 号作品中，第一乐章中不可思议的
柔板预示着"小咏叹调"乐章中令人难忘的高潮。伦纳德·施莱
因（Leonard Shlain）在其《艺术与物理》（*Art & Physics*）研究中强
调了重叠领域的作用，需要超越单纯的理解来把握空间和时间的
互补性。施莱因注视着爱德华·马奈（Édouard Manet）的画作《女
神游乐厅的吧台》（*A Bar at the Folies-Bergève*），详细阐述了这幅
画的双重曝光，从不同的视角和不同的时刻体验相同的场景。贝
多芬在马奈之前的几十年，就在音乐上探索了类似的可能性。分
离的时刻可以表示连接；现实的对立面使我们能够朝着更高的感
知能力进发，就像在这一段落中那样，随着狂喜的高潮和弦产生
另一个强劲而振动的颤音。

　　尾声又一次将节奏和织体层次综合在一起：以最高音区再现
原主题，结合第 4 变奏中十六分音符三连音的空灵段落，以及 G
上持续的颤音，延长了第 5 变奏结尾处丰富的不协和音。这种精
致的织体之后只有 6 个小节；在这 6 小节中，该段音乐首先向上

移动，触及整部作品音区的上限，然后与"小咏叹调"最初的开篇主题句相呼应，使奏鸣曲以一种安静、低调的方式结束，随后归于静默。就其综合性来看，乐章的早期阶段被召回重组。整个轨迹是定向的，通过第 5 变奏和尾声中丰富的织体传达出一种目标导向感。当尾声将整个乐章的内容升华到了高潮，演奏的极限受到了考验。与此同时，"小咏叹调"乐章结尾的乌托邦特征与开篇乐章的反乌托邦特征相对立。作品 111 号中包罗万象的极性设计以一段悲剧性的缓慢引子开始，堪比他的《庄严弥撒》中耶稣蒙难的场景，但以一个神圣而美妙的终曲尾声结束。

在欣赏这首音乐时，我们想起了贝多芬在生命的最后十年里放在书桌上的古埃及铭文：

我就是我，过去是，将来也是，凡人无从揭开我的面纱。

伊西斯的面纱是一个讽喻的动机，将无限的自然人格化，并以斗篷覆盖，代表着自然秘密的不可接近。这样的意象激发了贝多芬的创造力。康德在他的《判断力批判》（*Critique of Judgement*）中评论了这句格言："也许没有比伊希斯（自然之母）神庙更崇高的话语，也没比这更崇高的思想了。"

贝多芬在 1819 年的一封信中，提到自己的艺术目标，创造了一个独特的术语"艺术统一"（Kunstvereinigung），这个概念与这位渐老的作曲家对亨德尔和巴赫音乐的强烈吸收有关。他的信念与弗里德里希·谢林相似，后者是 18 世纪 90 年代耶拿学派的核心人物，其同道还包括席勒、荷尔德林和黑格尔。这些思想家在区分主体和客体之前，对直觉进行了哲学探索，这是一种具有社会、政治和宗教含义的探索，因为他们所寻求的是与所有存在的统一（Vereinigung）。谢林的自然世界观与贝多芬一样，是有机主义的；对他而言，思想本身被视为源于自然的永无休止的活动。在他1800年的《先验唯心论体系》（*System of Transcendental Idealism*）中，谢林赋予了艺术作品崇高的地位，展示了客体与主体、无意识与意识、自然与自由的原始和谐。谢林发现：哲学既然是反映，就必须等待能够催生自然与自由相统一的意识的艺术。这一观点为"艺术的启示高于一切智慧和哲学"的说法提供了哲学上的论证，这种说法被认为出自贝多芬之口。正是基于耶拿学派超越康德和席勒美学局限的努力，我们才可以看到贝多芬本人挑衅性地称之为"艺术学会"（Kunstvereinigung）的艺术事业。

贝多芬的《迪亚贝利变奏曲》和最后一部奏鸣曲蕴含着对空灵本质的追求，以及对多样性中难以捉摸的统一性的追求。这种品质与我们当前的世界观产生了共鸣。物理学的最新发展复兴了旧的观念，即光的现象必定源于一种被称为以太的未知介质的振动，这种介质必定充满了整个宇宙。随着量子物理学的出现以及人们认识到真空并非因真空波动而变得虚无，以太的概念以一种新的现代方式重新出现。这种音乐具有一种超越自身的神秘张力。例如，在"小咏叹调"乐章的尾声中，波状三连音的震音织体在 E 和 C 之间交替，每个 $\frac{9}{16}$ 拍的三连音组的首个重音音符在这两个音之间转换。在这个音型柔和的波动中，出现了一个更大的三连音模式，每九个小音符组展开一次。音程作为自身的一部分在不同的时间层次上振动，就会产生一种催眠的钟形共振。在这个织体上产生共鸣的高音颤音表明，在《第五交响曲》末乐章的尾声中，这些音符上短笛的颤音发生了升华的转变。

　　贝多芬的最后一部奏鸣曲证明了他的信念，即如果人类所面临的问题可以通过变革的模式来解决，那么解决这些问题的方案可能就在我们的掌握之中。这些艺术杰作充分地实现了对人类目标和欲望的预测，提供了一种能够促进人类关系变化的可再生能源。在这种背景下，艺术不仅是社会和政治生活的庇护所或避风港，而且还提供了这些经验领域之间的潜在联系。在贝多芬的器乐作品中，作品 111 号作为席勒表述中的"理想的肖像"享有特殊地位，每一次适当的演奏都必须在一定程度上再现这一过程，超越纯粹的审美维度，触及道德和伦理的领域。

第八章

**彼时与此时:《第九
交响曲》**

2012 年，在西班牙加泰罗尼亚地区的萨瓦德尔，一些快闪族演奏贝多芬《第九交响曲》并被拍成视频。截至本书撰写时，该活动在油管上的浏览量已经超过 9000 万。快闪是 21 世纪的一种现象，看似发生在公共场所的自发行为其实是精心策划的。在 5 月一个美好的日子，一个小女孩将一枚硬币扔进街上一位衣冠楚楚的低音提琴手面前的帽子里，他开始演奏。孩子的所获超出预期。其他的管弦乐手一个接一个地到来，然后是合唱团的成员。他们激动人心的表演被很好地记录在视频中。贝多芬的"欢乐"主题作为欧盟盟歌符合更大的语境意义，它并未暗示，加泰罗尼亚和西班牙其他地区之间存在紧张的政治关系。

弗里德里希·席勒 1785 年的诗歌《欢乐颂》将"亿万人民"视为包罗万象的样态。"亿万生民，互相拥抱吧！把这一吻送给全世界！"构成原文中"副歌"的一部分。席勒的歌词虽然从未被官方认证为欧盟盟歌的一部分，却塑造了这种音乐对全球社区的感召力。在亚洲部分地区，"欢乐"主题的吸引力和广泛熟悉程度与欧洲或美洲不相上下。贝多芬的《第九交响曲》已经成为一个看似无与伦比的正面文化典范。

　　然而，争议依然存在。集体欢乐是一个不可抗拒但又难以捉摸的概念，在政治上显得幼稚，在意识形态上也有风险。在 1933 年到 1945 年德国纳粹党统治十多年间，这个问题尤其严重。托马斯·曼在这段德国历史上的至暗时期流亡加利福尼亚，在其小说《浮士德博士》中将主角、作曲家阿德里安·莱韦屈恩的巅峰之作，与贝多芬《第九交响曲》的光辉思想加以对比。莱韦屈恩的最后一部作品是题为《浮士德挽歌》（*Des Fausti Weheklag*）的著名的浮士德大合唱，这是一部多乐章作品，以管弦乐结尾，否定了贝多芬的乐观思想。托马斯·曼将莱韦屈恩的作品描述为"与欢乐之歌相反的轨迹，交响乐向欢乐声乐过渡的负面形象，是一种收回或撤销"。他虚构的叙述者、人文主义者塞勒努斯·泽特布洛姆（Serenus Zeitblom）对《浮士德挽歌》中的《悲伤之歌》发表评论："毫无疑问，这首歌是为了回应贝多芬的《第九交响曲》而创作的，以最悲伤的方式与之对应。这不仅标志着一种形式上的向负面的转变，一种向消极的回归，而且还体现了对宗教维度的否定。"

　　托马斯·曼小说框架中尖锐的二元论，带来了音乐象征和戏剧叙事这两个对贝多芬的美学事业非常重要的问题。这个问题可以从历史和当代两个相互关联的角度进行探讨。对贝多芬作品起源的考察，揭示了作曲家在将席勒诗歌编配为合唱，并以其结束他最后一部交响曲时所面临的挑战。迄今为止，这种音乐的非凡接受史在另一方面也具有启发意义。就像萨瓦德尔的那个小女孩一样，我们见证了一个令人惊讶的开放式过程，证明了贝多芬的遗产在日益全球化的世界中所引发的与日俱增的共鸣。

　　从历史的角度来看，贝多芬曾对将合唱曲作为末乐章的做法存在疑虑。一个多世纪以前，研究贝多芬大量草稿簿的先驱学者古斯塔夫·诺特博姆（Gustav Nottebohm）注意到：在贝多芬《第九交响曲》合唱式末乐章的手稿中，穿插着替代方案的条目，即"器乐式末乐章"或管弦乐的末乐章。最近，对手稿来源的重新审查强化了这一发现，这意味着贝多芬在创作过程中一直在权衡用器乐乐章代替合唱式末乐章的可能性。他手稿中写有如下一条意见："也许还是大合唱'欢乐女神'。"这暗示贝多芬考虑过替代方案，但最终还是选择了席勒的文本。据值得信赖的证人卡尔·车尔尼报道，贝多芬在 1824 年首演之后就对采用合唱终曲有疑虑。车尔尼报告称：作曲家曾考虑用没有人声的器乐乐章代替合唱式末乐章。

《德·罗达手稿簿》（De Roda Sketchbook）证实了贝多芬的疑虑，这是一部由不同纸张类型的大杂烩组成的大型手稿，其中许多是在贝多芬写下手稿后才汇集成册的。诺特博姆并不知道这本手稿簿。它里面有一张像管弦乐总谱一样的对开纸，与贝多芬创作《第九交响曲》时所用的纸张绝无二致。在其中一个页面的顶端，我们发现主题在另一个地方被标为"器乐末乐章"，用墨水写上 D 小调，即该交响曲的主调。该页面如谱 8.1 所示，谱 8.2 为手稿摹本。

页面的其余部分是后来用铅笔添加的手稿，与另一部作品有关：《A 小调弦乐四重奏》（op. 132）。这些条目表现了这首 A 小调四重奏的几个乐章。最为突出的是页面底部的手稿（谱 8.3）。这个条目包含了同一主题的旋律延续，其不断上升的延续在早期与交响曲相关的主题版本中是没有的。主题现在被标记为"末乐章"，并转换为该四重奏采用的 A 小调。手稿中出现了类似已完

谱 8.1 《德·罗达手稿簿》，第 5 面对开页，右页（贝多芬故居，波恩 NE 47a）

谱 8.2 《德·罗达手稿簿》顶端的草稿，fol. 5r，第一行五线谱

谱 8.3 《德·罗达手稿簿》底端的草稿，fol. 5r，第 13~14 行五线谱

成的《A 小调弦乐四重奏》升入高音区的过程。

《德·罗达手稿簿》的这一页面记录了这一激情主题从 D 小调交响曲到 A 小调四重奏的转移。贝多芬曾考虑在他的交响曲中使用，但在他的四重奏中显示的是一个非常不同的结果，甚至可以被描述为"与《欢乐之歌》相反的轨迹"，或"交响乐向欢乐声乐过渡的负面形象"。就其特点而言，《A 小调四重奏》是贝多芬最令人绝望的作品之一，这与他 1825 年危及生命的疾病有关。其核心是缓慢的中间乐章，题为"利底亚调式康复病人感谢神恩的圣歌"。

最后，贝多芬仍然沿用他为《第九交响曲》合唱终曲创作的精彩的席勒诗歌配乐。但值得深思的是，交响曲中被移除的激情主题是如何成为第二部晚期四重奏末乐章的主旋律的。同样引人注目的是，交响曲第一乐章的主旋与贝多芬转到 132 号作品的主题之间，也有节奏和动机上的联系。在将之前存在的主题融入四重奏的同时，贝多芬不仅在旋律上扩展了它，改变了它的调性，还选择以第一小提琴一段尖锐的戏剧性宣叙调作为末乐章的前奏，这一举措在听觉上与四重奏充满冲突的开篇乐章存在关联。宣叙调在四重奏中的作用再次真切地让我们想起了《第九交响曲》，它在末乐章开始前精心构思的宣叙调乐段与前面的乐章密不可分。

一批珍贵的手稿涉及这些宣叙调。值得注意的是，贝多芬试图用文字来阐明他为什么拒绝回忆先前的乐章，而选择了席勒的理想主义诗歌。席勒诗歌配乐暗示着带有普世主义抱负的民谣。这些话虽然没有保留在完成的作品中，却揭示了音乐的表现意义。引人注目的是，当对交响乐第一乐章的回忆被打断并拒绝后出现了不协和和弦，贝多芬在这个和弦上胡乱写下了一句题词。他写道："不，这让我们想起了我们的绝望。"这句题词突出了 D 小调音乐的悲剧特征。

因此，手稿文献为这两部密切相关的作品打开了惊人的视角。贝多芬在创作《第九交响曲》时所考虑的，无非是席勒式集体和谐、欢乐共同体的愿景能否在与前几个乐章的对比模式中得以维持，特别是 D 小调开头的快板的绝望特征。《第九交响曲》开篇乐章的结尾听起来很像哀乐，暗示着支撑他艺术的英雄理想被埋葬，但是合唱式的终曲又使其复活。它的"理想的肖像"是一种富有想象力的行为，以《暴风雨奏鸣曲》中充满灵感的宣叙调作为创作的途径，同时表明他仍然"敬畏年轻时的梦想"。

贝多芬原本计划用管弦乐表现交响曲末乐章的主题，但后来改用四重奏，体现了一种忧郁激情的特质。D 小调交响曲和 A 小调四重奏之间还存在其他的比较点。贝多芬对四重奏末乐章宣叙调开篇的处理引起了反思。在前面提到的《德·罗达手稿簿》上，一份标有"Vio[lin]"（小提琴）的宣叙调手稿吸收了《第九交响曲》开篇乐章的主旋律中的关键节奏动机。

《A 小调四重奏》的评论家们强调了这部作品中充满的苦难。引人注目的是第四乐章，一首自豪的、看似自信的 A 大调进行曲，如何潜藏了导入最后一个乐章的刺耳的不协和的宣叙调。贝多芬指示宣叙调不间断演奏，从进行曲直接进入 A 小调末乐章。从第一乐章开始，苦闷的宣叙调以磨难的动机变体达到高潮，其音型为 F- 升 G–A–E。结束宣叙调的 F–E 半音随后被吸收到终曲——热情的快板激荡的伴奏中。

在体验 A 大调进行曲是如何迸发出来之时，人们会再次想起《第九交响曲》。贝多芬的"欢乐颂"主题和后续的合唱末乐章变奏呈现出乐观的 D 大调进行曲特征，管弦乐队的各个部分逐渐加入其中，然后是独唱者和合唱团。相比之下，在《A 小调四重奏》中，大调进行曲之后才是末乐章；其自信的情绪与忧郁、激昂的宣叙调相抵触。贝多芬在四重奏中，反转并打消了交响曲的叙事形式。四重奏的亲笔手稿显示：贝多芬在创作后期插入了进行曲风格（*Alla marcia*），将其用作宣叙调的风格化陪衬。相较第九交响曲的宣叙调段落，这里有一种更加强烈的批判或拒绝感。在宣叙调过渡中，进行曲的二拍子节奏加快。末乐章主题的开头与进行曲开篇乐句的动机相矛盾，因为回应的上行大三度升 C 是强调同一音区中持续下行的小三度还原 C。

另一方面，132 号作品中充满冲突的第一乐章将两种截然不同却又相互依存的乐思并置在一起。最初的"很绵延"的段落（*Assai sostenuto*）以一种神秘的很弱的对位展开，它使用了在贝多芬后期几部作品中以各种形式呈现的四音前导动机。大提琴神秘而安静的初始音符 G#–A–F–E 就体现了这一动机，但当第一小提琴在更高的音区从 E 升到 F，并充满激情地迸发出一连串快速的音符时，我们会感受到震撼。这种不协和的撕裂为一个全新的乐章奠定了基调。贝多芬后来在末乐章前的小提琴宣叙调中参考了这个颠覆性的举措。

A 大调的第二乐章呈现出追忆的特点，与莫扎特 18 世纪 80 年代的《海顿四重奏》之一《A 大调 K. 464》中的一首小步舞曲有关；这是贝多芬珍视的作品，其中的一些部分他多年前就以总谱的形式抄写下来了。贝多芬在 1800 年完成早期的、使用同一调性的四重奏（op. 18, no. 5）时，已经向莫扎特的《A 大调四重奏》表达了敬意。他的回顾不止于此。他在这个舞曲乐章的三声中部乐节中融入了一个主题，取自他在创作四重奏 op. 18 之前（18 世纪 90 年代）创作的一首键盘阿勒曼德舞曲（Allemande）。

这就把我们带入了 132 号作品的核心慢乐章，"利底亚调式感谢上帝的圣歌"，与标有"感受新的力量"的舞蹈般的大调行板部分并列。这种前所未有的反差令许多听众感到印象深刻。当它在第一个行板部分结束后再度开始时，质朴的利底亚赞美诗在音域扩展的同时获得了节奏上的活力，但只有到了最后的结尾部分，待"感受新的力量"再度出现之后，该乐章才达到令人难忘的高潮。贝多芬仅凭借利底亚赞美诗的第一个乐句，就完成了看似不可能的事情，产生了比被标为"新力量"（Neue Kraft）的音乐更大的强度。鉴于所有的部分都用强音强调，第一小提琴的张力超越赞美诗乐句的模式而达到了音乐的高潮，原本简朴而古雅的风格现在充满了几乎无法忍受的力量。

贝多芬在"圣感恩颂"（Heiliger Dankgesang）乐章的高潮的结束部分，通过集中的内省力量放大了我们对赞美诗的体验。与众不同的是他对《第九交响曲》中"欢乐颂"主题的处理。然而，这两个级进主题是相互关联的。"欢乐颂"主题围绕着 D 大调三度音程展开，最初是从升 F 开始上升的。"圣感恩颂"的开篇乐句从 F 开始以缓慢的速度向下移动。"圣感恩颂"的开篇是对"欢乐颂"主题开头的忧郁转位（谱 8.4）。

四重奏是庄严的《第九交响曲》的邪恶伙伴——城堡的地牢。贝多芬早期对比鲜明的成对作品是将同一类型的作品联系在一起，一首大调，一首小调。人们会想到 23 和 24 号小提琴奏鸣

谱 8.4 《第九交响曲》"欢乐颂"主题与贝多芬《A 小调四重奏》（op. 132）第三乐章的众赞歌旋律

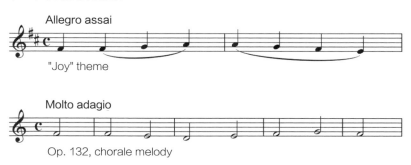

曲、《华尔斯坦奏鸣曲》和《热情奏鸣曲》、《第五交响曲》和《第六交响曲》，以及《钢琴三重奏》（op. 70）。《第九交响曲》和《A 小调四重奏》之间的联系是从它们相互关联的起源演变而来的。就像托马斯·曼笔下的虚构人物阿德里安·莱韦屈恩一样，贝多芬表现出自己能够以疏远的讽刺看待席勒的《欢乐颂》。但最终，他还是肯定了最初的理想主义的想法，这种想法已经俘获了他三十多年的想象力。四重奏提供了另一种叙事方式，反映了他自己在 1825 年春天对疾病的可怕经历和对死亡的深度思考。其叙事轨迹呈现出悲剧性特征，尤其是在绝望的宣叙调进入最后的乐章之后。

那么，这首四重奏是如何以更明亮的 A 大调维持它的结尾的呢？这个问题的答案与我们对作品的整体体验密切相关。第一乐章再现部抒情而柔美的第二主题只是短暂地维持了 A 大调。第二乐章和第四乐章以这个调性为基调，但两者都感觉像是整个音乐叙事中的附属阶段。

这里可以类比贝多芬的倒数第二首钢琴奏鸣曲《降 A 大调钢琴奏鸣曲》（op.110）的末乐章，即另一首与贝多芬从重病中康复有关的作品。在 110 号作品中，贝多芬两次将一段"悲痛的咏叙调"与一段充满灵性和期望的大调赋格曲并置。第一首赋格曲被打断，预示着失败，然后以 G 小调展开更加悲观的哀歌。积极的能量似乎被压抑的力量所压倒；当第二遍哀歌结束时，达到了一个惊人的转折点，一个出乎意料的轻柔的大调和弦取代了预期中的 G 小调音响。渐强的 G 大调和弦重复又回到 G 小调咏叙调主题确切的起始位置，从 G 展开的下行进行现在被赋格主题的转位所取代。这标志着沮丧转变为新的力量和活力；贝多芬将接下来的乐段标记为"重生"。这第二首赋格曲比第一首更具现代性。它经历了有节奏的双重压缩，使贝多芬能够暗示前面的谐谑曲式乐章，从而汲取民歌中坚定的动机。这种来自平凡领域的能量有助于让结尾充满抒情的愉悦感，达到一个强有力的高音和弦，此为整部作品的目标。

在四重奏（op. 132）的结尾出现了一个并行的过程。在一段神秘的力度很弱的赋格曲之后，大提琴以高音演奏主回旋曲主题，而第一小提琴则疯狂地攻击主题的最高音，在速度加速到急板时强调关键的 F–E 半音。贝多芬在他的亲笔乐谱中加强了这一段，在第一小提琴声部增加音符，并通过对一个长达近 50 小节段落的变奏重复来扩展这一尾声。"圣感恩颂"音区的顶点为高音 A，它在这个尾声中两次重现。在作品 110 号中，这一极限受到了考验。第一小提琴在神奇地转入 A 大调时，将高音 E 延长了 6 个连续的小节，然而这个高音在 100 小节之后，也就是在最后一个小节才分解决为主音 A。

A 大调的尾声处理得很精巧，反复触及小调调式的明显特征，尤其是与首尾乐章哀伤特征相关的还原 F。痛苦的现实并没有被遗忘，但贝多芬并没有像托马斯·曼的虚构人物阿德里安·莱韦屈恩那样，打破《第九交响曲》的愿景。贝多芬丰富地展开其备选的"器乐终曲"主题，否定了132号作品中以大调调式风格化的"进行曲"乐章，人们可能会感觉到对席勒式合唱末乐章的理想主义社会愿景的隐含批判。然而，对交响曲和四重奏错综复杂的起源的认识提醒我们，在这种情况下，A大调艰难而脆弱的结尾有多么重要。作品132号的结尾并不是大众共同的愿景，而是一种更私人的艺术表述，证明个人面临逆境和死亡。作为人类奋斗的目标，这一结果坚定地肯定了一种面向未来的潜力，可以替代怀疑和绝望。

时间的流逝和生命的短暂带来了侵蚀和衰败，但也带来了成熟和满足。贝多芬的音乐一直影响至今，从1824年他在维也纳完成了《第九交响曲》，并在失聪的孤独中目睹了它在数百名观众面前的首演；到2012年全球化世界中的萨瓦德尔快闪，数百万人参加了这场社区仪式。这样的全球化并不是一下子出现的。对合唱末乐章的质疑是交响乐接受史上最初阶段的特征。1825年该作品在伦敦首演时，一位评论家写道：

聘请合唱团的费用、反复排练的必要性等，也许会阻止作品的再次演出，肯定也会妨碍其频繁演出和被普遍接受。

这种极端错误的判断突显了我们这个时代对这部作品的广泛接受。这种发展的开端可以追溯到贝多芬1827年辞世后的十年。在巴黎，1831年弗朗索瓦·哈贝内克（François Habeneck）指挥了《第九交响曲》的首次演出，促进了法国人对该作品的接受。

在伦敦和纽约，人们对《第九交响曲》的积极反响可以追溯到1837年伊格纳兹·莫舍莱斯（Ignaz Moscheles）指挥的演出。当时，一位英国评论家将这部交响曲描述为"欧洲共济会的伟大赞美诗"，这一表述预示着该作品将成为自20世纪80年代以来的欧洲圣歌。1837年讨论的背景与在波恩建造贝多芬雕像的计划有关，该雕像于1845年落成。评论家质疑建造雕像的必要性，认为："毕竟，贝多芬能拥有的最伟大的纪念碑是对他作品的恰当演出。每年有1000或1500人重演合唱交响曲——由1000名歌手唱响、500名乐师的管弦乐团伴奏的欧洲共济会圣歌，将是连作曲家自己都渴望延长性命去尽享的至极盛况。"

随后的历史境况带来了惊人的发展，使得更大规模的演出成为可能，也弥合了文化分歧。1918年6月，贝多芬《第九交响曲》在亚洲首演，地点在日本的阪东战俘营，那里关押了1000余名1914年青岛被围后投降的德国战俘。营地出于人道主义，允许战俘们组成包括45名演奏员的管弦乐队和80名歌手的合唱团，演出一场完整的交响曲。这为日本演奏贝多芬最后一部交响曲的著名传统奠定了基础，该交响曲被称为 *daiku*❶ 或"第九"。自1982年以来，每年12月的第一个星期日会在大阪举行此类演出，共有1万多人参加。贝多芬已经成为一个备受欢迎的偶像；他的交响曲在日本各地的演出是一种仪式，用来纪念集体成就和克服困难。图8.1展示了2018年的一场演出，阵容庞大，步调一致。没有哪个国家像日本这样，经常有如此之多的人参加交

---

❶ 即日文假名だいく（第九）的罗马音，贝多芬作曲的D小调第九交响曲的通称。——译者注

响乐演出。

　　另一个推崇贝多芬音乐的亚洲国家是韩国。其热情从 2008 年的电视连续剧《贝多芬病毒》（*Beethoven Virus*）中可见一斑，它将与作曲家相关的品质分配给了三个身陷三角恋的角色：完美主义的指挥、年轻的音乐天才、失聪的小提琴手。21 世纪以来，韩流在其兴起过程中往往吸收了贝多芬音乐中的元素。2019 年全国反抗日本殖民统治百年纪念活动上演了《英雄交响曲》。2011 年，一场具有里程碑意义的贝多芬交响乐专场在首尔上演，演奏方是由丹尼尔·巴伦博伊姆（Daniel Barenboim）领衔的"东西合集管弦乐团"（the West-Eastern Divan Orchestra），包括来自以色列、巴勒斯坦、约旦、黎巴嫩、叙利亚和埃及等地的音乐家。该乐团的一个主要想法是：通过让阿拉伯和以色列的音乐家齐聚

图 8.1　贝多芬《第九交响曲》万人演奏会

2018 年 12 月，日本大阪。万人阵容的贝多芬《第九交响曲》/ MBS（每日广播系统）。

一堂来帮助两者弥合政治分歧。乐团成立于 1999 年，适逢歌德诞辰 250 周年，其名称让人想起他 1819 年创作的诗集《东西合集》（*Westöstlicher Divan*），其灵感来自 14 世纪波斯诗人哈菲兹（Hafiz）。贝多芬研究了歌德的《东西合集》，并对手头版本的多个段落作了标记和评论，这反映了他自己有兴趣将视野扩展到欧洲以外。

是什么让《第九交响曲》能够如此广泛地吸引欧洲以外的国家？部分原因可能在于贝多芬对席勒《欢乐颂》的整体回应。他在合唱末乐章中对席勒诗歌的改编与前面管弦乐乐章的特点密切相关，正如他为宣叙调乐段构思但未使用的文本片段所表明的那样。例如第一乐章："不，这让我们想到了绝望！"男中音的第一句唱词是"哦，朋友们，不要这些声音！"，暗示所寻求的目标尚未实现。席勒的几行诗句揭示了在努力获得快乐的背后隐藏着苦难的概念。是欢乐，朋友们，重新指引了苦难的方向："指引她走上受难者之途"。这一思想在席勒的两行诗句中得到了明确的阐述，但贝多芬并没有将其纳入他的合唱终曲：

亿万生民，鼓起勇气去忍受苦难吧！
为了争取更美好的世界去受难！

这首诗的其他部分也与贝多芬的主题思想产生了共鸣，即使它们在交响曲中，甚至在席勒自己 1803 年编辑的《欢乐颂》的最终版本中都没有出现。对于这位《费德里奥》的作曲家来说，"从暴君的枷锁中解救出来"的诗句及其所属的席勒原诗的整个最后一节，以及宽恕作恶者、不相信地狱的信息，都将具有意义。我们知道，贝多芬多年来一直在琢磨席勒的这首诗，可以追溯到他在波恩的时期，当时他打算"逐节"配曲。尽管贝多芬对采用合唱末乐章存有疑虑，但席勒留下的大部分遗产仍然萦绕在交响曲之上。

贝多芬音乐中最突出的席勒的《欢乐颂》部分首先包括第一节：

> 欢乐女神，圣洁美丽，
> 灿烂光芒照大地。
> 我们满怀豪情，来到你的圣殿里，
> 你的力量能使人们消除一切分歧。
> 在你的光辉照耀下，
> 人们团结成兄弟。❶

最突出的是贝多芬曲调中类似民歌的特性，以及其最初呈现的基本品质，不带任何伴奏。如同《合唱幻想曲》（op. 80）以各种方式预示合唱末乐章一样，这段音乐随着管弦乐团逐渐增加的参与，以变奏曲的形式展开。卑微的巴松管在第一变奏中的显著角色直指包容性的博爱原则，以及所有乐队成员的重要角色。引人注目的是"Alle"（"所有"）旋律中从 A 到升 F 的切分节奏跳进，强调了主旨的包容性。

"你的力量能使人们消除一切分歧"一句不止在一个意义层

---

❶ 贝多芬曲，邓映易译配：《欢乐颂，第九交响曲终曲合唱》，人民音乐出版社，2000 年。——译者注

面上产生共鸣，以克服人类社会成员之间的任何障碍。合唱的末乐章中蕴含着一种信念，即艺术的使命是促进社会和政治关系的进步。

从文本"亿万生民，相互拥抱吧"开始，合唱部分在徐缓的段落中的角色反映了席勒诗歌中对合唱段的分配。在这里，人类集体的目光被引向更远的地方，引向神秘浩瀚的宇宙。"世人啊，你可感觉到了造物主的存在？"是向聚集在一起的民众提出的问题，他们仰望星空，心怀敬畏。既然意象是自然主义的，那它就是无界的，无须求助任何政治或宗教权威。高潮诗句"他就住在那重天九霄"，指的是星辰之上的造物主，不可动摇的高音降E标志着人类感知的最大边界，一种令人敬畏的康德式极限。在1824年5月7日维也纳交响乐的首场演出中，皇家包厢一直空无一人，而音乐会节目单上伴随《第九交响曲》的《庄严弥撒》的三个乐章必须以德语文本的"大赞美诗"形式呈现，以便通过请愿流程获得审查官的批准。这些情况表明作品不受教会和国家的限制。

三年后，贝多芬辞世后出版的《海利根施塔特遗嘱》以其深沉的惆怅和对"真正欢乐的回响"的追求，开始影响公众对《第九交响曲》的态度。正如我们所见，贝多芬在海利根施塔特构思的《暴风雨奏鸣曲》预示了交响乐的方方面面。《第九交响曲》中的"欢乐"主题与《费德里奥》中的小号呼唤相对应，因为它揭示了一个关键的象征，投射出一个"不再"和"还没有"的时刻，这是对退化条件的预期反应。随着其进行曲般的进程感染越来越多的参与者，打破界限，拥抱亿万生民，合唱末乐章的政治意义也随之展开。

最后，让我们通过德国、智利、刚果民主共和国和中国等国的例子来说明《第九交响曲》在全球范围内丰富而持续的接纳历史。1989 年圣诞节，伦纳德·伯恩斯坦（Leonard Bernstein）在柏林对《第九交响曲》的著名演绎，将一个长期存在的局面推向高潮。早在 1838 年，沃尔夫冈·格里彭克尔（Wolfgang Griepenkerl）就在《音乐节》(Das Musikfest) 一书中，怀疑席勒可能想用"自由"来代替"欢乐"作为他诗歌的主要标志，但这一点至今仍未得到证实，甚至也许不太可能得到证实。到 19 世纪中叶，埃德加·基内（Edgar Quinet）将合唱末乐章描述为"人类的《马赛曲》"，预示了罗曼·罗兰后来的解释。柏林墙倒塌后，伯恩斯坦决定修改歌词，试图为《欢乐颂》的政治地位辩白。

正如我们所看到的，贝多芬音乐的政治意义常常与反抗的思想联系在一起，不管这能否为主人公带来自由。弗洛雷斯坦幸存了下来，埃格蒙特没有，但两人都展望了潜在解放的愿景，而《埃格蒙特》的《胜利交响曲》中的自由礼赞则与戏剧性事件之后的真实历史事件有关。1989 年 10 月，德累斯顿森帕歌剧院（Dresden Semper Oper）上演《费德里奥》时，柏林墙仍然完好无损；到 12 月伯恩斯坦在柏林演出时，它已经倒塌了。《第九交响曲》的使用顺应了瞬息万变的形势。2015 年，由阿里·拉赫巴里（Ali Rahbari）指挥的贝多芬《第九交响曲》和席勒德语原版的《欢乐颂》，让被解散的伊朗德黑兰交响乐团（all-Iranian Tehran Symphony Orchestra）重获新生。"9·11"恐怖袭击之后以及在应对其他恐怖主义事件时，纪念演出频繁出现。2016 年 5 月，布鲁塞尔举行了一场合唱末乐章的演出，以纪念该市恐怖袭击中的罹难者。2011 年，在占领华尔街运动得到国际社会支持的同时，马德里的抗议者通过演奏贝多芬的《欢乐颂》来表达自己的心声。在纽约的抗议现场，音乐系学生打出"茱莉亚学院学生支持占领华尔街"和"拯救贝多芬，而不是银行家"等标语。

平心而论，《第九交响曲》与其他文艺作品一样，也不能避免墨守成规和宣传滥用的风险。《第九交响曲》为庆贺希特勒的生日演出过，也曾是罗德西亚❶种族主义政权的国歌。斯坦利·库布里克（Stanley Kubrick）在他的电影《发条橙》（*A Clockwork Orange*）中，将《第九交响曲》视为意识形态容器和邪恶的导火索，将令人陶醉的音乐宣泄与破坏性的违法行为相勾连，来描绘乖张的犯罪行为。尽管如此，对这部交响曲的研究表明了它作为一种纯净的肯定象征具有非凡韧性的原因。欢乐是社会凝聚力的先决条件，是维系合唱末乐章的整体性愿景。正如宣叙调段落和对前面乐章的再现所表明的那样，末乐章所传达的信息与那些对比鲜明的调式保持平衡。末乐章所传达的信息并没有无视人类的苦难。用席勒第二诗节的话说，一个不快乐的人必须"偷偷溜走"，他并没有因此而被驱逐和排斥，而是在后来的某个时刻仍然可以自由地加入欢乐的圈子。某些评论家认为这部作品本质上是排他性的，但它被大众接纳的历史却讲述了一个不同的故事。要在合唱末乐章中找到激进的集体，将被拒绝的他者的原像称为"不齿于人类"，这种做法是值得怀疑的。席勒的诗歌预见到在欢乐的"温柔的羽翼"下尚未实现的和谐。人类与苦难的斗争反映

---

❶ 罗德西亚 1980 年更名为津巴布韦。——编者注

在许多政治语境中，这部作品在其中发挥了作用。"不齿于人类"的他者的原像，与《第九交响曲》或席勒笔下的波萨侯爵的观点无关；对他来说，这个世界还"不适合（他的）理想"，而是与大审判官令人毛骨悚然的谴责有关："人只是数字。"到了1795年，年轻的贝多芬意识到："纵然过了几个世纪"，要实现"公正人性"的"幸福结局"也是有难度的。历史理解可以抑制简化论的狂热：可惜人文主义的谨慎和希望被意识形态的盲目性所取代，欢乐被幸灾乐祸所取代。我们记得：作为一种模仿体系的媚俗，如果提出了虚假的托词和谎言，就会体现为道德上的失败。为希特勒或在罗得西亚举行的《第九交响曲》演出否定了其理想主义主题思想，但没有破坏其积极的潜力。

"全人类"中包容性集体主义要旨的脆弱性已经在反乌托邦形象中得到了检验。多位指挥家将合唱终曲与阿诺德·勋伯格（Arnold Schoenberg）的《华沙幸存者》（*A Survivor from Warsaw*）放到一起，将奥斯威辛和大屠杀与贝多芬的乌托邦愿景相提并论。迈克尔·吉伦（Michael Gielen）2001年的节目单上，在《第九交响曲》前三个乐章之后和末乐章之前插进了《华沙幸存者》。勋伯格的《华沙幸存者》由此极大地强化了令人绝望的"恐怖气氛"，标志着交响曲末乐章的开端，这种对峙类似于现实生活与贝多芬音乐产生交集的一些情形。

在智利，雷纳托·阿尔瓦拉多（Renato Alvarado）是一名监禁和酷刑的幸存者，他讲述了自己听到从监狱墙外传来的贝多芬《欢乐颂》的旋律时所获得的安慰和坚韧，歌声来自一些寻找失踪亲人的抗议女性。阿尔瓦拉多的经历与贝多芬地牢场景中弗洛雷斯坦的困境相似。他听到了远处女性的声音，希望能从磨难中解脱出来，而弗洛雷斯坦想象着一段对话，用慰藉的双簧管旋律代表不在身边的妻子莱奥诺拉，不久她就来到了他的牢房。阿尔瓦拉多讲述了他是如何被关进高塔，在一个窗户被铁栅栏封住的房间里遭受折磨的。席勒的文本被改编成了西班牙语，大致如下：

> 兄弟，倾听欢乐之歌吧！
> 为期待新的一天的人们引吭高歌。
> 来吧，歌唱，歌唱着梦想，梦想着新的太阳生活，
> 届时人们将再次成为兄弟。

阿尔瓦拉多觉得这段旋律就像"我们心中五彩缤纷的蝴蝶。太棒了。这就是希望"。一位女歌者的团体举着横幅，上面写着"团结一致"（"Unidad y Solidaridad"）；她记得："这首歌就像一面盾牌，赋予我们力量，去反抗军队，反抗独裁。"与阿尔瓦拉多同时被捕的还有后来成为智利总统的米歇尔·巴切莱特（Michelle Bachelet）。

智利裔美国作家阿里尔·多夫曼（Ariel Dorfman）于2015年发表的短篇小说《我曾拥有的一切》（*All I Ever Have*）将音乐视为一种具有政治意义的抵抗形式，展示了"歌手可能会死，但歌曲永存"。多夫曼笔下的音乐家是一名小号手——让人想起《费德里奥》中旨在推翻暴政的小号信号——但他吹奏的旋律是《欢乐颂》（*Himno a la alegria*），这是一首抗议独裁统治的歌曲。在多夫曼的故事中，小号手面对行刑队，因为被禁的贝多芬的《欢乐颂》，"从他的小号里迸发而出……在总统府，在总统、所有部

长以及所有来访的政要面前，歌声嘹亮、清晰、纯净，传进每一个人的耳朵，通过广播和电视传遍千家万户，盖过了鼓声、号角、定音鼓、军队进行曲和国歌的声响，他的小号声席卷了广场和乡村，淹没了其他任何声音"。

刚果的金沙萨交响乐团以另一种方式展现了《第九交响曲》的作用。这个非同寻常的乐团由阿曼德·迪亚津达（Armand Diangienda）于 1993 年创立，他是刚果精神领袖和殉道者西蒙·金班古（Simon Kimbangu）的孙子，也是一位音乐爱好者。作为比利时殖民主义政权的坚定反对者，西蒙·金班古在监狱里度过了 30 年；他预言："黑人将变成白人，白人会变成黑人。"迪亚津达召集他父亲西蒙·金班古·基安加尼（Simon Kimbangu Kiangani）组建的广受欢迎的金班古教会的成员，从零开始组建了一支管弦乐团，成功演绎了包括贝多芬《第九交响曲》在内的作品。金沙萨已经成为非洲第三大城市，也是世界上最大的法语大都市。克劳斯·魏西曼（Claus Wischmann）和马丁·巴尔（Martin Baer）在 2010 年拍摄了一部纪录片，展示了该乐团成员令人印象深刻的奉献精神和足智多谋。最近，自 2016 年以来，在坦桑尼亚达累斯萨拉姆（Dar es Salaam），由赫基玛·雷蒙德（Hekima Raymond）担纲的达累斯萨拉姆合唱协会和管弦乐团面对种族和文化差异提倡宽容，演奏了贝多芬的《第九交响曲》，来自多个非洲国家的音乐家参与其中。

在过去的一个世纪里，贝多芬在中国的接受程度经历了翻天覆地的变化。1908 年，中国作家兼编辑李叔同将贝多芬视为"乐圣"，类似音乐界中的大儒。李叔同强调贝多芬崇高的道德目标，引起了中国知识分子的兴趣；他也为许多学堂乐歌配写了歌词，包括一些取材于贝多芬作品的歌曲，如《第九交响曲》。中国人参与贝多芬作品演出的首个记录可以追溯到 1908 年的福州复活节星期一合唱节，当时中国合唱队和着贝多芬《欢乐颂》的音乐演唱了赞美诗《与所有荣耀之子同歌》。20 世纪 20 年代，中国开始演出贝多芬的交响曲。1927 年，贝多芬逝世一百周年之际，上海国立音乐学院成立，为中国人接触西方音乐提供了重要的渠道。作曲家冼星海当时还是音乐学院的学生，他认为贝多芬的重要性在于其应对挑战和战胜苦难的能力，这一观点在始于 1931 年的抗日战争中很快变得异常重要起来。1939 年，冼星海根据光未然的爱国诗歌创作了《黄河大合唱》，后来由钢琴家殷承宗改编为钢琴协奏曲。

　　贝多芬在这一时期的影响是通过法国作家罗曼·罗兰的中译作品传达出来的。罗兰 1902 年的《贝多芬传》由傅雷于 1932 年首译，十年后修订。正如罗曼·罗兰在前言中所言，他的《贝多芬传》并非为了事实性研究而撰写，而是为了描绘"一首为了让受伤、窒息的心灵再次呼吸的歌，复活只为感谢救主"，这一表述是对贝多芬四重奏 op. 132 的呼应。傅雷从 1937 年开始翻译罗曼·罗兰的长篇小说《约翰·克利斯朵夫》，这部小说的主人公在很大程度上取材于贝多芬。在傅雷看来，正如他在译者序中所言，约翰·克利斯朵夫的一生反映了一个多灾多难的民族遭受的苦难和磨难，这一主题与 20 世纪中叶中国的经历相吻合。罗曼·罗兰的另一本书是 1924 年出版的《圣雄甘地》（*Mahatma Gandhi*）。1931 年，甘地在瑞士拜访罗曼·罗兰时，两人讨论了被罗曼·罗兰称为"欧洲圣雄"的贝多芬，作家在钢琴上弹奏了《第五交响曲》慢乐章的改编曲。

1941 年是全球接受贝多芬音乐的关键一年，也是极权主义政权广泛兴起的一年。轴心国占领了欧洲和亚洲的大片地区。尽管贝多芬是一位德国艺术家，他的大部分职业生涯都在奥地利度过，但纳粹的宣传机器并没有成功地将他与他们的事业明确地联系起来。匈牙利犹太人迈克尔·柯蒂斯（Michael Curtiz）执导的电影《卡萨布兰卡》（*Casablanca*）以 1941 年为背景，其中一个关键场景反映了一些政治紧张局势。纳粹特遣队在里克（Rick）的咖啡馆里唱起爱国军歌《守望莱茵》（*Die Wacht am Rhein*），但被抵抗运动领袖维克多·拉兹洛（Victor Laszlo）领唱、法国难民精彩演绎的《马赛曲》所压制并淹没。他们的反抗被纳粹少校海因里希·斯特拉瑟（Heinrich Strasser）逮了个正着，后者顺理成章地关闭了里克的"美式咖啡馆"。同年，英国广播公司（BBC）的一家比利时广播公司呼吁使用"V"手势来代表盟军的胜利，而与贝多芬《第五交响曲》开篇动机相关的"V 代表胜利"手势在欧洲被广泛使用。3 年后，1944 年 6 月 6 日，伦敦广播电台播放了一则编码信息，引用保罗·魏尔伦（Paul Verlaine）的《秋歌》（*Chanson d'Automne*），暗示诺曼底登陆日侵入欧陆。该信息本身就是音乐——"秋声泣，凄若提琴长悲啼，伤感涌心际"，并使用基于贝多芬《第五交响曲》开篇动机的呼号进行识别。

1946 年抗日战争结束之后，另一个关于贝多芬的重要中译本问世，即罗伯特·海文·舍夫勒（Robert Haven Schauffler）的《音乐的解放者：贝多芬》（*Beethoven: The Man Who Freed Music*），译者是彭雅萝。翻译是支撑她在战争和流亡的艰难时期坚持下来并感到快乐的事业，她认识到贝多芬作为解放者的身份与中国社会的集体声音之间的联系。

1960 年中苏关系破裂后，贝多芬成为批判对象，而他的音乐的文化意义受到质疑。一位评论家在 1964 年声称："《第九交响曲》不是贝多芬巅峰时期的作品……贝多芬的理想永远不会成为我们今天的理想。他的音乐永远不会成为我们时代的声音。"但贝多芬作品的演出在特殊情况下仍然进行着，例如 1973 年尤金·奥曼迪（Eugene Ormandy）率费城交响乐团访华期间。演奏哪部贝多芬交响曲的决定引起了争议，奥曼迪偏爱《第五交响曲》，而东道主更喜欢《第六交响曲》。

1976 年后，中国对贝多芬的反应发生大反转。1977 年 3 月，电台播放了中央乐团演奏的贝多芬《第五交响曲》后两个乐章。贝多芬的回归与中国古老传统，例如儒家思想的复兴齐头并进。半个世纪以来，中国对贝多芬和西方古典音乐的兴趣空前高涨，是任何其他国家都无法比拟的。诞生于 2500 年前的儒家思想的复兴与人们对诞生于 250 年前的贝多芬的热情齐头并进。儒家"仁"或慈善类似于人道主义。贝多芬受到欢迎的命运似乎抹去了西方和非西方语境之间任何表面上的区别。

最近，《第九交响曲》继续在不同的情况下充当艺术道德价值的象征。1996 年，耶胡迪·梅纽因（Yehudi Menuhin）在萨拉热窝领衔演出。2000 年，西蒙·拉特尔（Simon Rattle）在毛特豪森（Mauthausen）集中营旧址指挥交响乐，纪念大屠杀的罹难者。《第九交响曲》的演出是对 2011 年日本毁灭性海啸的回应。在 2019 年 11 月撰写本书时，智利圣地亚哥意大利广场举行了支持社会经济改革的大规模示威活动，演奏了该交响曲。在全球新冠疫情期间，到 2020 年 3 月，公共音乐会减少，贝多芬的音乐却继续响彻互联网：雅尼克·涅杰－瑟贡（Yannick Nézet-Séguin）

在费城领衔的《第五交响曲》和《第六交响曲》；达芙妮弦乐四重奏乐团（Dafne String Quartet）在威尼斯凤凰歌剧院演奏的《C小调四重奏》。一场名为"声音快闪族"的活动邀请所有音乐爱好者一起演唱《欢乐颂》，以促进隔离时期的社区意识。该活动始于意大利，后来传播到了德国及其他地区。

那么，《第九交响曲》究竟是"一件越来越久远的世界的遗迹"，一场渐行渐远的启蒙梦想；还是说这个"理想的肖像"似乎是对人类勇气和潜力不可或缺的认定，是未来希望的灯塔？

最后，我们来欣赏一下这位作曲家的雕像，它是由弗朗茨·李斯特为首的一个音乐家团体于 1845 年在波恩竖立的。这尊雕像奇迹般地经受住了独裁统治和战争的破坏（图 8.2）。贝多芬的雕像身穿古典长袍，就像法国的自由女神像一样，但手里拿着铅笔，事实证明，贝多芬的塑像比许多君主或暴君的雕像更为持久。雕像揭幕一个世纪后，作曲家的遗产已经成为一股反对暴政的强大力量。最近，它成了欧洲团结的象征，尽管英国脱欧派背弃了《欢乐颂》。每当危机来临，这种音乐提供了一个集体安慰的焦点，因为个体升华为一个更大整体中的离散实体。在这个相互联系日益紧密的全球社会的遥远地区，贝多芬对冲突的韧性回应激发了人们的忍耐力，开启了一个在我们这个时代势头越来越大的进程。

不稳定的政治形势增强了贝多芬的重要性。"哪里有危险，哪里的拯救力量也在增加。"弗里德里希·荷尔德林曾经如此说过。贝多芬的生活和艺术创作经历告诫我们，提防艺术堕落为宣传或媚俗工具的风险，并提醒我们自然世界作为生命力和灵感来源的永恒价值。艺术作品在展示人类最高潜能的同时，也展示了

图 8.2 1845 年战争废墟中的贝多芬雕像

波恩，明斯特广场，1945 年。约翰尼·弗洛里亚（Johnny Florea）摄，威廉·金德曼私人收藏。

民族自决，同时削弱了由意识形态构筑的藩篱。它们能消除由文化差异造成的分歧。对贝多芬来说，最美的东西是神秘，我们对它肃然起敬。这种品质不仅仅是一种社会建构。从《第三协奏曲》到《第五交响曲》，从《费德里奥》到《第九交响曲》，自由的自我反思体验为这些作品注入了活力。贝多芬的人文遗产屹立在历史的废墟之上，蔑视那些筑墙分裂人民、加剧社会不平等的政客。要应对犬儒主义，贝多芬勇往直前的理想主义和对复杂性的不懈探索是不可或缺的。他的艺术蕴藏着革命性潜力。灿烂的"空中王国"飘荡着"轻柔的微风和玫瑰的芬芳"，它是自觉的，还是我们"摇头……完全无动于衷，站在那里，四处摸索"？贝多芬的"思想或精神帝国"不仅仅是抽象的，而且只要我们承认其存在，它就坚不可摧。正如作曲家曾经说过的那样，"在艺术的世界里，如同在整个创作中，自由和进步是主要目标"。

致　谢

本书是 2017 前在维也纳开始成型的，当时我正参与海利根施塔特贝多芬新博物馆的开发工作。感谢维也纳博物馆馆长马蒂·本兹尔（Matti Bunzl）提出了这个想法。本书的写作和完成促成了我从伊利诺伊大学厄巴纳 – 香槟分校西迁加利福尼亚大学洛杉矶分校。两家机构都慷慨地支持我的研究；感谢萨姆·杨（Sam Young）帮助我准备最终的打字稿。许多朋友和同事为这一项目做出了贡献。芝加哥大学出版社的编辑人员，尤其是卡特琳娜·麦克莱恩（Caterina MacLean）在本书出版过程中一直提供帮助。我要感谢维也纳国际文化中心（IFK）和维也纳音乐与艺术大学（MUK），感谢维也纳博物馆，感谢波恩贝多芬故居，感谢波恩亚历山大·冯·洪堡基金会，感谢利奥·M. 克莱因（Leo M. Klein）和伊莱恩·克罗恩·克莱因（Elaine Krown Klein）的捐赠，他们支持我在加利福尼亚大学洛杉矶分校赫布·阿尔伯特（Herb Alpert）音乐学院担任表演学教席。这些不可或缺的支持使本书得以在贝多芬诞辰 250 周年之际顺利完成。

威廉·金德曼

韦斯特伍德，洛杉矶

2020 年 5 月

译后记

    路德维希·凡·贝多芬是世界音乐史上最伟大的作曲家之一。贝多芬的作品"集古典之大成,开浪漫之先河",对世界音乐的发展有着深远的影响,为作曲家赢得了"乐圣"和"交响乐之王"的盛誉。

    正如亚里士多德所言,人,是天生的政治动物,不可避免地打上时代的印记。自 18 世纪中叶到 19 世纪初,德国涌现了一大批哲学家、思想家、音乐家、科学家,掀起了欧洲波澜壮阔的第三次文艺复兴运动。在思想界,虔敬主义向宗教怀疑的转向,导致了世俗大学的兴起,哲学思考取代了神学思考,世俗化浪潮汹涌澎湃。音乐也从圣坛走进民间,实现了由古典主义向浪漫主义的转变。彼时,轰轰烈烈的法国大革命败北,法兰西共和国沦为拿破仑的独裁帝国,王朝复辟,社会动荡,理想主义为悲观主义取代……一时间,乌云压顶,进步思想堕入低谷,但贝多芬的创作始终遵循"自由、平等、博爱"的政治理想,高扬共和不妥协,以"斗争、胜利、欢乐"的创作主线对当时盛行的倒退、颓废提出抗辩。他的作品吸纳了大量的民歌元素,标志着浪漫主义时代的到来。尽管如此,这位伟大的作曲家并没有排斥古典风格,相反,他将古典风格与民间音乐结合起来,以圣颂讴歌人类理想，以民歌表达对普罗大众的关怀和对民主追求的关切，创作出了史诗般的《第九交响曲》，完成了从一般美向崇高神圣的升华。在他那里，音乐的娱乐功能退居次要，人类情感、意念、思想的表达占据了上风。

威廉·金德曼教授的《贝多芬：革命时代的政治艺术家》以崭新的视角审视这位音乐巨人及其作品，有助于读者更加完整、深刻地读懂贝多芬音乐，至少对贝多芬迷的我是如此。在贝多芬诞辰 250 周年之际（2020 年），金德曼先生以著述的形式纪念这位音乐伟人；而今天的我能借翻译活动表达敬意，实在是一件令人欣慰的事。在整个翻译过程中，我始终激情满怀、勉力而为。当然，囿于学养及认知的局限，难免有不足之处，悉听读者指正。

"却顾所来径，苍苍横翠微。"在本译著付梓之际，回顾西安音乐学院叶明春教授、哈尔滨音乐学院杨燕迪教授及多方好友曾经给予的鼓励和帮助，心生暖意，在此除了感谢还是感谢。

苏前辉

2024 年 5 月于昆明

注 释

第一章

The quotations concerning "Something revolutionary" and Napoleon as "shithead" stem from Johann Doležalek as transmitted by Otto Jahn. See *Beethoven aus der Sicht seiner Zeitgenossen in Tagebüchern, Briefen, Gedichten und Erinnerungen*, ed. Klaus Martin Kopitz and Rainer Cadenbach (Munich 2009), vol. 1, 258; and TDR 5, 466. Doležalek's visit to the sick Beethoven on 12 February 1827 is confirmed by conversation book entries (BKh 11, 187–190). Schlesinger's conversation with Beethoven from 1825 is recorded in BKh 8, 103. On Franz's "dread of 'democracy,'" see Frida Knight, *Beethoven & The Age of Revolution* (New York: International, 1973), 33. On Franz's "institutionalized paranoia," see John J. Haag, in "Beethoven, the Revolution in Music and the French Revolution: Music and Politics in Austria, 1790–1815," in *Austria in the Age of the French Revolution, 1789–1815*, ed. Kinley Brauer and William E. Wright (Minneapolis: Center for Austrian Studies, 1990), 112. For an authoritative study of the enlightened emperor in the 1780s, see Derek Beales, *Joseph II*, vol. 2 (Cambridge: Cambridge University Press, 2009); for discussion of the "white revolution," see Alexander L. Ringer, "Mozart und der Josephinismus," in Ringer, *Musik als Geschichte* (Laaber: Laaber, 1993), 55–61. On the impact of Mozart's *Figaro*, see my study *Mozart's Piano Music* (New York: Oxford University Press, 2006), 150–151. Important documentation of Beethoven's three-month stay at Vienna in 1787—correcting earlier scholarship—is offered by Dieter Haberl, "Beethovens erste Reise nach Wien—Die Datierung seiner Schülerreise zu W.A. Mozart," *Neues Musikwissenschaftliches Jahrbuch* 14 (2006): 215–255. Fora lucid discussion of the "emancipation" of these composers, see Mark Evan Bonds, "The

Court of Public Opinion: Haydn, Mozart, Beethoven," in *Beethoven und andere Hofmusiker seiner Generation*, ed. Birgit Lodes, Elisabeth Reisinger, and John D. Wilson (Bonn: Beethoven-Haus, 2018), 7–24. Revisionist interpretations of Beethoven include Nicholas Mathew, *Political Beethoven* (Cambridge: Cambridge University Press, 2012); Stephen Rumpf, *Beethoven After Napoleon: Political Romanticism in the Late Works* (Berkeley: University of California Press, 2004); and Daniel K. L. Chua, *Beethoven & Freedom* (New York: Oxford University Press, 2017), respectively. For a discussion of aesthetic incomprehensibility in Beethoven, see Mark Evan Bonds, "Irony and Incomprehensibility: Beethoven's 'Serioso' String Quartet in F minor, Op. 95, and the Path to the Late Style," *Journal of the American Musicological Society* 70 (2017): 285–356; and "Beethoven, Friedrich Schlegel und der Begriff der Unverständlichkeit," in *Utopische Visionen und visionäre Kunst: Beethovens "Geistiges Reich" Revisited*, ed. William Kinderman (Vienna: Verlag der Apfel, 2017), 127–137. Beethoven's preference for "das geistige Reich" ("empire of the mind or spirit") as stated in an 1814 letter accords with Schiller's quest for "Symbolen des Vortrefflichen" ("symbols of perfection") in his *Aesthetic Letters*. A recent discussion of Eulogius Schneider is "'Denn Gehorsam ist die erste Pflicht freier Männer': Eulogius Schneider as a Paradigm for the Dialectic of Enlightenment" by Peter Höyng, in *The Radical Enlightenment in Germany: A Cultural Perspective*, ed. Carl Niekerk (Leiden and Boston: Brill Rodopi, 2018), 310–327. Another Bonn professor Beethoven would have known, Thaddeus Antonius Dereser, promoted Enlightenment theology in sharp conflict with Catholic orthodoxy, followed Schneider to Strasbourg, and was imprisoned during the Terror. See Sieghard Brandenburg, "Beethovens politische Erfahrungen in Bonn," *Beethoven Zwischen Revolution und Restauration*, ed. Helga Lühning and Sieghard Brandenburg (Bonn: Beethoven-Haus, 1989), 13–16. Georg Forster's German version of Kālidāsa's *Shakuntala* was based on the influential translation of the indefatigable William Jones; see in this regard the chapter "William Jones: Enlightenment Mughal, 1746–1794" in Sunil Khilnani, *Incarnations: A History of India in Fifty Lives* (New York: Farrar, Straus, and Giroux, 2016), 150–157. Khilnani describes Jones as "the greatest Orientalist of his time," adding that "Two hundred years later, Edward Said and his epigones would turn thatword, *Orientalist*, into a slur, but Jones produced a revolution in knowledge about language and history." The perspectives of Franz Wegeler appeared in *Biog- raphische Notizenüber Ludwig van Beethoven*, by Wegeler and Ferdinand Ries (Koblenz 1838; rpt. Hildesheim: Georg Olms

Verlag, 2000). On revolutionary symbolism in *Fidelio*, see John Bokina, *Operaand Politics from Monteverdi to Henze* (New Haven, CT: Yale University Press, 1997), 65–85. Thomas Mann's comment about *Fidelio* in Nazi Germany stems from his *Briefe, 1937–1947*, vol. 2, ed. Erika Mann (Frankfurt: Fischer, 1961), 444. Insightful comments on Schiller's *Don Carlos* are offered in Lesley Sharpe, *Friedrich Schiller: Drama, Thought and Politics* (Cambridge: Cambridge University Press, 1991), 76–95. On Schiller's aesthetics and its political implications see, among other sources, Gail K. Hart, *Friedrich Schiller: Crime, Aesthetics, and the Poetics of Punishment* (Newark: University of Delaware Press, 2005); Frederick C. Beiser, *Schiller as Philosopher: A Reexamination* (Oxford: Clarendon, 2005); and the chapter on Schiller in Josef Chytry, *The Aesthetic State: A Quest in Modern German Thought* (Berkeley: University of California Press, 1989). The collection of essays on Schiller's *Aesthetic Letters* in *Text & Context. Zeitschrift für Germanistische Literaturforschung in Skandinavien* 28 (2006), ed. Klaus Bohnen and Birthe Hoffmann (Copenhagen and Munich: Fink Verlag), includes an essay on Schiller's pathbreaking post-Kantian notion of play, a contribution by Christian Benne ("Der peinliche Klassiker. Schiller und die Intellektuellen," 55–82). The initial sketch for the song "Wer, wer ist ein freier Mann?," WoO 117, was first transcribed by Gustav Nottebohm in his *Zweite Beethoveniana* (Leipzig: Peters, 1887), 36. Ernst Bloch's discussion of *Fidelio* is found in *Das Prinzip Hoffnung*, vol. 3 (Frankfurt: Suhrkamp, 1959), 1293–1297. Thomas Mann's *Tonio Kröger* dates from 1903, preceding his probing Schiller essay from 1905, *Schwere Stunde* (*A Weary Hour*).

第二章

For discussion of the "narcotic strength of the word 'freedom'" and the reaction against this "contagious plague" in the German lands, see among other sources Rolf Reichardt, "Deutsche Volksbewegungen im Zeichen des Pariser Bastillesturms. Ein Beitrag zum sozio-kulturellen Transfer der Französischen Revolution," in *Geschichte und Gesellschaft, Sonderheft* 12 (1988): 10–27. Detailed information on Nikolaus Simrock appears in Joanna Cobb Biermann, "Nikolaus Simrock: Verleger," in *Das Haus Simrock. Beiträge zur Geschichte einer Kulturtragenden Familie des Rheinlandes*, ed. Ingrid Bosch (Bonn: Stadtmuseum Bonn, 2003), 11–56. Beethoven's letter to Heinrich von Struve is published in Julia Ronge, *"Wann wird auch der Zeitpunktkommen wo esnur Menschen geben wird." Ein unbekannter Brief Beethovens an Heinrich von Struve* (Bonn: Beethoven-Haus, 2018). Andreas Streicher's description of his escape with Schiller in 1782 appeared posthumously as *Schiller's Flucht von Stuttgart und Aufenthalt in Mannheim von 1782 bis 1785* (Stuttgart: Cotta, 1836). Also see Christoph Öhm-Kühnle, *"Er weiß jeden Ton singen zu lassen." Der Musiker und Klavierbauer Johann Andreas Streicher (1761–1833)—kompositorisches Schaffen und kulturelles Wirken im biographischen Kontext. Quellen—Funktion—Analyse* (Munich: Strube, 2011). Streicher's claim about Beethoven's "revolution in music" appears in his letter of 6 April 1803 to Gottfried Härtel in Leipzig. See also Wilhelm Lütge, "Andreas und Nannette Streicher," in *Der Bär. Jahrbuch von Breitkopf & Härtel auf das Jahr 1927* (Leipzig: Breitkopf & Härtel, 1927), 53–69; and *Beethoven und die Wiener Klavierbauer Nannette und Andreas Streicher* (exhibition catalogue; Bonn: Beethoven-Haus Bonn, 1999). On Beethoven and Schiller, see Maynard Solomon, "Beethoven and Schiller," in Solomon, *Beethoven Essays* (Cambridge, MA: Harvard University Press, 1988), 205–215; and Geert Müller-Gerbes and Alexander Wolfshohl, "Beethoven liest Friedrich Schiller," in *Beethoven liest*, ed. Bernhard R. Appel and Julia Ronge (Bonn: Beethoven-Haus, 2016), 1–15. The affinity between Beethoven's early *Electoral* Sonata in F Minor and the *Pathétique* is weighed in on by Kevin Ngo, "Beethoven's Early Compositional Process: the Journey between Bonn and Vienna," *Beethoven Journal* 32 (2017): 62–68. On rhetorical models for the *Pathétique*, see Elaine R. Sisman, "Pathos and the *Pathétique*: Rhetorical Stance in Beethoven's C-Minor Sonata, Op. 13," *Beethoven Forum* 3 (1994): 81–105. Concerning Beethoven and Franz Hoffmeister, see Maynard Solomon's chapter on "Beethoven's 'Magazin der Kunst'" in his *Beethoven Essays*, 193–204. An assessment of the Shakespearean influence in Beethoven's first quartet is found in Stephen Whiting, "Beethoven Translating Shakespeare: Dramatic Models for the Slow Movement of the String Quartet Op. 18, No. 1," *Journal of the American Musicological Society* 71 (2018): 795–838; see also my essay "Transformational Processes in Beethoven's Op. 18 Quartets," in Kinderman, ed., *The String Quartets of Beethoven* (Urbana: University of Illinois Press, 2006), 24–26. On Beethoven as "Jean Paul of music," see Martin Geck, *Beethoven's Symphonies*, trans. Stewart Spencer (Chicago: University of Chicago Press, 2017), 30–31. Nannette Streicher's comment about Beethoven's laughter was recorded by Vincent Novello (*Beethoven aus der Sicht seiner Zeitgenossen*, vol. 2, 952, 964); for Czerny's report of his mocking laughter, see *Beethoven: Impressionsof His Contemporaries*, ed. O. G. Sonneck (New York: Schirmer, 1926), 31. The extended quotation from Jean Paul comes from the section on "humoristic totality" in his *Vorschule der Ästhetik* (*Jean Paul Werke*, vol. 9, ed. Norbert Miller, Hanser Verlag), 125. Comparison between Beethoven's op. 2, no. 3, with Sterne's *Tristram Shandy* is made in my essay "Beethoven's High Comic Style in Piano Sonatas of the 1790s, or Beethoven, Uncle Toby, and the 'Muckcart-driver,'" *Beethoven Forum* 5 (1996): 121–126. Heinrich Christoph Koch compared the concerto to Greek tragedy in his *Versuch einer Anleitung zur Composition*, vol. 3 (Leipzig, 1793; reprinted Hildesheim, 1969), 331. The quotations about Mozart's K. 491 come from Charles Rosen, *The Classical Style: Haydn, Mozart, Beethoven* (New York: Norton, 1997), 249; and Eva Badura-Skoda, *Wolfgang Amadeus Mozart, Klavierkonzert CMoll KV 491* (Munich: Wilhelm Fink, 1972), 3, respectively. Beethoven's use of contredance-style finale themes in concertos reaches back to his earliest Concerto in E♭ Major, WoO 4, from 1784. Forconsideration of the concerto genre as a dynamic forcefield with socially encoded meanings, see Susan McClary, "A Musical Dialectic from the Enlightenment: Mozart's *Piano Concerto in G Major, K. 453*, Movement 2," *Cultural Critique* 4 (1996): 129–169; Joseph Kerman, *Concerto Conversations* (Cambridge, MA: Harvard University Press, 1999); and the closing chapter of my study *Mozart's Piano Music* (New York: Oxford University Press, 2006). Beethoven's C-minor Concerto underwent an extended genesis; it was apparently played for the first time in April 1803, with Beethoven as soloist, but aspects of the conception predated its completion by several years. The Schiller quotation about "divined instinct" and "creative force" stems from the ninth of his *Aesthetic Letters*. On musical processes in Beethoven with potential external significance as actions, see Robert Hatten, "Staging Subjectivity as Spiritual Freedom: Beethoven's 'Emergent' Themes," in *Utopian Visions and Visionary Art: Beethoven's "Empire of the Mind"—Revisited*, ed. William Kinderman (Vienna: Verlag Der Apfel, 2017), 75–88; and *A Theory of Virtual Agency for Western Music* (Bloomington: Indiana University Press, 2018). On the possible connection of Beethoven's Variations on "See, the conqu'ring hero comes" to Napoleon Bonaparte, see John Clubbe, *Beethoven: The Relentless Revolutionary* (New York: Norton, 2019), 155–158; I am grateful to Clubbe for making his book available to me in advance of its publication. Beethoven wrote to Bernadotte, the king of Sweden and Norway, on 1 March 1823, recalling their meetings in 1798. The report of Bernadotte's alleged role in encouraging Beethoven to write a symphony connected to Napoleon stems from Anton Schindler, who is often an untrustworthy witness.

第三章

In November 2017, Vienna's first Beethoven Museum opened in Heiligen-stadt, where the composer spent his pivotal half year in seclusion during 1802. I served as cocurator with Lisa Noggler-Gürtler and Peter Karlhuber. My edited bilingual book *Utopische Visionen und visionäre Kunst: Beethovens "Geistiges Reich" Revisited* (*Utopian Visions and Visionary Art: Beethoven's "Empire of the Mind" Revisited*) marked the advent of the museum (Vienna: Verlag Der Apfel, 2017); the *Beethoven Journal* 32 (2017) features articles about it. The original manuscript of Beethoven's *Heiligenstadt Testament* is held in the Staatsund Universitätsbibliothek in Hamburg; a facsimile edition with translations of the text into several languages was issued by the Beethoven-Haus Bonn in 1999 as *Heiligenstädter Testament*, ed. Sieghard Brandenburg. The *Heiligenstadt Testament* was first published in the *Allgemeine musikalische Zeitung* 19 (1827). For a recent personal response to Beethoven's deafness, see Robin Wallace, *Hearing Beethoven: A Story of Musical Loss & Discovery* (Chicago: University of Chicago Press, 2018). The catalogue of Beethoven's sketchbooks is *The Beethoven Sketchbooks: History, Reconstruction, Inventory* by Douglas Johnson, Alan Tyson, and Robert Winter (Berkeley: University of California Press, 1985). Beethoven's sketches for the ballet music *The Creatures of Prometheus* are found in the Landsberg 7 sketchbook, an edition of which was published in 1927, ed. Karl Lothar Mikulicz (rpt. Hildesheim/New York: G. Olms, 1972). The *Kessler* Sketchbook has been published by the Beethoven-Haus, ed. Sieghard Brandenburg (facsimile 1976; transcription 1978). An edition of the *Wielhorsky* Sketchbook was published by Nathan Fishman (*Kniga eskizov Beethoven za 1802– 1803 gody*, 3 vols. [Moscow, 1962]). On the chronology of Beethoven's two drafts for the first movement of the *Tempest* Sonata, see Barry Cooper's chapter on the sonata in his book *Beethoven and the Creative Process* (Oxford: Clarendon, 1990); on Beethoven's work on the Variations op. 35 using the *Kessler* and *Wielhorsky* Sketchbooks, see Christopher Reynolds, "Beethoven's Sketches for the Variations in E-flat, Op. 35," in *Beethoven Studies* 3, ed. Alan Tyson (Cambridge: Cambridge University Press, 1982), 47–84. Also see my essays "The First Movement of Beethoven's *Tempest* Sonata: Genesis, Form, and Dramatic Meaning," in *Beethoven's "Tempest" Sonata: Perspectives of Analysis and Performance*, ed. Pieter Bergé (Peeters: Leuven, 2009), 213–234; and "Beethoven at Heiligenstadt in 1802: Deconstruction, Integration, and Creativity," in *The New Beethoven: Evolution, Analysis, Interpretation*, ed. Jeremy Yudkin (Rochester: Boydell & Brewer, 2020), 148–160. Tovey's comment about Shakespeare's Miranda is found in *A Companion to Beethoven's Pianoforte Sonatas* (London: Royal Schools of Music, 1931), 121. For Czerny's reference to the rider on horseback, see his *On the Proper Performance of All Beethoven's Works for the Piano*, ed. Paul Badura-Skoda (Vienna: Universal, 1970), 44, 54. On Prospero's developing political awareness in Shakespeare's *Tempest*, with discussion of parallels to Plato's *Republic* and to Machiavelli, see Lauren Arnold, *Rule in* The Tempest: *The Political Teachings of Shakespeare's Last Play* (Ashbrook Statesmanship Thesis): https://ashbrook.org/wp-content/uploads/2012/06/2009-Arnold.pdf. Concerning the genesis of the *Eroica* Symphony, see *Beethoven's "Eroica" Sketchbook: A Critical Edition*, transcribed, edited, and with a commentary by Lewis Lockwood and Alan Gosman, 2 vols. (Urbana and Chicago: University of Illinois Press, 2013). On the chronology of this source, see Katherine Syer,"A Peculiar Hybrid: The Structure and Chronology of the 'Eroica' Sketchbook (Landsberg 6)," *Bonner Beethoven-Studien* 5 (2006): 159–181.

第四章

Thayer's interview with Mähler appears in Thayer-Forbes, 336–337. In 1815, Mähler made a second portrait of Beethoven, now held at the Gesellschaft der Musikfreunde in Vienna. Beethoven's letter to Macco dates from 2 November 1803. Owen Jander compared the hand gesture in Mähler's portrait to the depiction of the right hand of Beethoven's grandfather Ludwig van Beethoven (1712–1773) in a portrait by Leopold Radoux, a painting the composer possessed, which is now held at the Beethoven-Haus in Bonn (Jander, "Self-Portraiture and the Third Movement of the C-Minor Symphony," *Beethoven Forum* 8 [2000]: 25–70). For Mähler's comment about Beethoven's hand gesture, see Thayer-Forbes, 337. The age-old gesture of pointing as part of a visual-manual language is a focus of the 1800 study by Joseph-Marie de Gérando, *Considération sur les diverses méthodes à suivre dans l'observation des peuples sauvages*, trans. by F.

C. T. Moore as *The Observation of Savage Peoples* (London: Routledge, 1969; reprinted Berkeley: University of California Press, 2021). Fletcher's discussion of "symbolic action" appears in his *Allegory: The Theory of a Symbolic Mode* (Princeton, NJ, and Oxford: Princeton University Press, 2012), 151–152. The references to Beethoven's dress and hair are found in *Beethoven: Impressions By His Contemporaries*, ed. Oscar G. Sonneck (New York: 1967; first published 1926), 21, 26. Two letters from fall 1803 from Beethoven's student Ferdinand Ries to Nikolaus Simrock in Bonn refer to his intended move to Paris. Ries confessed that"Beethoven will remain here at the most 1½ years. Then he will go to Paris, which makes me extremely sorry," and "Beethoven is to receive the libretto for his opera soon. After that he plans to leave." The letters are cited in Erich H. Müller, "Beethoven und Simrock," *N. Simrock Jahrbuch* 2 (1929): 23–24, 27. Thomas Jefferson's comment about the "tree of liberty" comes from his letter to William Stephens Smith from 13 November 1787. For more detailed discussion of Mähler's portrait, see my essay "Beethoven and Freedom in the Age of Napoleon: Willibrord Joseph Mähler's Allegorical Portrait," in *Beethoven 7: Studien und Interpretationen*, ed. Magdalena Chrenkoff (Krakow: Akademia Muzyczna w Krakowie, 2018), 429–444. In this context, one thinks as well of the anonymous depiction of *Bonaparte Showing the Apollo Belvedere to His Deputies* (Bibliothèque Nationale, ca. 1800); this etching shows Napoleon pointing to the famous Apollo statue, which had been brought to Paris after his Italian campaign. On the "intense dash of red," see Clubb's essay "The 'Eroica' in its artistic context: Willibrord Joseph Mähler's Portrait of Beethoven," in *Nature, Politics, and the Arts. Essays on Romantic Culture for Carl Woodring*, ed. Hermione de Almeida (Newark: University of Delaware Press, 2015), 7–36; and Clubbe, *Beethoven: The Relentless Revolutionary*, 245–246. In the German context, persons could be identified metaphorically as trees, as in Wolfram von Eschenbach's addressing assembled guests in the Wartburg as "ein stolzer Eichwald" ("a proud forest of oaks") in act 2 of Wagner's *Tannhäuser*. Jakob Haibel became Mozart's posthumous brother-in-law in 1807 when he married Sophie Weber. In his correspondence related to the allegorical ballet, Beethoven makes reference to the Italian title, *Prometeo*. His disappointment with the ballet master Viganò is expressed in a letter to Franz Anton Hoffmeister from 22 April 1801. For discussion of the playbill of the ballet, see Thomas Sipe, *Beethoven: Eroica Symphony* (Cambridge: Cambridge University Press, 1998), esp.13. The fundamental source on the genesis of the *Eroica* Symphony is *Beethoven's*

"Eroica" Sketchbook: A Critical Edition, transcribed, edited, and with a commentary by Lewis Lockwood and Alan Gosman, 2 vols. (Urbana and Chicago: University of Illinois Press, 2013). On the role of the *Wielhorsky* Sketchbook in the genesis of the *Eroica*, see Lockwood's essays in his *Beethoven: Studies of the Creative Process* (Cambridge, MA: Harvard University Press, 1992), esp. 142–143. The Promethean dimension of the *Eroica* receives attention in Paul Bertagnolli, *Prometheus in Music: Representations of the Myth in the Romantic Era* (Aldershot: Ashgate, 2007); and Constantin Floros, *Beethoven's Eroica: Thematic Studies*, trans. Ernest Bernhardt-Kabisch (Frankfurt: Peter Lang, 2013). On Napoleon's consolidation of power and use of propaganda in 1804, see Adam Zamoyski, *Napoleon: The Man Behind the Myth* (London: Harper-Collins, 2019), 353–370. The 2003 BBC/Opus Arte film *Eroica: The Day That Changed Music Forever* recreates the first rehearsal of the symphony, and includes a performance conducted by John Eliot Gardiner. On the reception history of the *Eroica*, see among other sources Scott Burnham, *Beethoven Hero* (Princeton, NJ: Princeton University Press, 1995). Lack of understanding of the Prometheus symbolism has often diminished appreciation of the last two movements and the symphony as a whole. George Grove, in *Beethoven and His Nine Symphonies* (London: Oxford University Press, 1896, 80), reported that "the Finale has often been a puzzle" and cited the description of a performance in 1827 that "most properly ended with the Funeral March, omitting the other parts [meaning the Scherzo and Finale], which are entirely inconsistent with the avowed design of the composition." Beethoven's comment about keeping "the whole in view" appears in a letter to Georg Friedrich Treitschke from March 1814. The affinity of Beethoven's scherzo to the folk song is reported in Adolf Bernhard Marx, *Beethoven: Leben und Schaffen*, vol. 1 (Berlin, 1859; rpt. Hildesheim: Georg Olms, 1979), 273.

第五章

The memoirs of Jean-Nicolas Bouilly are found in *Mes recapitulations* (Paris: Louis Janet, 1837). Valuable are the studies by David Galliver, "Jean-Nicolas Bouilly (1763–1842), Successor of Sedaine," *Studies in Music* 13 (1979): 16–33; and *"Fidelio*—Fact or Fantasy?," *Studies in Music* 15 (1981): 82–92. Information on Eulogius Schneider is offered in Thayer's biography of Beethoven; documentation of Schneider's activities in Strasbourg during the Terror is preserved in the so-called "Blue Book" discussed in Erich Hartmann, *Das Blaue Buch und Sein Verfasser. Ein Beitrag zur Geschichteder Französischen Revolution in Strassburg* (Strassburg: Universitäts-Buchdruckerei von J. H. Ed. Heitz, 1911). When he left the Franciscan religious order in 1789, Eulogius Schneider became a "secular priest" with papal permission. A positive perspective on Schneider's revolutionary activities stems from Jewish tradesman Moshua Salomon, who reported that "If he had not held his hand protectively above us and defended our newly-acquired civil rights again and again, I and my Jewish co-citizens would have fared quite badly in the time of terror." Schneider's German translation of the *Marseillaise* as *Kriegs-Lied der Marseiller* appeared at Strasbourg in 1792. Also see Peter Höyng, "'Denn Gehorsam ist die erste Pflicht freier Männer': Eulogius Schneider as a Paradigm for the Dialectic of Enlightenment," in *The Radical Enlightenment in Germany: A Cultural Perspective*, ed. Carl Niekerk (Leiden and Boston: Brill Rodopi, 2018), 310–327. Regarding the *Marseillaise*, see Esteban Buch, *Beethoven's Ninth: A Political History*, trans. Richard Miller (Chicago: University of Chicago Press, 2003), 26–44. On *Fidelio* as a response to Mozart, see Edward W. Said, *On Late Style: Music and Literature against the Grain* (New York: Pantheon, 2006); and *Music at the Limits* (New York: Columbia University Press, 2008), 228–249. On the cultural context of the opera, also see Philip Gossett, "The Arias of Marzelline: Beethoven as a Composer of Opera," *Beethoven-Jahrbuch* 10 (1978/1981): 141–83; and Paul Robinson's edited volume *Ludwig van Beethoven: Fidelio* (Cambridge: Cambridge University Press, 1996). On the genesis of Beethoven's Sonata in F Minor, op. 57, see Martha Frohlich, *Beethoven's "Appassionata" Sonata* (New York: Oxford University Press, 1991). Simon Schama describes victims defiantly singing the *Marseillaise* while being taken to the guillotine in *Citizens: A Chronicle of the French Revolution* (New York: Alfred A. Knopf, 1989), 804. Johann Gottfried Seume's *Spaziergang nach Syrakus im Jahre 1802* first appeared in 1803 (rpt. Munich: Deutscher Taschenbuch Verlag, 1994). Bismarck's comment on the *Appassionata* is cited in Rudolf Huch, *Die Tragödie Bismarck: Otto von Bismarck—Sein Leben, Seine Persönlichkeit, Seine Kämpfe. Biographie* (Herrsching/Leipzig/Vienna: Deutscher Hort Verlag, 1938; rpt. Einbeck: Militaris, 2018), 32. On Lenin and Beethoven, see Frederick W. Skinner, "Lenin and Beethoven: Beyond the 'Appassionata' Affair," *Beethoven Journal* 18 (2003): 62–65. On Beethoven's revolutionary reputation in the Soviet Union around the time of the anniversary year 1927, see especially the chapter entitled "The Music of 1927: Commemorating the Tenth

Anniversary of the Revolution and the Centennial of Beethoven's Death" in Amy Nelson, *Music for the Revolution: Musicians and Power in Early Soviet Russia* (University Park, PA: Pennsylvania State University Press, 2004), 185–206. On the genesis and orchestration of Florestan's vision of Leonore in the dungeon, see Michael C. Tusa, "A Little-Known Sketchbook from the Year 1814: The *Fidelio* Sketches in *Landsberg 9*, pp. 17–68," in *Von der Leonore zum Fidelio*, ed. Helga Lühning and Wolfram Steinbeck (Frankfurt: Peter Lang, 2000), 186–187, and sources cited therein. The radical print"1791" celebrating Voltaire is discussed in Joan B. Landes, *Visualizingthe Nation: Gender, Representation and Revolution in Eighteenth-Century France* (Ithaca, NY: Cornell University Press, 2003), 86–88. Images of anal trumpets appear in illuminated medieval manuscripts, as in the *Mirror of History* (*Speculum historiale*) from Vincent of Beavais, and in later artworks by Hieronymous Bosch and Pieter Bruegel. In an unused version of the opening titles of the 1975 comic film *Monty Python and the Holy Grail*, the mock majesty of royal trumpets is juxtaposed with a host of anal trumpets, whose dissonant drone bears comparison to those plastic trumpets (vuvuzelas) heard in South African stadiums beginning in the 1990s. On political meanings of *Fidelio* in the context of the tradition of rescue opera, see Stephen Meyer, "Terror and Transcendence in the Operatic Prison, 1790–1815," *Journal of the American Musicological Society* 55 (2002): 477–523, esp. 513–518. Thomas Mann's comment about *Fidelio* in Nazi Germany stems from his *Briefe, 1937–1947*, vol. 2, ed. Erika Mann (Frankfurt: Fischer, 1961), 444.

第六章

For a discussion of Beethoven's interaction with Prince Carl Lichnowsky from the beginning of his residence in Vienna, see Tia DeNora, *Beethoven and the Construction of Genius: Musical Politics in Vienna, 1792–1803* (Berkeley: University of California Press, 1995). Concerning Carl Lichnowsky in his familial context, see Leonore Gräfin Lichnowsky,"Aus der Geschichte unserer Familie," *Das Beethoven-Bildnis des Isidor Neugaß und die Familie Lichnowsky*, ed. Martin Staehelin (Bonn: Beethoven-Haus, 1983), 41–50. Lichnowsky's string quartet, which continued as the "Schuppanzigh Quartet" in later years, is discussed in Oldrich Pulkert, "Das Knabenquartett des Fürsten Lichnowsky," in *Ludwig van Beethoven im Herzen Europas*, ed. Oldrich Pulkert and Hans-Werner Küthen

(Prague: České lupkové závody A.G., 2000), 452–458; the same volume contains a detailed, illustrated essay on "Beethoven und das Adelsgeschlecht Lichnowsky" by Karel Boženek based on materials from Jaroslav Čeleda (120–170); also see my edited volume *The String Quartets of Beethoven* (Urbana and Chicago: University of Illinois Press, 2006), 2, 11. Lichnowsky's generosity had limits: he sued Mozart for nonpayment of a debt related to their journey together to Berlin in 1789. Theodor von Frimmel dates Beethoven's departure from Grätz as probably late October 1806 in his article "Eine Überlieferung aus dem Jahre 1806," in *BeethovenJahrbuch* 1, ed. Frimmel (Munich and Leipzig: Georg Müller, 1908): 67. Eichendorff's report about Troppau is cited in Hermann Anders Krüger, *Der junge Eichendorff. Ein Beitrag zu Geschichte der Romantik* (Oppeln: Verlag von Georg Raschke, 1896): 75. Eichendorff's diary entry for 30 October 1806 (*Lubowitzer Tagebuchblätter Joseph von Eichendorffs*, ed. Alfons Nowack [Groß Stehlitz: Verlag von A. Wilpert, 1907: 48] describes their return to Lubowitz as follows: "... im Regen nach Hause, wo uns die Nachricht von Halles traurigem Schicksal wahrhaft erschütterte. Schwarze Bangigkeit" ("...in the rain going home, where the report about the sad fate of Halle truly shattered us. Black anguish"). The water stains on the autograph manuscript of Beethoven's op. 57 can be seen in *Ludwig van Beethoven: Klaviersonate "Appassionata" f moll op. 57* (Laaber: Laaber, 2011). On the rise of anti-French sentiment starting around 1806, see Karen Hagemann, "Francophobia and Patriotism: Anti-French Images and Sentiments in Prussia and Northern Germany During the Anti-Napoleonic Wars," *French History* 18 (2004): 404–425. An informative volume about Reichardt, including his contact with Immanuel Kant in his native Königsberg, is *Johann Friedrich Reichardt: Autobiographische Schriften*, ed. Günter Hartung (Halle: Mitteldeutscher Verlag, 2002). On Beethoven's December 1808 concert, see John Clubbe, "Beethoven *contra* Napoleon? The *Akademie* of December 22, 1808, and Its Aftermath," *Bonner Beethoven-Studien* 10 (2012): 33–62. An attempt at a Nazi interpretation of Beethoven's Fifth was made by Arnold Schering, who found in it a "fight for existence waged by a Volk that looks for its Führer and finally finds it." See David B. Dennis, *Beethoven in German Politics, 1870–1989* (New Haven, CT: Yale University Press, 1996), 151, 233. Perverse was the Nazi code name for their devastating bombing raid on Coventry on 14 November 1940: "Moonlight Sonata." Beethoven's sketch leaf with its notation of Martini's romance and Dalberg's *Die Aeolsharfe. Ein Allegorischer Traum* is discussed in Hans-Werner Küthen, "Ein Unbekanntes Notierungsblatt Beethovens zur 'Mondscheinsonate,'" in the aforementioned volume *Ludwig van Beethovenim Herzen Europas*, ed. Pulkertand Küthen, 438–450. A view of "Scene by the Brook" as an "imperiled paradise" stems from Raymond Knapp, "A Tale of Two Symphonies: Converging Narratives of Divine Reconciliation in Beethoven's Fifth and Sixth," *Journal of the American Musicological Society* 53 (2000): 291–343, quotation on 341. Also see Sylvia Bowden, "The Theming Magpie: the Influence of Birdsong on Beethoven Motifs," *Musical Times* 149 (2008): 17–35. The possible influence of the call of the *Goldammer* bird on the opening of the Fifth should not be dismissed. Concerning the Beethoven Pastoral Project as a global initiative against climate change, see the website https://www.dw.com/en/more-than-just-a-walk-in-the-park-the-forces-of-nature-in-beethovens-pastoral-symphony/a-41413450. Beethoven's original annotated copy of Sturm's *Betrachtungen* is held in Berlin at the Staatsbibliothek zu Berlin preußischer Kulturbesitz, Musikabteilung. On Humboldt's indebtedness to Schelling and Goethe and their rejection of any "chasm" between the Selfand nature, see Andrea Wulf, *The Invention of Nature: Alexander von Humboldt's New World* (New York: Alfred A. Knopf, 2015), 126–130. Increased awareness of the interconnected web of life stems from studies of fossilized microorganisms from early in the earth's history as well as from studies of present ecosystems, such as Peter Wohlleben, in *The Hidden Life of Trees: What They Feel, How They Communicate* (London: William Collins, 2017; first published in German, 2015), which recognizes in old-growth forests an interactive organic network. Arnold Schmitz drew attention to the relation of Beethoven's Fifth Symphony to French Revolutionary currents in *Das romantische Beethovenbild: Darstellung und Kritik* (Berlin and Bonn: Dümmler, 1927; repr. 1978). Also see Peter Gülke, *Zur Neuausgabe der Sinfonie Nr. 5 von Ludwig van Beethoven, Werk und Edition* (Leipzig: Peters, 1978), 52–53; Rhys Jones, "Beethoven and the Sound of Revolution in Vienna, 1792–1814," *Historical Journal* 57 (2014): 947–971; and the 2016 BBC documentary film *The Secret of Beethoven's Fifth Symphony* produced by Guy Evans, featuring John Eliot Gardiner and the *Orchestre Révolutionnaire et Romantique*. David Cairns writes about the symphony when performed at Paris in 1828 that "the French were hearing their own music of the Revolutionary period transfigured and universalized" (Cairns, *Berlioz,* vol. 1: *The Making of an Artist* [Berkeley: University of California Press, 2000; first published 1989], 265). The connection of Beethoven's Fifth to his deafness is weighed in Matthew Guerrieri, *The First Four Notes: Beethoven's Fifth and the Human Imagination* (New York: Knopf,

2012), 8–12; and Owen Jander, "'Let Your Deafness No Longer Be a Secret—Even in Art': Self-Portraiture and the Third Movement of the C-Minor Symphony," *Beethoven Journal* 8 (2000): 25–70. My own more detailed discussion of the Fifth and Sixth is in *Beethoven* (Oxford: Oxford University Press, 2009), 146–153. Beethoven's complaints about "cabals and low tricks" are found in his letter to Breitkopf & Härtel dated 7 January 1809; on his conducting of the *Eroica*, see Thayer-Forbes, 410–471. August Kühles's painting "Beethoven op. 81" (referring to op. 81a) dates from around 1900. To this day, the logo of the German postal service is a *Posthorn*. Concerning irony in Beethoven's F-minor Quartet, see Mark Evan Bonds, "Irony and Incomprehensibility: Beethoven's 'Serioso' String Quartet in F minor op. 95 and the Path to the Late Style," *Journal of the American Musicological Society* 70 (2017): 285–356; and Kurt von Fischer, "'Never to Be Performed in Public': Zu Beethovens Streichquartett Op. 95," *Beethoven-Jahrbuch* 9 (1973/1977): 87–96. For more detailed discussion of the "Flea Song," see my essay "Flea Circus onthe Keyboard, or Beethoven in Auerbach's Cellar: Political Satire in Beethoven," in *Blumenlese für Bernhard R. Appel* (Bonn, 2015), 55–66. Anna Pessiak-Schmerling's report appears in *Ludwig van Beethovens Leben von Alexander Wheelock Thayer*, vol. 4, ed. Hermann Deiters and Hugo Riemann (Leipzig: Breitkopf & Härtel, 1917), appendix 2, 518. For Beethoven's confession to Glei- chenstein, see Thayer-Forbes, 488; regarding his encounters with Goethe, Thayer-Forbes, 537. In his memoirs, Metternich related how his antipathy to the Revolution arose from his experiences as a student in Strasbourg around 1790, just before Eulogius Schneider moved to that city. Metternich described how "from the beginning of the French Revolution I was its close observer, and subsequently became its adversary; and so I have ever remained, without having been once drawn into its whirlpool" (*Memoirs of Prince Metternich* (chapter 1: Apprenticeship), trans. Mrs. Alexander Napier (London: Bentley, 1880)). Franz Janschikh's comments about Napoleon and the "iron convictions" of "children of the Revolution" are found in BKh 1, 209–210. The quoted aphorism known as "German Greatness" ("Deutsche Größe") appears in *Schiller's Werke*, 1, ed. Robert Borberger (Berlin: G. Grote'sche Verlagsbuchhandung, 1901), 481. This aphorism was not published during Schiller's lifetime, and received no title from the poet. The nationalistic title stems from Bernhard Suphan in 1902. The history and reception of this text is discussed by Maike Oergel in "The German Identity, the German *Querelle* and the Ideal State: A Fresh Look at Schiller's Fragment *Deutsche Größe*," in *Schiller: National*

Poet—Poet of Nations, ed. Nicholas Martin (Amsterdam and New York: Rodopi, 2006), 241–255.

第七章

The restaurant *Zum schwarzen Kameel* still exists in its historical location in the Bognergasse in Vienna's first district; its name stems from Johann Baptist Cameel, who founded the establishment in 1619. The restaurant's logo showing a black camel stems from Ferdinand Georg Waldmüller, an artist who also painted a portrait of Beethoven. The motto "To the black camel" may call to mind the Turkish siege of the city in 1683, when the Turks brought camels with their army. Bernard's entries of quotations from Schiller's *Votivtafeln* and Goethe's *Faust* are found in Bkh 1, 134. The original publication of "An die Musen" is in Schiller's edited volume *Musen-Almanach für das Jahr 1797* (Tübingen: Cotta, 1797), 156, where the entry appears in the *Tabulae votivae* as a collaboration of Goethe and Schiller. Gelinek's complaint against Beethoven is recorded in BKh 1, 339; the same conversation book from March 1820 contains Beethoven's entry of "Die Welt ist ein König" (326) and Blöchlinger's complaints about Austrian politics (346); Weber's verse about Gelinek, and Gelinek's "amusing nonsense" about Beethoven's working method as related by Tomaschek, appear in Thayer-Forbes, 139, 248–249. Curiously, "Joseph Gelinek" was used as a pseudonym cloaking the identity of the Spanish author of the murder-mystery thriller *Die 10. Symphonie Thriller*, a novel centered on Beethoven's legendary Tenth Symphony that appeared in several languages in 2009. Hermann Broch's writings on kitsch are "Notes on the Problem of Kitsch," in *Kitsch: the World of Bad Taste*, ed. Gillo Dorfles (New York: Bell), 49–76; and two essays in his *Schriften zur Literatur 2: Theorie*, ed. Paul Michael Lützeler (Frankfurt am Main: Suhrkamp, 1975). The quotations from Wolfgang Welsch stem from his *Ästhetisches Denken* (Stuttgart: Reclam, 1990), 10, 11. For Tomaschek's comments on *Wellington's Victory* and related material, see Thayer-Forbes, 565. Ludwig Misch considered the work a "masterpiece of its own genre" in his *Beethoven Studien* (Berlin: Walter de Gruyter, 1950), 153–162. For Alfred Einstein's assessment of *Wellington's Victory*, see his "Beethoven's Military Style," in his *Essays on Music* (New York: Norton, 1956), 244. Another, little-known patriotic setting by Beethoven that remained a sketch is "Österreich über alles" from 1809, a draft of which is transcribed in Leon Plantinga, "Beethoven, Napoleon, and Political Romanticism," in *The Oxford Handbook of the New Cultural History of Music*, ed. Jane F. Fulcher (New York: Oxford University Press, 2011), 488. Winkler's comments on the Congress of Vienna appear in his *Germany: The Long Road West*, vol. 1 (Oxford, 2006; first published Munich, 2000), 48, 64. Regarding Beethoven's comments to Treitschke about the "small tiny ones" (*KleinWinzigen*) and related sources, see especially Maria Rößner-Richarz, "Beethoven und der Wiener Kongress aus der Perspektive von Beethovens Briefen und Dokumenten," in *Beethoven und der Wiener Kongress (1814/15)*, ed. Berhard R. Appel, Joanna Cobb Biermann, William Kinderman, and Julia Ronge (Bonn: Beethoven-Haus, 2016), 79–118, esp. 110. "Democracy as the failure of ceremony" is an expression from Alain Badiou, *Five Lessons on Wagner* (London: Verso, 2010), 157. The police report wrongly identifies the composer as "von Beethoven" instead of "van Beethoven"; see August Fournier, *Die Geheimpolizei auf dem Wiener Kongress* (Norderstedt: Vero, 2013; first published 1913), 289; and the discussion of related issues in my essay "Beethoven and Napoleon: A Reassessment" in *Beethoven und der Wiener Kongress (1814/15)*, ed. Bernhard R. Appel, Joanna Cobb Biermann, William Kinderman and Julia Ronge (Bonn: Beethoven-Haus, 2016), 23–46. Beethoven's comment that "my kingdom is in the air" ("mein Reich is in der Luft") appears in a letter to Franz von Brunswick dated 13 February 1814. *Meine Reise zum Congress* by Weissenbach appeared in 1816 with J. B. Wallishausser in Vienna; the cited quotation about Beethoven ison 234. On the Tambora eruption and its consequences, see Gillen D'arcy Wood, *Tambora: The Eruption That Changed the World* (Princeton, NJ: Princeton University Press, 2014). Beethoven's incomplete Piano Trio in F Minoris discussed in my book *The Creative Processin Musicfrom Mozart to Kurtág* (Urbana and Chicago: University of Illinois Press, 2012), 42–76. On Beethoven's Diabelli Variations, see my book *Beethoven's Diabelli Variations* (Oxford: Clarendon, 1987), and my essay "The Evolution of Beethoven's Diabelli Variations" in the facsimile edition of the autograph score (*Ludwig van Beethoven: 33 Variations in CMajor on awaltz by Anton Diabelli for piano op. 120*, vol. 2 [Bonn: Beethoven-Haus, 2010], 46–72). The successful Broadway play *33 Variations* by Moisés Kaufman is centered on the Diabelli Variations. For an interpretation of Diabelli's waltz as "the earthly stuff out of which the celestial is spun," see chapters 1 and 8 of Maynard Solomon, *Late Beethoven: Music, Thought, Imagination* (Berkeley: University of California Press, 2003); Solomon reflects on a "surplus of constantly renewable energy" in artistic masterpieces in his *Beethoven* (New York: Schirmer, 1977), 315. On Mauricio Kagel's "Homage from Beethoven," see Nikolaos Stavlas, "Reconstructing Beethoven: Mauricio Kagel's *Ludwig van*" (doctoral thesis, Goldsmiths, University of London, 2012), http://research.gold.ac.uk/7151/. Leonard Shlain's comments on Manet's *A Bar at the Folies-Bergère* from 1882 are found in his book *Art & Physics: Parallel Visions in Space, Time & Light* (New York: William Morrow, 1991), 435–437. More detailed discussion of the Sonata op. 111 is offered in my study *Beethoven* (New York: Oxford University Press, 2009), 251–265. Beethoven drew the Egyptian inscription from Schiller's essay "Die Sendung Moses"; Schiller took it in turn from Carl Leonhard Reinhold. See in this regard *Beethovens Glaubensbekenntnis: Drei Denksprüche aus Friedrich Schillers Aufsatz "Die Sendung Moses,"* ed. Friederike Grigat (Bonn: Beethoven-Haus, 2008); and Carl Leonhard Reinhold, *Die Hebräischen Mysterien oder die älteste religiöse Freymaurerey*, ed. Jan Assmann (Neckargemünd: Mnemosyne, 2001). On Schelling, see my study *Beethoven* (New York: Oxford University Press, 2009), 7–9, 299; and Josef Chytry, *The Aesthetic State* (Berkeley: University of California Press, 1989), 109–110, 135–147.

第八章

The YouTube flash-mob presentation of Beethoven's *Ode to Joy* was orga-nized by the Banco Sabadell: https://www.youtube.com/watch?v= GBaHPND2QJg. On Beethoven's "Joy" theme as anthem of the European Union, see Caryl Clark,"Forging Identity: Beethoven's 'Ode' as European Anthem," *Critical Inquiry* 23 (1997): 789–807. Thomas Mann's reference to the "taking back" of Beethoven's Ninth appears in *Doktor Faustus: Das Leben des deutschen Tonsetzers Adrian Leverkühn, erzählt von einem Freunde* (Stockholm: Bermann-Fischer Verlag, 1948), 743; English translation by Helen Tracy Lowe-Porter (New York: Knopf, 1948), 470. Earlier studies of the sketches for the Ninth Symphony include Gustav Nottebohm, "Skizzen zur neunten Symphonie," in his *Zweite Beethoveniana: nachgelassene Aufsätze* (Leipzig: Peters, 1887), 157–192; and Sieghard Brandenburg, "Die Skizzen zur Neunten Symphonie," in *Zu Beethoven: Aufsätze und Dokumente*, 2, ed. Harry Goldschmidt (Berlin: Verlag Neue Musik, 1984), 88–129. Beethoven's spelling of the designation in his manuscript is "finale instromentale." The *De Roda* Sketchbook is held in the Beethoven-Haus Bonn and can be viewed in their digital archives: https:// da.beethoven.de/sixcms/detail. php?id=15324&template=dokseite_digitales_archiv_en&_eid=&_ug=De%20 Roda&_dokid=wm104&_ mid=Werke%20Beethovens&suchparameter=&_ seite=1–61. The despairing character of the A-minor Quartet is discussed in Joseph Kerman, *The Beethoven Quartets* (New York: Knopf, 1967); also see my essay "Beethoven's Last Quartets: Threshold to a Fourth Creative Period?," in Kinderman, ed., *The String Quartets of Beethoven* (Urbana and Chicago: University of Illinois Press, 2006), esp. 282–294. On the Sonata op. 110, see my article "Integration and Narrative Design in Beethoven's Piano Sonata in Ab Major, Opus 110," *Beethoven Forum* 1 (1992): 111–145. The complexities of German Beethoven reception are discussed in David B. Dennis, *Beethoven in German Politics, 1870–1989* (New Haven, CT: Yale University Press, 1996). The extensive literature on the Ninth Symphony includes among other sources Heinrich Schenker, *Beethoven's Ninth Symphony: A Portrayal of Its Musical Content, with Running Commentary on Performance and Literature*, trans. John Rothgeb (New Haven, CT: Yale University Press, 1992); Nicholas Cook, *Beethoven: Symphony No. 9* (Cambridge: Cambridge University Press, 1993); David Levy, *Beethoven: The Ninth Symphony* (New York: Schirmer, 1995); Dieter Hildebrandt, *Die Neunte: Schiller, Beethoven und die Geschichte eines musikalischen Welterfolgs* (Munich and Vienna: Hanser, 2005); Alexander Rehding, *Beethoven's Symphony No. 9* (New York: Oxford University Press, 2018); Harvey Sachs, *The Ninth: Beethoven and the World in 1824* (New York: Random House, 2010); Maynard Solomon, "Beethoven's Ninth Symphony: A Search for Order," in *Beethoven Essays* (Cambridge, MA: Harvard University Press, 1988), 3–32; and notably Esteban Buch, *Beethoven's Ninth: A Political History*, trans. Richard Miller (Chicago: University of Chicago Press, 2003). The London critic from 1825 is cited in Andreas Eichhorn, *Beethovens Neunte Symphonie. Die Geschichte ihrer Aufführung und Rezeption* (Kassel: Bärenreiter, 1993), 37. Extensive discussion of the Ninth is offered in my study *Beethoven* (New York: Oxford University Press, 2009), 289–307. Beethoven's shaping of the "Joy" theme is charted in Robert Winter, The Sketches for the *Ode to Joy* in *Beethoven, Performers, and Critics*, ed. Winter and Bruce Carr (Detroit: Wayne State University Press, 1980), 176–214. Regarding Beethoven's Ninth in Japan, see Eddy Y. L. Yang, "The *daiku* Phenomenon: Social and Cultural Influences of Beethoven's Ninth Symphony in Japan," *Asia Europe Journal* 5 (2007): 93–114. On Beethoven and Soka Gakkai Buddhism in Japan, see Levi McLaughlin, "Faith

and Practice: Bringing Religion, Music and Beethoven to Life in Soka Gakkai,"
Social Science Japan Journal 6 (2003), 161–179. The rally of the Democratic
Progressive Party (DPP) in Taipei 2000 is shown in the following video, with
Beethoven's "Joy" theme heard starting around 8:50: https://www.youtube.com/
watch?v= bKQwOhlK5M0. On the "Song of V" during World War II, see the
website "Music and the Holocaust": http://holocaustmusic.ort.org/resistance- and-
exile/french-resistance/beethovens-5th-symphony/. German conductor Wilhelm
Furtwängler's dilemma in performing at Naziceremonies is documented in
Furtwängler: A Film by Bradleigh Stockwell, narrated by Martin Bookspan
(Wilhelm Furtwängler Society of America, 2010); also see Roger Allen, *Wilhelm
Furtwängler: Art and the Politics of the Unpolitical* (Woodbridge: Boydell, 2018).
Peter Tregear discusses "The Ninth after 9/11" in *Beethoven Forum* 10 (2002):
221–232. Concerning the Belgian producer Victor de Laveleye's role in using the
sign "V" in 1941, see Michael Stenton, *Radio London and Resistance in Occupied
Europe: British Political Warfare 1939–1943* (New York: Oxford University
Press, 2000), 99. For analysis of the aesthetics of violence in Kubrick's film, tak-
ing into account Anthony Burgess's dystopian novel *A Clockwork Orange* and
Schiller's text, see Peter Höyng, "Ambiguities of Violence in Beethoven's Ninth
through the Eyes of Stanley Kubrick's 'A Clockwork Orange,'" *German Quarterly*
84 (2011), 159–76. For the soundtrack of Kubrick's 1971 film, Wendy Carlos
(born Walter Carlos) electronically adapted and warped Beethoven's Ninth using a
Moog synthesizer. Regarding "phantom causes" in revolutionary politics, see
Adam Zamoyski, *Holy Madness: Romantics, Patriots and Revolutionaries, 1776–
1871* (London: Weidenfeld & Nicolson, 1999). Recent discussion of the allegedly
exclusionary second strophe of Schiller's poem is offered in James Parsons,
"Beethoven, the Choral Finale, and Schiller's 'Exclusionary' Second Strophe,"
paper presented at the Eighth New Beethoven Research conference, Boston,
October 2019; also see Parsons, "'Deine Zauber binden wieder': Beethoven,
Schiller, and the Joyous Reconciliation of Opposites," *Beethoven Forum* 9 (2002):
1–53. In *Citizens: A Chronicle of the French Revolution* (New York: Alfred A.
Knopf, 1989), 492–493, Simon Schama identifies anticitizens as "required
outsiders" who helped shape the selfidentity of the French revolutionary collective.
Such exclusion is not presupposed by the envisioned community in the Ninth
Symphony, despite Daniel Chua's claim that "the humanism it champions treats its
Other as less than human" ("Beethoven's Other Humanism," *Journal of the
American Musicological Society* 62 [2009]: 585). On the symphony's worldview

as "Weltanschauungsmusik" and its performances with Schoenberg's *A Survivor of Warsaw*, see Hermann Danuser, *Weltanschauungsmusik* (Schliengen: Edition Argus, 2009), 58–91. Regarding reductionist claims based on "social construction," see Peter Kivy, *The Possessor and the Possessed: Handel, Mozart, Beethoven, and the Idea of Musical Genius* (New Haven, CT: Yale University Press, 2001), esp. 216–217. The broad popular appeal of Beethoven's "Joy" theme in Latin America was connected to its use as a *Himno a la alegria* in the 1969 hit song by Miguel Rios, arranged by Waldo de los Rios. Ariel Dorfman's short story, sketched in 1966 but completed and published in 2015, appeared in "Sounds of Solidarity," *Index on Censorship: The Global Voice of Free Expression* 44 (2015): 100–108; quotation on 107. The 2010 documentary film *Kinshasa Symphony* was directed by Martin Baer and Claus Wischmann. The performances of Beethoven's Ninth in Dar es Salaam are reported in "Beethoven comes alive in Swahili" in *The East African* (June 18, 2016), https://www.theeastafrican.co.ke/magazine/Beethoven-comes-alive-in-Swahili--/434746-3254932-10ve5b0z/index.html. On Beethoven in China, see among other sources Liu Xiaolong, "From a Sage to a Musician: Beethoven in China," in *Beethovenin Context*, ed. Glenn Stanley and John Wilson (Cambridge: Cambridge University Press, 2021); Edmond Tsang Yik Man, "Beethoven in China: The Reception of Beethoven's Music and Its Political Implications, 1949–1959" (master's thesis, University of Hong Kong, 2003); Mingyuan Hu, *Fou Lei: An Insistence on Truth* (Leiden: Brill, 2017); and Banban Wu, "Beethoven's Shifting Reception in China, 1910s–1970s" (master's thesis, Duke University, 2016). In a letter first published in *The Nation* in 1931, Romain Rolland reported about Gandhi's visit that "on the last evening, after the prayers, Gandhi asked me to play him a little of Beethoven... I played him the Andante of the Fifth Symphony." Rolland's role as an apologist for Joseph Stalin attracted critique from the writer André Gide among others; in Gide's 1919 novella *La symphonie pastorale* (referring to Beethoven's *Pastoral* Symphony), the "blindness" of the pastor figure invites comparison to the failing Gide recognized in Rolland. Regarding events at Tiananmen Square and elsewhere, see Jindong Cai and Sheila Melvin, *Beethoven in China: How the Great Composers Became an Icon in the People's Republic* (New York: Penguin Random House, 2015); and Kerry Candaele and Greg Mitchell, *Journeys with Beethoven, and Beyond* (Sinclair Books, 2012), as well as Candaele's documentary film *Following the Ninth: In the Footsteps of Beethoven's Final Symphony*. Concerning Tan Dun's composition first performed in February 2020 in Antwerp, Belgium, in which twelve large gongs symbolize a harmonious coexistence between nature and humanity, and the affinity of the Wuhan gongs to Beethoven's *Ode to Joy*, see "Special Wuhan composition makes European debut": http://en.chinaculture.org/2020-02/24/content_1475969_2.htm. For a discussion of the Ninth as the "vestige of an ever-more-distant world," see Esteban Buch, *Beethoven's Ninth: A Political History*, 263–267. The ongoing reception history of Beethoven's Ninth as part of a new global culture reminds us that "globalization did not dissolve everything solid into the circulation of commodities," as Harry Liebersohn observes in *Music and the New Global Culture from the Great Exhibitions to the Jazz Age* (Chicago: University of Chicago Press, 2019), 261. The Hölderlin quotation, "Nah ist / und schwer zu fassen der Gott / Wo aber Gefahr ist, wächst / Das Rettende auch," stems from his hymn *Patmos* from 1803. Beethoven's statement about "freedom and progress" in "art, as in the whole of creation," appears in his letter to Archduke Rudolph from 29 July 1819.